高等院校教育教学模式研究

刘 琼 王 敬 苏 杭◎著

线装书局

图书在版编目（CIP）数据

高等院校教育教学模式研究 / 刘琼，王敬，苏杭著
. -- 北京：线装书局，2023.7
　ISBN 978-7-5120-5496-7

Ⅰ. ①高… Ⅱ. ①刘… ②王… ③苏… Ⅲ. ①高等学校－教学研究 Ⅳ. ①G642.0

中国国家版本馆CIP数据核字(2023)第107445号

高等院校教育教学模式研究
GAODENG YUANXIAO JIAOYU JIAOXUE MOSHI YANJIU

作　　者：	刘　琼　王　敬　苏　杭
责任编辑：	白　晨
出版发行：	线装书局
地　　址：	北京市丰台区方庄日月天地大厦B座17层（100078）
电　　话：	010-58077126（发行部）010-58076938（总编室）
网　　址：	www.zgxzsj.com
经　　销：	新华书店
印　　制：	三河市腾飞印务有限公司
开　　本：	787mm×1092mm　　1/16
印　　张：	11.5
字　　数：	270千字
印　　次：	2024年7月第1版第1次印刷

定　　价：68.00元

前　言

在中国，真正意义上的高等教育研究是在20世纪80年代以科学的名义倡导起来的，在组织形态上则以"学科"自居。30多年来，中国的高等教育学科发展在很大程度上依靠的是高等教育实践的强大推动力，但其知识的积累却相当缓慢。是什么原因造成高等教育理论研究进展不大？换言之，高等教育理论研究活动在促进高等教育学科建设方面是否存在某些缺陷？要回答这一问题，我们需要对这一研究群体的理论研究方式进行考察。

高等教育理论研究主要有两种方式：一是哲学研究，一是科学研究。这两类研究作为理论研究的两翼，担负着促进高等教育学科建设的任务。高等教育研究作为一种历史活动是无法加以还原的，唯一留存下来为我们所能把握的是高等教育研究的文本。研究群体的思维方式是通过文本的语言符号（即话语）及其话语方式表现出来的。文本作为话语的一个载体，是高等教育研究活动的产物。文本通常以"主题""题材""内容""风格"等形式表现出来，而话语方式既作为构成知识领域文本的撰写方式，又体现了话语者的思维方式甚至研究方式，并且话语者的思维与研究方式有着更为广阔的社会历史背景。因此，学术论文的话语方式为我们考察高等教育研究群体的研究方式及其在学科建设方面所产生的影响提供了一个较好的切入点。

尽管在编撰过程中编者做出了巨大的努力，对稿件进行了多次认真的修改，但由于编写经验不足，书中恐存在遗漏或不足之处，敬请广大读者提出宝贵的批评意见及修改建议，不胜感激！

编　者

编委会

刘 琼　王 敬　苏 杭

翟佳萍

目 录

第一章 高等教育理论的科学意识 ······(1)
 第一节 高等教育研究话语空间的生成 ······(1)
 第二节 高等教育理论研究话语方式的特征 ······(15)
 第三节 高等教育理论研究与高等教育学科建设 ······(25)
 第四节 高等教育学科建设中的科学研究与科学意识 ······(33)

第二章 高等教育与高等教育学的发展 ······(45)
 第一节 高等教育界说 ······(45)
 第二节 全球化背景下高等教育的发展 ······(51)
 第三节 高等教育学的发展 ······(56)
 第四节 大学校园文化建设 ······(61)

第三章 高等教育结构研究 ······(82)
 第一节 高等教育结构概述 ······(82)
 第二节 高等教育结构的现状 ······(84)
 第三节 高等教育结构的优化 ······(87)
 第四节 高等教育的功能与高等学校的职能 ······(93)
 第四节 高等教育的功能与高等学校的智能 ······(96)

第四章 高等教育的科学研究 ······(99)
 第一节 高等学校科学研究的任务与特点 ······(99)
 第二节 高等学校科学研究的功能 ······(101)
 第三节 高等学校科学研究的组织原则 ······(107)
 第四节 高等学校科学研究的机构设置 ······(110)
 第五节 高等学校的学术自由与科学研究 ······(113)

第五章 美术学科教育的功能与价值 ······(119)
 第一节 美术学科教育的功能与价值概述 ······(119)
 第二节 美术学科教育功能理论的简介 ······(121)
 第三节 传递与交流美术文化的功能 ······(126)
 第四节 促进学生全面发展的教育功能 ······(130)

第五节　培养学生的创新精神和创造力 …………………………（140）
　　第六节　促进人格优秀特质的个性发展 …………………………（141）
第六章　美术学科教育目标 …………………………………………（143）
　　第一节　价值取向与培养目的 ……………………………………（143）
　　第二节　美术学科不同价值取向的教育目的 ……………………（144）
　　第三节　规定美术学科教育目的的依据 …………………………（151）
　　第四节　体现素质教育，以人发展为本的教育目标 ……………（156）
第七章　美术教学工作与教学设计 …………………………………（159）
　　第一节　制定教学进度计划 ………………………………………（159）
　　第二节　模块教学设计 ……………………………………………（159）
　　第三节　单元教学设计 ……………………………………………（160）
　　第四节　课题教学准备程序和课题教学设计方案 ………………（160）
　　第五节　美术选课和课堂教学外延的美术教育工作 ……………（168）
第八章　高等教育发展实践与创新 …………………………………（172）
　　第一节　科学构建育人体系 ………………………………………（172）
　　第二节　深化专业内涵建设 ………………………………………（177）
　　第三节　有效推动教学创新 ………………………………………（181）
参考文献 ………………………………………………………………（185）

第一章 高等教育理论的科学意识

第一节 高等教育研究话语空间的生成

1978年，中国第一个高等教育研究机构在厦门大学诞生，标志着高等教育研究作为专门领域开始建立起来。随着高等教育研究作为一门独立的学科正式确立，一个以研究高等教育经验事实和理论的新的知识类型开始产生。专业期刊作为学术成果的传播媒介，不仅成为学科共同体表达观点、传递影响的园地，而且建构了以其为载体的学术话语空间。本书中的高等教育研究话语空间指的是高等教育学科共同体以专业期刊为媒介所搭建的学术交流公共话语平台。在这个平台中，高等教育学科中固有的"某些基本的连贯性问题与长期关注的问题"得以不断地重复和强化，成为学术共同体的主流话语，它赋予该学科的"轮廓"和"形状"。这些可识别的结构特征作为建构一门学科知识的核心要素，成为了该学科话语体系中的关键组成部分。基于此，本书拟以高等教育研究文本为分析对象，通过考察不同时期社会发展变化过程中出现的各类高等教育研究主题，勾勒出高等教育研究话语空间的基本轮廓。

一、高等教育研究的问题域及核心主题分布

（一）数据来源及分析工具

1.研究样本的选取

中国高等教育学科期刊大多是在20世纪80年代初创办和发展起来的。《高等教育研究》作为高等教育学会高等教育学专业委员会会刊，创刊于1980年。从创刊开始，它就以"繁荣高等教育科学，促进高教改革发展"为办刊宗旨，在繁荣学术研究、推动学术进步、倡导学术规范方面作出了重要贡献，在高教研究界有

着重要影响。因此，以该刊所发表的学术论文为样本，总结高等教育研究的特点，具有较高的可信度。近年来，已有一些学者通过内容分析法（文献法）对《高等教育研究》所刊载的论文进行了统计，如李国华、王以祥对1995—1999年《高等教育研究》所刊载论文的引文进行了统计与分析，结果发现《高等教育研究》这五年的自引率（期刊自引率是指该刊自引量占其文献引文总量的百分比，在一定程度上，可被用来分析该刊的报道方向、用稿标准和选文范围是否有稳定性和连续性）为5.53%，符合大部分学科5%~10%的自引率。他们认为，《高等教育研究》报道方向明确，论文的学术内容较为丰富、专、深，已形成了该刊的学术风格和特点，在高等教育学科研究领域处于学术带头的地位。别敦荣、彭阳红对《高等教育研究》1997—2006年所发表的1500多篇学术论文的主题、作者和研究方法进行了分类统计，认为该刊物上发表的文章反映出中国高等教育研究具有鲜明的时代特色和中国特色，其发表文章的代表性不容置疑。易高峰、刘盛博和赵文华运用Cite Space软件绘制了《高等教育研究》1998—2007年间所刊载论文的研究热点及其知识基础图谱，结果表明：该期刊专业特色明显，研究内容有很高的聚焦性。可以说，《高等教育研究》是中国高等教育研究领域的重要期刊之一，它可以从一个侧面反映中国高等教育学科发展的现状。

2.数据来源

1980—2008年间，《高等教育研究》杂志共出版166期，其中1980年为半年刊，共出版2期；1981—1994年为季刊，共出版56期；1995—2004年为双月刊，共出版60期；2005—2008年为月刊，共出版48期。在上述166期杂志中，《高等教育研究》共刊载论文3573篇，其中既有学术性论文，也有纪念性文章；既有本土研究者撰写的论文，也有国外学者发表的文章。本书将统计范围严格限制在研究高等教育问题的学术论文中，剔除"博士论坛""会议综述""博士论文"介绍、"译文"、带有"纪念"性质的文章和极少数非教育类论文，共509篇，纳入统计分析的样本数为3064篇，占总样本的比例为85.87%。在统计过程中，笔者根据每篇文章所涉及问题按"问题域"，即按提问的范围、问题间的内在关系和逻辑可能性空间相对集中的话题进行归类，共选取了"教学和科研管理""高等教育宏观管理""高等学校内部管理""国际比较教育""学生事务""教育基本原理""高等教育思想""高等教育史""教与学""高等教育学学科建设""教师教育""研究生教育""教育经济""民办高等教育""高等职业教育"和"女子高等教育"16个问题域作为高等教育研究话语的主题分类框架。

二、社会文化变迁与高等教育研究主流话语的汇聚与转换

20世纪90年代以后，社会理论研究中出现了一种"语言转向"，即"把语言更多地看作社会现象中的一个作为中心的角色"。人们越来越清楚地意识到，语言

的变化是社会变化和文化变化的重要表征，而且社会科学各领域的研究也将话语的变化与广泛的社会文化过程联系在一起。话语不仅反映和描述了社会实践，而且社会科学研究各领域中的"话语构成、改变方式与社会变化的方向相一致"。高等教育研究也不例外。

1978年，中国开始经济体制改革，中国社会处于包括社会政治结构、经济结构在内的整体性变迁时期，30多年来，随着改革的推进，经济体制改革经历了计划经济体制向市场经济体制转轨和市场经济确立，政治体制经历了80年代的政治改革、90年代的政府改革等数次尝试。经济、政治体制改革从制度、机会、利益、文化等多个方面深刻地改造着中国社会。高等教育作为公共事业的一部分，与整个社会的发展连成一体。具体而言，经济体制的变革使得中国农业经济、工业经济以及萌芽的知识经济同时并存，产业结构和就业结构面临大规模的调整。这一切都对高等教育的数量类型和层次结构提出了前所未有的需求，也对人才质量提出了新的标准。高等教育面临观念的转变和制度创新。为了适应社会变化给高等教育变革提出的要求，人们不断地从高等教育理念、属性、结构、功能、形式等方面加深对高等教育改革的认识，从而引发了一系列高等教育话语体系的变化。从改革开放30余年高等教育研究的发展历程来看，高等教育话语体系的变化不仅受社会大环境的影响，而且在很大程度上也受国家政策的指引，正如有学者认为"在政策发布初期，中央政府是最重要的议程设置者"，"政策行动者都竭力运用语义框架界定公共议题，建构特定的政治意象"，为了回应国家政策所设定的公共议题，大量具有鲜明时代特色的新概念和词语集中涌现，形成了高等教育研究某一时期的某一类问题域话题集中的现象，高等教育研究七大问题域在不同时期受关注程度既有"高潮"也有"低谷"，且每一个研究"高潮"的来临都预示着高等教育研究热点和重心的转移。即每当社会对高等教育改革和发展提出新的诉求时，就会有新的话题出现，形成高等教育研究领域热点话题的汇聚与转换现象。

在高等教育改革和发展实践中，教育体制的存在状况及其运行状态反映了教育事业是否与社会发展相适应，因此，教育体制改革往往被视为整个教育改革的关键。体制改革也是高等教育研究领域最受关注、话语变化改革最活跃的部分。在高等教育研究七大问题域中，涉及体制改革的研究就占有三个问题域，即教学和科研管理、高等教育宏观管理和高校内部管理，这三个问题域所发表文章数分别为548篇、490篇和355篇，它们之和为1393篇，占七大问题域发文总数的59.4%，本书拟以上述三个问题域为例，对不同时期伴随着社会环境变化以及对高等教育改革与发展重大政策的调整而导致的话语建构的变化情况进行具体分析。

（一）"教学和科研管理"问题域

"教学和科研管理"问题域是高等教育研究问题域中最早受到关注且发文量最

大的领域。这一研究领域之所以持续受关注，与中国政府长期以来不断强调高等教育在国家发展战略中担负的人才培养的重要作用以及不断地强化教学改革有着密切的关联。"教学和科研管理"问题域的话语汇聚与转移与不同时期高等教育教学改革的变化是一致的，下面分四个时期进行梳理。

1.1978—1984年高等学校教学工作的话语

20世纪80年代初，以信息技术、生物技术、新材料技术为中心的新技术革命浪潮席卷全球，引领世界经济、社会、文化、政治、军事等方面进行深刻变革。随着高科技产业迅猛发展，高科技产业已成为国与国之间，特别是大国之间竞争的主要手段。实践证明，谁掌握了高新技术、抢占到科技的"制高点"和前沿阵地，谁就可以在经济上更加繁荣，政治上更加独立，战略上更加主动。因此，许多国家都把发展高新技术列为国家发展战略的重要组成部分。

此时，中国的经济和社会发展面临着许多重大挑战，不仅迫切需要突破传统技术、应用高科技，而且急需高等教育为各行各业输送各类高级专门人才。1983年，邓小平提出"教育要面向现代化，面向世界，面向未来"的战略方针，确定了中国在新的历史时期迎接和适应世界新的技术革命的总对策。这一指导思想要求高等教育要主动适应和服务于中国社会与经济的发展，服务于中国社会主义现代化建设的需要，培养和造就数量充足、质量合格、结构合理的各类高级专门人才。邓小平"三个面向"的教育思想引发了高教研究界的强烈反响，学者们认为，这一指导思想除了强调教育要适应和服务四个现代化之外，还强调教育应实现自身的现代化。1980年以前，中国急需恢复被破坏的教育教学，首先将教学管理制度作为改革的突破口进行试点。

这一时期是高等教育改革与发展的转折期，研究者的研究话题首先从教学和科研管理工作组织方式改革入手，围绕着高校如何在教育教学上拨乱反正，如何恢复教育教学秩序和开展科学研究进行了热烈讨论，大量的话语首先集中在"教学和科研管理"研究领域，形成了这一时期高等教育研究的主流问题域。这一时期，研究者基本上是从教学和科学管理体制改革入手，对实现教育方法、教育技术、教育评价、教育科研的现代化等问题进行了探讨，研究者主要围绕以下四个方面做文章：①转变旧的教学思想；②更新陈旧的教学内容；③改变落后的教学方法；④克服苏联模式的弊端。

这一时期，在《高等教育研究》期刊中出现较多的词语和概念有：调整培养目标、编写高质量教材、试行弹性教学计划、课程设置、改进教学方法、更新课程内容、采用外文教材、遵守科研程序、专业调整、提高实验课教学质量、改革教研室体制、加强科研管理、加强学术交流等。

2.1985—1992年教学改革起步阶段的话语

1985年以后，中国教育的外部环境发生了深刻变化，经济体制从计划经济向有计划的商品经济转轨。相应地，以指令性指标为手段管理经济和其他事业的方式也发生了变化，社会经济环境的改变必然要求教育所培养的人才规格作出相应的改变，而人才培养规格的变化又要求教学进行相应的改革。1985年5月27日，党中央、国务院正式颁布《中共中央关于教育体制改革的决定》（以下简称《决定》），明确了中国教育体制改革的根本目的是提高民族素质，多出人才，出好人才。1985年颁布的《决定》作为教学改革起步阶段的纲领性文件，标志着教育教学改革已从试点改革转向改革起步阶段。《决定》的内容涉及人才培养模式改革的多个方面。例如，针对前苏联教学模式在人才培养上强调专业教育，相对忽视学生知识的宽度，《决定》指出高校的专业设置过于狭窄，不同程度地脱离了经济和社会发展的需要，落后于当代科学文化的发展，应进行学科专业调整。针对教学计划和教学内容陈旧的现象，教育部把下放教学计划制定权和调整专业设置作为教学改革的突破口纳入政策中，如《决定》指出高校"有权调整专业的服务方向，制定教学计划和教学大纲，编写和选用教材"。针对课程体系改革，《决定》强调："积极进行教学改革的各种试验，增加实践环节，减少必修课，增加选修课，实行学分制和双学位制，增加自学时间和课外学习活动，有指导地开展勤工助学活动"等。在《决定》精神的指导下，不仅各高校的教学改革热情空前高涨，而且高教研究界围绕着高校教学工作如何从单纯地传授知识转变为开发学生智力这一核心问题，从以培养能力为中心的教学思想与教学方法的改革，以搞活教学与科研管理制度改革两个层面进行探讨。有关这一问题的研究持续升温一直到1992年。

1985—1992年间，"教学和科研管理"问题域的主流话语有改造课堂教学、加强学生动手能力、精选教学内容、第二课堂、启发式教学、减少课时、双轨制教学体制、考试改革、实验教学改革、自主学习、创造力培养、学为主体、教为主体等。

3.1993—1999年全面改革阶段的话语

1992年，党的十四大明确提出建立社会主义市场经济体制。从那以后，中国经济发展速度加快，并带动了社会多方面的变革，对人才的需求日益呈现出多样而又多变的特点。但是中国高等教育仍然没有改变自20世纪50年代初改造旧教育和全面学习苏联教育而形成的高等教育人才培养模式，不能满足社会对人才在专业、规格、质量等方面的需求。1993年，中共中央颁布《中国教育改革和发展纲要》（以下简称《纲要》）。该纲要指出，要"进一步转变教育思想，改革教学内容和教学方法，克服学校教育不同程度存在的脱离经济建设和社会发展需要的现象。要按照现代科学技术文化发展的新成果和社会主义现代化建设的实际需要，更新教学内容，调整课程结构"。正是在这一思想指导下，国家有关部门相继颁布了多项政策，对高等学校的教学从教学内容和课程体系改革、减少专业种数和拓宽专业口径、加强文化素质教育三个方面进行了全方位的改革。

1994年开始，中国教育主管部门制定并实施了《高等教育面向21世纪教学内容和课程体系改革计划》，该计划内容包括"未来社会的人才素质和培养模式，各专业或专业群的培养目标及人才规格，主要专业或专业群的课程体系结构，基础课程、核心课程的教学内容体系及教材，教学手段、教学方法的创新"等，要求"各类成果应具有可操作性，并能在教学实践中检验"。此项改革正式批准立项221个大项目，包括985个子项目，有300多所高校参与了改革实践。

　　1998年，教育部为实现党的十五大确定的目标与任务，落实科教兴国战略，全面推进教育改革和发展，提高全民族的素质和创新能力，颁布了《面向21世纪教育振兴行动计划》，该计划是在落实《教育法》和《中国教育改革和发展纲要》的基础上提出了跨世纪教育改革和发展的实施蓝图，要求高校积极推进教学改革，本科教育要"拓宽专业口径，增强适应性"，专科教育要推进人才培养模式的改革，特别是改革课程结构，加强实践教学基地和"双师"型教师队伍建设。

　　针对长期以来中国高校忽视培养学生人文素质教育这一问题，1995年7月，原国家教委高教司印发了《关于开展大学生文化素质教育试点工作的通知》，提出要加强大学生文化素质教育，提高专业人才的文化素质。试点结束后，教育部于1998年4月在第一次全国普通高等学校教学工作会议上颁发了《关于加强大学生文化素质教育的若干意见》等文件，在全国高校全面推行文化素质教育。随后，1999年6月，中共中央颁布了《关于深化教育改革全面推进素质教育的决定》，促进大学素质教育向纵深方向发展。

　　上述三个方面将教学改革从1985—1992年的起步阶段推向全面改革阶段。这一阶段的教学改革从1993年一直持续到1999年高校扩招，改革不仅深入到教学内容和课程体系的各个环节，更带动了教育教学思想的变革。

　　1993—1999年，"教学和科研管理"问题域的主流话语有：拓宽专业口径、制定新的人才培养目标、突破教学单一模式、教学设置核心课程、加强实验教学、调整专业结构、推进双语教学、促进创造性学习、创新教学手段、将素质教育落实到教学计划中、完善学分制、加强科研成果转化等。

　　4.2000—2008年深化教学改革时期的话语

　　1999年，为了扩大内需，中国高校开始大规模扩招。随着学生人数的急剧增加，教育资源难以在短时间内迅速得到改善，教育质量下滑问题开始凸显。社会各界开始广泛关注自2001年起教育部及相关部门相继出台的一系列保证教学质量、提高教学质量的政策文本，对提高教学质量给予了前所未有的重视与关注。由此，高等教育进入了"以提高质量为中心"的发展阶段。

　　2001年，教育部出台了《关于加强高等学校本科教学工作提高教学质量的若干意见》，强调"抓好本科教学是提高整个高等教育质量的重点和关键"，强调教学改革是提高教育质量的最重要的手段。在《2003—2007年教育振兴行动计划》

中，教育部启动了"高等学校教学质量与教学改革工程"，进一步强调深化高等学校的教学改革，完善高等学校教学质量评估与保障机制。接着，教育部启动实施了"质量工程"，包括启动精品课程建设，开展本科教学工作水平评估，设立高等学校教学名师奖等。

2005年1月，教育部下发了《关于进一步加强高等学校本科教学工作的若干意见》，强调高等教育必须在持续扩大规模的同时，把提高质量放在更加突出的位置。该文件提出"加强高等学校本科教学工作的主要任务和要求是：着眼于国家现代化建设和人的全面发展需要，加大教学投入，强化教学管理，深化教学改革，坚持传授知识、培养能力与提高素质协调发展，更加注重能力培养，着力提高大学生的学习能力、实践能力和创新能力，全面推进素质教育"。

2007年1月，教育部、财政部联合发布《关于实施高等学校本科教学质量与教学改革工程的意见》。该文件内容包括：专业结构调整与专业认证，课程、教材建设与资源共享，实践教学与人才培养模式改革创新，教学团队与高水平教师队伍建设，教学评估与教学状态基本数据公布，对口支援西部地区高等学校等。同年，教育部又颁布了《关于进一步加强高等学校本科教学工作的若干意见》，该意见进一步提出"加强教学评估，建立保证提高教学质量的长效机制"。

综上所述，1999年以后的教学改革政策受高等教育大众化的影响，由于高校扩招带来了教育质量下滑的弊端，教学改革被看作提高教育质量的突破口，引发教育部出台了一系列提高教学质量的文件。从2000—2008年，不仅高教界围绕提高教学质量这一核心来开展改革，而且也带动了高教研究界对人才培养过程的各个环节进行深入的理论研究。

2000—2008年，"教学和科研管理"问题域的主流话语有摆脱苏联人才培养模式、优化课程体系、重塑人才规格、转化学科优势、推行完全学分制、倡导研究性学习、加强创业意识教育、推行人才培养全面质量管理、建立以市场机制为核心的教育教学质量保障机制、开展教学评估、建立分类型、分层次的高校教育教学评价制度、构建适应现代大学理念的本科人才培养目标、完善高校。

（二）"高等教育宏观管理"问题域

经过1978—1984年的"拨乱反正"和对教育秩序的有力整顿，中国高等教育事业很快就得到恢复和发展。但是随着经济体制改革的全面展开，原有的教育体制暴露了越来越多的矛盾和问题，迫切需要进行改革。为了与经济体制改革相适应，党和国家把教育作为经济发展的战略之一，并把教育体制改革作为全面改革的重要内容之一。

1985年，党中央和国务院召开全国教育工作会议，颁布了《中共中央关于教育体制改革的决定》（以下简称《决定》），由此拉开了教育体制改革的序幕。从

表2.1可以看出，30多年来，《高等教育研究》发表关于"高等教育宏观管理"话题的文章有两个高峰值：1985—1989年共发表78篇文章；1994—2008年共发表449篇文章。这两个高峰值都是在高等教育体制改革正发生着历史性的深刻变化时出现的，下面分别对这两个时期的话语从高等教育内外部环境的变化和国家、政府关于高等教育体制改革与政策取向两个方面进行分析。

1.1985—1989年高等教育宏观管理体制改革探索时期的话语

1985年后，中国经济体制处在建立有计划地实行社会主义商品经济阶段，科技体制改革也面临着科技与经济联合，加快科技成果转化的任务。随着国家整个社会经济、科技体制的转型，高等教育传统体制的弊端已明显显现出来，主要表现在以下四个方面：第一，国家办学体制与投入体制的单一性，增加了政府的财政压力，抑制了社会办学的积极性，限制了高等教育发展的空间；第二，管理体制的高度集中，致使政府对高校包得过多、统得过死，学校严重缺乏办学自主权；第三，部门办学的体制，导致条块分割、重复办学、效益低下，影响了人才培养质量的提升；第四，统包、统分的高等教育体制，加上平均主义的劳动人事制度，抑制了教师和学生的工作和学习的积极性与主动性。

1985年，中共中央国务院颁布《决定》，对20世纪80年代中期至20世纪末的高等教育体制改革提出明确要求，即改革高等学校的招生计划和毕业生分配制度，扩大高等学校办学自主权。主要内容包括：一是转变政府职能，改革政府对高校统得过多的体制，政府加强宏观管理，扩大高等学校的办学自主权；二是改革招生与毕业生就业制度，实行多种形式招生，毕业生分配要供需见面、双向选择；三是提倡横向联合办学；四是改革高校内部管理体制，逐步推行校长负责制。

1988年1月，国家召开全国第三次高等教育工作会议，明确提出要把竞争机制引入高等教育过程，以增强高等教育办学活力和对社会发展的适应性。

《决定》的颁布不仅使中国高等教育体制改革成为教育改革的重点和关键，而且也形成了高等教育研究的热点话题集中区域。

1985—1989年，"高等教育宏观管理"问题域的主流话语有：改革高等教育计划管理体制、加强高等教育宏观控制、调整高校结构、走内涵式发展道路、简政放权、扩大学校办学自主权、综合化、建立开放型的社会主义大学、改革毕业生分配制度、坚持社会主义方向、改革现行教育模式、实行部门、地区间联合办学、根据国家建设对各种专门人才需要确定各层次、各专业招生比例、建立协调的多样化教育结构、建立主动适应社会进步和商品经济发展的高等教育运行机制等。

2.1994—2008年高等教育宏观管理体制实质性改革时期的话语

虽然1985年《决定》的颁布为中国高等教育体制改革确立了坐标和方向，但由于改革缺乏配套措施，再加上当时人们的观念仍未摆脱计划经济的束缚，高教体制改革并没有取得多大进展。直到1992年，大规模的高教体制改革才真正开始启动。

1992年，邓小平同志视察南方，发表了重要讲话。同年，党的十四大召开，确立了建立和发展社会主义市场经济的经济体制改革目标。同年召开的第四次全国高等教育工作会议剖析了中国原有的高等教育体制的实质和弊端，指明了体制改革的新方向。中国原有的高教体制的实质是"国家集中计划和政府直接管理"，新的高等教育体制的目标为"建立国家统筹规划和宏观管理，学校面向社会依法自主办学的体制"。此次会议第一次将高等教育体制概括为举办体制、管理体制、招生和毕业生就业制度、投资体制和校内管理体制五个方面。改革目标表现为：第一，在举办体制上，改变由政府包办高等教育的状况，形成以政府办学为主、社会各界积极参与办学的新体制；第二，在领导管理体制改革上，建立中央与省两级管理、省级负责为主的高等教育管理体制，扩大高等学校办学自主权；第三，在投入体制改革上，提出以国家财政投入为主，同时多渠道筹措教育经费；第四，在招生与毕业生分配体制上，逐步扩大调节性招生计划，改变"包当干部"和国家"统包统配"制度；第五，在高校内部管理体制改革上，引入竞争机制，改革高校内部干部制度、人事制度和分配制度，实现后勤全面社会化。

尽管中国社会主义市场经济体制改革和社会发展的新目标已确立，但教育体制改革的步伐总体上与加快改革开放和现代化建设的需要还不一致。1993年2月，中共中央、国务院印发了《中国教育改革和发展纲要》，该纲要对深化20世纪90年代和21世纪初的高等教育宏观改革提出了新的要求："高等教育要逐步形成以中央、省（自治区、直辖市）两级政府办学为主、社会各界参与办学的新格局"。

1994年12月，全国高教管理体制改革座谈会在上海召开。会议认为，要实现建立国家统筹规划、政府宏观管理、学校面向社会自主办学的新体制的目标，就必须理顺中央与地方、政府与高校之间的关系，逐步淡化长期以来计划经济体制下形成的单一的高校隶属观念，加强地方对本地区高等教育的统筹与协调，变条块分割为条块结合，充分发挥部门和地方两方面办学的积极性，通过联合办学等措施，逐步过渡到中央与地方两级管理，多渠道筹措经费，最终实现高校面向社会自主办学的适应社会主义市场经济发展要求的新体制。

上海会议以后，中国高等教育体制进入了实质性改革阶段。1997年，党的十五大报告充分肯定了十四大以来社会主义市场经济发展的方向，提出要"优化教育结构，加快高等教育管理体制改革的步伐，合理配置教育资源，提高教育质量和办学效益"，并明确提出了机构改革的任务。这些改革为新的高等教育体制改革目标的实现及新框架的生成创造了有利的外部条件。

1998年，国务院颁布了《关于调整撤并部门所属学校管理体制的决定》，对部门所属共211所学校通过共建、合并、合作、调整等方式进行管理体制改革。自此，由部门办学、条块分割、单一隶属关系的旧的高等教育体制格局不复存在。

新的管理体制（中央与地方两级管理、分级负责、条块结合）初步建立，新的高等教育结构布局体系基本形成，新的办学体制和投资体制（以政府办学和政府投入为主体的，多种形式办学，多渠道投资）也已确立。

1994—1998年，"高等教育宏观管理"问题域的主流话语是：高等教育应主动适应市场经济、社会力量参与办学、应将投资主体与办学主体分开、实行政府拨款、社会各方投入、学生缴费与高校自筹等相结合的多元投资体制、建立有中国特色的高等教育评估制度、转变政府职能、增强高校主动适应经济和社会发展需要的能力、提高高校办学效益和规模效益、高等教育发展规模、建立协调政府与大学的中介组织、通过制度创新提高效率等。

1999年召开第三次全国教育工作会议，此次会议的主题是动员全党同志和全国人民，以提高民族素质和创新能力为重点，深化教育体制和结构改革，全面推进素质教育，振兴教育事业，实施科教兴国战略，为实现党的十五大确定的社会主义现代化建设宏伟目标而奋斗。会议通过了《中共中央国务院关于深化教育体制改革全面推进素质教育的决定》，要求高等教育实施素质教育，重视培养大学生的创新能力、实践能力和创业精神，普遍提高大学生的人文素养和科学素质。1999年颁布和实施了《高等教育法》，首次以国家法律的形式明确规定了高等学校的办学自主权，使中国高等教育走上依法治教的轨道，在中国高等教育发展史上具有里程碑式的意义。

此后，高等教育的相关法律法规陆续颁布，有2003年9月1日起施行的《中华人民共和国民办教育促进法》，2004年7月1日起施行的《中华人民共和国中外合作办学条例实施办法》，以法律的形式确立了政府对民办学校的权利和义务，以及中外合作办学管理的具体办法，为政府部门的依法管理、依法行政提供了法律依据。

1999—2008年，"高等教育宏观管理"问题域的话语有：高等教育大众化、进一步加大高校办学自主权、转变观念以实现高等教育办学形式的多样化和评价标准的多元化、多方筹资加快高等教育大众化步伐、形成高等教育规模效益、中心城市办大学、国际合作办学、多种形式联合办学、加快高等学校收费制度改革、放开对高校毕业生分配的管理、大力发展高等职业教育、高等教育产业、建设世界一流大学、大学城、建立现代大学制度、高等教育体制创新、高等教育分层分类、高等教育治理、高等教育质量保障、高校定位、研究型大学、独立学院、新建本科院校等。

改革高等教育计划管理体制、加强高等教育宏观控制、调整高校结构、走内涵式发展道路、简政放权、扩大学校办学自主权、综合化、建立开放型的社会主义大学、改革毕业生分配制度、坚持社会主义方向、改革现行教育模式、实行部门、地区间联合办学、根据国家建设对各种专门人才需求确定各层次、各专业招生比例、建立协调的多样化教育结构、建立主动适应社会进步和商品经济发展的高等教育运行机制等高等教育应主动适应市场经济、社会力量参与办学、应将投资主体与办学主体分开、实行政府拨款、社会各方投入、学生缴费与高校自筹等相结合的多元投资体制、建立有中国特色的高等教育评估制度、转变政府职能、增强高校主动适应经济和社会发展需要的能力、提高高校办学效益并部门所属学校管理体和规模效益、高等教育发展规模、建立协调政府制的决定、中共中央与大学的中介组织、通过制度创新提高效率、高等教育大众化、进一步加大高校办学自主权、转变观念以实现高等教育办学形式的多样化和评价标准的多元化、多方筹资加快高等教育大众化步伐、形成高等教育规模效益、中心城市办大学、国际合作办学、多种形式联合办学、加快高等学校收费制度改革、放开对高校毕业生分配的管理、大力发展高等职业教育、高等教育产业、建设世界一流大学、大学城、高等教育体制创新、建立现代大学制度、高等教育治理、高等教育分层分类、高等教育质量保障、高效定位、独立学院、研究型大学、新建本科院校。

（三）"高等学校内部管理"问题域

学校内部管理工作就是要建立一种使教育经费、师资队伍、实验室及其他教学基础设施与教育对象得到合理配置和组织的体制，将各种不同资源合理有效地配置到教育工作的各个环节中。如果说高等教育宏观管理是高等教育体制改革的重点，那么高等教育内部管理则是高等教育体制改革的落脚点。《高等教育研究》关于"高等学校内部管理"话题的集中度也有两个高峰值：1985—1994年共发表了178篇文章；1997—2008年共发表了153篇文章。这两个高峰值都是伴随着高等教育宏观管理体制改革政策的变化而出现的，下面分别对这两个时期的话语从高等教育内外部环境的变化和国家、政府关于高等教育体制改革与决策取向两个方面进行分析。

1978年10月，教育部颁布了《全国重点高等学校暂行工作条例（实行草案）》。该条例对新时期高等学校内部管理体制进行了重新规定，其中，第九章第五十条指出："高等学校的领导体制，是党委领导下的校长分工负责制。"1978年3月，国务院批准了《教育部关于高等学校恢复和提升教师职务问题的请示报告》；1979年11月，教育部颁布了《关于高等学校教师职责及考核的暂行规定》；1981年4月，教育部下发了《关于试行高等学校教师工作量制度的通知》，上述几项关于高校人事制度建设中教师职务和职责的政策规定，对高校内部管理体制的恢复与重建起到了良好的作用。其后，高等学校内部体制改革出现了以下两次重大的话语突破。

1.1985—1994年高校内部管理体制的改革酝酿与探索阶段的话语

1985年以后，面对社会转型和科技发展的新形势，社会急需高级专门人才，但是高校管理受教育行政管理体制的制约，在人、财、物的管理方面缺乏自主性，导致高校管理缺乏活力。1985年5月，中央颁布《中共中央关于教育体制改革的决定》，明确指出高等教育体制改革的关键是改变政府对高等学校统得过多的管理体制，在国家统一的教育方针和计划的指导下，扩大高等学校的办学自主权，加强高等学校同生产、科研和社会其他各方面的联系，使高等学校具有主动适应经济和社会发展需要的积极性和能力。该文件的颁布使高校内部管理体制的改革有了新的政策依据与政策驱动。

1985—1991年，高等教育内部管理体制改革的政策取向有以下四点：第一，试行校长负责制。《中共中央关于教育体制改革的决定》明确指出："学校逐步实行校长负责制，有条件的学校要设立由校长主持的、人数不多的、有威信的校务委员会作为审议机构。"第二，实行教师职务聘任制度。1986年3月，原中华人民共和国国家教育委员会（现中华人民共和国教育部）、中央职称改革工作领导小组颁布了《高等学校教师职务实行条例》及其实施意见。《条例》对高校教师的职务设置、各级职务的职责、任职条件和任期等做出了明确的规定，确立了教师职务聘任制度，对高校教师职称评审权力进行了新的明确划分。1991年4月，原中华人民共和国国家教育委员会、原中华人民共和国人事部印发了《关于高等学校继续做好教师职务评聘工作的意见》。上述条例、意见及相关文件的发布，引导着高校教师职务聘任制度的实施与执行。第三，推进高校工资制度改革。1985年8月，国务院工资制度改革领导小组、劳动人事部门发布了《关于高等学校教职工工资制度改革实施方案》，高校工资制度改革按照这一政策的指引而展开。第四，推行后勤社会化改革。《中共中央关于教育体制改革的决定》指出，高校后勤服务工作的改革方向是实行社会化。1985年后，高校根据这一精神开始探索后勤社会化改革。1985—1991年，中国高校后勤工作改革主要是推行经济承包责任制，一些学校实行后勤管理所有权与经营权分开，后勤工作管理迈向社会化。

1985—1991年，"高等学校内部管理"的主流话语是：高校主动适应经济和社会发展的需要、高等院校应当是一个独立实体、必须实行校长负责制、调整师资队伍结构、加强对高校管理者的科学考评、实行系主任负责制、高校横向联合、改革高校领导体制、实行党委领导下的校长负责制、发挥高校民主管理功能、改变党政不分、以党代政的现象、加强财务管理、实行有偿服务等。

1992年以后，高校内部管理体制的改革在邓小平同志南方谈话和中国共产党的第十四次代表大会召开的时代背景下走向深化。1992年8月，国家教委印发了《关于直属高校内部管理体制改革的若干意见》。该意见指出，校内管理体制改革的指导思想是：逐步建立和完善学校能主动适应国家经济和社会发展的学校内部管理体制和运行机制，积极探索建设有中国特色的社会主义大学的新路子和基本思路。1993年2月，国务院颁布了《中国教育改革和发展纲要》，其中对高校内部管理体制改革提出了进一步的要求与规定，例如，"要积极推进以人事制度和分配制度改革为重点的学校内部管理体制改革。在合理定编的基础上，对教职工实行岗位责任制和聘任制，在分配上按照工作实绩拉开差距。改革的核心在于，运用正确的政策导向、思想教育和物质激励手段，打破平均主义，调动广大教职工积极性，转换学校内部运行机制，提高办学水平和效益。学校的后勤工作，应通过改革逐步实现社会化"。

1992—1994年，"高等学校内部管理"主流话语是：建立高等学校自我发展、自我约束机制、建立高校自我评估制度、高校管理引入竞争机制、发展校办产业等。

2.1997—2008年高校内部管理体制改革深化阶段的话语

1997年召开的党的十五大明确提出"优化教育结构，加快高等教育体制改革步伐，合理配置教育资源，提高教学质量和办学效益"。随着党的十五大提出的要求，中国高校内部管理体制改革进入深化阶段。1999年，颁布和实施的《高等教育法》首次以国家法律的形式明确规定了高等学校的办学自主权。《高等教育法》规定：落实和扩大高等学校的办学自主权，增强学校适应当地经济社会发展的活力；加强对高等学校的监督和办学质量的检查，逐步形成对学校办学行为和教育质量的社会监督机制以及评价体系，完善高等学校自我约束、自我管理机制；进一步扩大高等学校招生、专业设置等自主权，高等学校可以到外地合作办学；大力推进高校内部管理体制改革。《高等教育法》颁行之后，与推动高等教育内部体制改革相关的规定仍在进一步加强。1999年，教育部印发了《关于新时期加强高等学校教师队伍建设的意见》和《关于当前深化高等学校人事分配制度改革的若干意见》，这为新世纪初叶高等学校内部管理体制改革的深化指明了路径和方向。2004年，教育部颁布《2003—2007年教育振兴行动计划》，对"深化学校内部管理体制改革，探索建立现代学校制度"提出明确规定，继续深化学校内部管理体制改革，完善学校法人制度。高等学校要坚持和完善党委领导下的校长负责制，推进依法办学、民主治校、科学决策，健全学校的领导管理体制和民主监督机制。中小学要实行校长负责、党组织发挥政治核心作用、学校教职工代表大会参与管理与监督的制度。职业学校可建立由行业、企业代表组成的理（董）事会制度。积极推动社区、学生及家长对学校管理的参与和监督。遵循"从严治教，规范管理"的原则，加强学校制度建设，逐步形成"自主管理、自主发展、自我约束、社会监督"的机制。建设"精简、高效"的学校管理机构，完善校务公开制度，深化人事制度和分配制度改革。

1997—2008年，"高校内部管理"问题域的主流话语有：内部管理的权力管理与制衡机制、党政分权、高校合并、多校区办学、高校战略管理、高校人力资源开发、高效定位、高校章程制定、高校教师绩效管理等。

高等教育话语的生成与转换的快慢与社会经济、政治体制变革的频繁程度有着较为密切的联系，高等教育话语生成与转换是高等教育实践的产物。社会变迁时期的高等教育话语生成与转换有两种方式：第一是高等教育新概念出现；第二是高等教育概念的新用法的出现。一方面，层出不穷的各类话语不仅反映了研究者为了描述和揭示日益复杂的高等教育规律所做的努力，而且各类高等教育语言流变轨迹为揭示高等教育学科知识的发展历程和评价高等教育学科建设本身勾勒出了话语空间。另一方面，高等教育研究话语流变的速度与社会文化的变迁程度有着紧密的联系。这也从一个侧面说明"高等教育研究是一项受外力驱动、由偶然性事件触发的工作"。

三、高等教育研究话语的生成与转换对高等教育学科建设的影响

在高等教育学科建设过程中，高等教育研究话语的频繁转换既有积极的影响，也有消极的影响。

（一）积极的影响

高等教育研究者对其所处的社会、文化变迁和高等教育的重大现实问题、热点问题有着极其敏锐和迅速的反映，并能产生相应的思考。比如，关于高等教育与科学研究和生产劳动相结合、高等教育发展规模和高等教育大众化、加入WTO对高等教育的影响及对策、高等教育体制改革、民办高等教育的发展与立法等问题都是高等教育改革与发展过程中比较典型的本土性问题，体现了高等教育研究者强烈的本土意识和主体性反思。这也说明高等教育学科本身具有开放性，这种开放性使得高等教育研究话语不断推陈出新，出现高等教育研究繁荣发展的局面。正如有学者指出，"高等教育学科虽然是研究高等教育的专门学科，但在高等教育研究中并没有唯高等教育学科'独尊'，任何相关学科的理论和方法都可以为高等教育研究所用"。

（二）消极的影响

由于研究者总是以切换的方式将当下社会的兴奋点作为高等教育的研究问题，使得高等教育理论研究处于一个躁动时期，在急功近利心态的影响下，研究者还未来得及领悟前一个话语的实质内容，后一个话语就接着出现。这直接导致各种"跟风"或"时髦"的概念大量涌现，但很快便如"过眼烟云"，无人提及，这种"跃进式"的话语转换模式使得研究者缺乏一种对各类新概念进行分析的学科意识，仅停留在揭示它所涉及问题与政治、经济、文化之间的相互关系层面，未能对其话语背后触及的教育本身的隐喻问题做进一步的批判反思，这种高等教育理论研究要么不加分析地移植国外的教育理论和概念，要么为了达到一定的"理论深度"而不加辨别地引进其他学科的理论概念，这种简单化的术语移植和理论演

绎的研究方式难以为创建高等教育科学理论体系起到支撑作用。中国高等教育理论研究在发展过程中借鉴经典学科理论本无可厚非，但关键是能不能通过学科化的诠释推陈出新。为追求时髦或者"理论深度"，不加辨别地把经济学、社会学等学科的新观点、新理论移植到高等教育研究领域，这种故作高深的"跟风"既不能产生具有创新性的教育研究成果，也不利于高等教育的理论发展与创新。高等教育理论研究只有保持并遵循自己学科的特色，并且形成一套符合学科自身特色的话语表达方式，才能树立学科的独立地位。

四、总结

知识体系作为社会文化的组成部分之一，是在话语实践中形成的。高等教育学科是在建设有中国特色的社会主义以及为解决高等教育改革与发展的重大问题的背景下诞生和发展起来的。高等教育学科知识体系的形成与社会变迁有着密切的关联。不同的学者依据各自的专业兴趣有着各自关心的问题域，每一个问题域在不同时期都呈现出不同的话题。话题虽然体现出学者个人的研究思想和观点，但个人的研究旨趣在外延上却受到社会发展的限制。正如默顿所说："科学家们通常总是选择那些与当时占主导地位的价值和兴趣密切相关的问题作为研究课题。"高等教育研究空间虽然充斥着五花八门的话语，但是这些话语的产生与变化并不具有随意性。福柯在知识考古学研究中提出，话语不能简单地等同为作品，其本身就是具有社会文化意义的事件，话语是建构性的，与社会因素有着实际关联，话语构建知识客体、社会主体和自我"形式"，构建社会关系和概念框架。事实上，经过30多年的发展，高等教育学科已形成区别于其他学科的独特的话语空间。

第二节 高等教育理论研究话语方式的特征

教育研究作为一种认识活动，是在一定的思维方式的制约下进行的。思维方式是决定研究者观察、认识、理解和解释一定事物或现象的程式和方法。从哲学意义来看，思维方式是主体把握客体，并按一定的方式和程序表现出来的相对稳定的"认识框架和思维路线"。它直接规范着研究者可能的提问方式，而这种提问方式预设了问题的可能选择、可能求解方式以及可能选择的话语策略。研究者就是在"认识框架和思维路线"中解释认识对象、构建一定的话语体系的。

自有教育研究以来，就存在着两种不同的思维方式，即理论思维方式和实践思维方式。所谓理论思维方式是以建构理论为目的，从前提逻辑推出结论的法则运作。理论思维可分为哲学层面的理论思维和科学层面的理论思维两大类。实践思维方式则以寻求解决问题的方法和路径为目的，运用各种知识、通过实践解决具体问题。教育理论思维方式是人们基于反映教育特质的概念的辩证表达而展开的认识方式,它通过概念、判断、推理等思维形式的矛盾运动深刻地反映教育理论和教育实践的内在本质与逻辑规律。教育实践思维方式是人们基于反映教育特质的基本理论来运筹、设计和构建各类实施方案,以解决教育实际问题的筹划型认识方式。由此,教育研究也可分为教育的理论研究和教育的实践研究。教育科学的理论研究回答"教育是什么"和"教育何以如此"的问题,目的在于得出带有一定普遍性的知识;教育哲学的理论研究除了讨论上述问题外,还回答了"教育应该是什么"的价值问题。教育实践研究在把握了"教育是什么"和"教育应该是什么"的问题基础上,回答"教育如何做"和"教育应该如何做"的问题,目的在于解决特定情景中的问题。

话语方式是思维方式的外显。思维方式由于受人的大脑中枢神经支配,具有内隐性,因此,其内在程式是通过语言及其表达方式显示出来的。研究方式是话语方式和思维方式的统一体。思维方式是研究方式的内在规定,话语方式是研究方式的外在表达。教育研究的话语方式包括理论研究的话语方式和实践研究的话语方式,每一类话语方式有其内在的规定性和特点。由于教育实践研究着眼于教育实践的变革,因此,教育实践研究侧重回答在具体条件约束下"教育如何做"和"教育应当如何做"的问题,其话语方式是描述—规范性分析,这种分析在观察不同形式的教育活动及其影响的基础之上,通过描述有关教育手段或教育形式正确与否的一些做法及存在的问题和原因,提出指导的行为规范、行为准则、建议以及对策等。因此,教育实践研究又被称作为"行动研究"。鉴于本书探讨的核心问题是教育理论研究对高等教育学科建设的影响,这里对教育实践研究及其话语方式只做简单分析,重点探讨教育理论研究的话语方式及其现实特征。

一、教育理论研究的话语方式分类

教育理论研究的话语方式包括两种类型:一是教育哲学研究的话语方式;二是教育科学研究的话语方式。前者从哲学的角度,运用哲学思维方式来研究高等教育;后者从科学的角度,运用科学思维方式来研究高等教育。两种理论的思维方式所对应的话语方式有各自的规定性。

(一)教育哲学研究的话语方式

哲学是关于认识的认识,关于思想的思想。当我们把哲学作为一种话语方式看待时,它所表达的不是各种哲学流派的观点和知识,而是表现为智慧的沉思、理论性的探索和思考过程。哲学思维的显著特征是反思。所谓反思,从最直接的意义上来看,就是"思想以自身为对象反过来而思之"。人们只有以"辨析思想"的"思辨"来解释世界、解释现实时,这种理论思维形式才被看作是哲学思维。

从哲学发展的历史过程来看，哲学反思存在两种类型：一是以"观念"为对象的认识论层面的反思；二是以"语言"为对象的语学论层面的反思。这些反思反映在哲学研究对象中，则表面为对某些"概念"或"命题"存在的基础、前提、本质和界限等进行批判。教育哲学是哲学思维方式在教育领域中的应用。教育哲学研究方式正是对教育思想的反思和对教育知识文本的语言、逻辑分析。其目的"一是建立有关知识、认识与作为制度化社会活动的教育的思想体系；二是澄清教育概念的含义"。其话语方式主要包括规范教育哲学和分析教育哲学两种形式。

1.规范教育哲学话语方式

在教育领域，人们依靠规范性使自己遵循评价善、理想、美德和责任等的基本原则。在教育研究文本中，涉及规范陈述的表达有"应该是什么"和"应该如何做"两种方式。"应该是什么"表达的是一种价值诉求，"应该如何做"表达的则是实践操作指令。有基于价值追求的"应该如何做"，也有依循事物发展机理的"应该如何做"。只有"包括关于在教育过程中应该做什么或不应该做什么的判断及其原因"的陈述，才被看作是规范教育哲学的话语方式。这类话语方式的主要特点在回答包含有价值评价的"应该如何做"时，需要有规范性价值理论来判断。只有把积极或消极的价值赋予现象并建立起合理的评价标准时，才有可能确定规范。因此，规范教育哲学话语方式主要用来确立"人的意志取向"，而不是考察实现这一取向的必要条件。

2.分析教育哲学话语方式

所有的人类知识，不论是自然科学知识还是其他知识，都需要一个概念系统把它们组织起来。一个概念越是普遍，它组织经验材料的能力就越强。而哲学的概念是最普遍的。哲学上的许多争论都是由于概念的模糊和不严格造成的，因而妨碍了问题的解决和知识的进展。分析哲学作为一种研究方式，旨在通过语言分析达到概念的清晰性、表达的严格性和推理的有效性，分析哲学方法通过澄清问题和概念，可以使真正的哲学争论更加深入。

分析教育哲学主要是对教育学术语言（既包括与教育实践活动息息相关的各种概念、术语和命题，又包括作为学科的教育理论知识）进行逻辑的分析和澄清。概念既是思想的工具和材料，又是思想的结果。任何一种概念的提出、概念内涵的解释与重构都反映着思想者对某一问题的立场、态度和价值倾向。因此，概念分析既是人类思想过程的一部分，也是理解人类思想过程的一部分，并对建立在概念之上的人类生活方式产生直接的、重要的影响。对于教育实践来说，诸多教育概念不单单是一个个描述性的符号，起到一种简单表征的作用，同时也具有一种规范和指导作用，直接影响人们的教育行为。因此，对教育概念的理解不仅是开展相关教育实践活动的一个思想前提，也是构建教育理论体系的需要。因为关于概念定义的命题是教育哲学研究的核心命题，对关键教育概念命题的梳理将促成新的教育命题。布列钦卡认为，"在世界范围内，教育学文献普遍缺乏明确性。与其他大多数学科相比，教育学被模糊的概念及不准确且内容空泛的假设或论点充斥着。"因此，"如果谁想要寻找用来解决教育问题的科学方法，肯定不能容忍目前这种状况。而要使理论上系统的研究工作成为可能，就必须首先对教育学的相关概念进行分析。"教育研究文本中的概念分析是分析哲学语言在教育研究上的一种方法应用，它既"关注概念及其富有争议的内涵，也关注概念如何影响我们对周围世界的理解"，并且"在很大程度上是以文献资料为研究基础，理论性比较强，更具有形而上学的色彩"。布列钦卡将教育学研究文本中的概念问题归纳为两种类型：一是多义性问题，二是模糊性的问题。多义性是指教育学专业用语往往具有多重含义，用来表示或指称不同的对象；模糊性是指教育学专业用语的含义不够确定。对此，石中英提出了解决教育学研究中概念问题的日常用法、定义、词源、隐喻、跨文化和条件的分析路径和方式。

分析教育哲学对澄清人们的思想认识及构建科学的教育理论具有重要意义。但分析教育哲学并不像传统的规范教育哲学那样要探讨价值和道德等问题，如果说规范教育哲学关注"生产"规范和标准，那么分析教育哲学则关注"应用"规范和标准中的言语问题。从这个意义上说，分析教育哲学是教育哲学的哲学，是教育哲学的元理论或元教育哲学，这种元教育哲学不仅对教育哲学本身的建设有意义，而且对教育科学的构建同样意义重大，更何况分析教育哲学探讨的课题本身就包括了科学教育理论的价值与标准。

（二）教育科学研究的话语方式

教育科学研究属于社会科学研究领域，它和其他社会科学研究一样，遵循经验研究的思维方式。所谓经验研究，是指基于经验材料建构关于事物发展机理的理论解释，并将理论诉诸实践检验的研究活动。其最突出的特征是"它建构的理论解释是基于经验的并可接受经验的检验"。科学视野中的经验研究话语方式主要有两种：实证研究方式和事后解释方式。

1.实证研究方式的特点

实证是指通过感观而产生的经验，而感观可用"观察"来解释。实证研究是用"观察或实验获得的经验材料来检验（证明或者推翻）理论假说"的研究。

实证研究首先产生于培根的经验哲学和牛顿、伽利略的自然科学研究。由于实证研究方法在自然科学研究中富有成效，法国哲学家孔多塞（1743—1794年）、圣西门（1760—1825年）和孔德（1798—1857年）倡导将自然科学实证的精神贯彻于社会现象研究之中，他们主张从经验入手，采用程序化、操作化和定量分析的手段，使社会现象的研究达到精细化和准确化的水平。因此，实证研究方法不仅用在自然科学领域，也用于社会科学研究中。当然，由于社会科学的实证研究与自然科学的实证研究所涉及的研究对象和研究手段不同，在具体的操作过程中会在理论、方法和实践的有机结合方面比自然科学研究更复杂。实证研究作为一种科学思维方式，有自己严格的规范，其基本规范对自然科学和社会科学都适用。美国学者总结出了六条开展实证研究的指导原则：①提出重要的、可进行实证研究的问题；②建立研究和有关理论的联系；③使用能够直接研究问题的研究方法；④提供一条严密、明确的推理链；⑤实施重复验证和研究推广；⑥公开研究结果以接受专业人士的检查和批评。根据以上原则，实证研究的认知图式可以概括为：首先，提出一个理论假说；其次，从这一理论假说逻辑地推出可观测的具体结论；最后，将收集到的经验材料与逻辑推论相比较，证明或推翻理论假说。实证研究文本的表述方式有着相对稳定的逻辑结构。在这类文本中，通常不会提及假说形成的过程，其陈述形式遵循的不是"发现的逻辑"，而是"证明的逻辑"。

科学假说在科研工作中的每一个过程都具有重要意义，从事科学研究项目的前提应有假说，从事科学研究的科学设计要在假说的指引下开展，且科学研究的阶段性目标就是检验假说。因此，能否提出假设且以经验事实为基础，根据现有知识对假设进行符合逻辑的分析以证实或证伪假设是衡量一项实证研究是否具备科学性的标准。正如爱因斯坦所说的："是否具有发现问题和提出问题的能力是判断一个人是否具有科学探究能力的主要依据之一。"许多有一定学术影响的科学家所开展的具体实验和观察过程很少有人了解，但其提出的假说往往成为这个学者的一张"学术名片"。实证研究虽然具有明确的直接经验特征，但严格意义上的实证研究是建立在可检验的模型及理论的基础之上的。

发展教育科学理论并用这些理论解决实际问题是教育科学研究的根本目的。在教育科学研究中，只有那些被可观察的结果（或事实）证明了的陈述才被认为是知识。换言之，教育科学知识的获得不是由观察的结果组成，而是建立在提出相对好的假设然后去彻底检验的基础之上的。大部分科学研究工作的实质都是为了发展或验证能解释自然界和社会生活方方面面的理论、假设、模型、猜想或概念框架。科学的核心是进行推理，即根据已知对观察到的现象做出解释、结论和预测。但是推理的基础建立在科学假设的基础之上。恩格斯提出："只要自然科学在思维着，它的发展形式就是假说科学理论正是在假设的基础上，通过不断的实践来进行检验和完善的。离开了合理的假设，人们就无法正确地解决问题。如果所提出的教育假设或猜想没有经过"一系列最好的定性和定量数据的检验"，那么它就不具备科学性。因此，实证研究方式是推进高等教育科学理论建设的一种重要方式。

2.事后解释方式的特点

所谓事后解释，是美国学者默顿提出的一个概念，他认为："在经验主义社会研究中常有这种情况：资料收集后才能得到解释性的评论。这种程序先有观察，然后才把解释应用于所观察到的资料——有着临床研究的逻辑结构。这样的观察可能有个案历史或统计的特性。这种程序的确定性是在做出观察之后得出解释，而不是对预先设定的假说进行经验检验。"事后解释型文本的典型特点是对观察到的经验材料，如相关案例、调查资料和统计数据等进行解释，且无论观察到的是什么，一种新的解释都能被找出来"适应事实"，因此，这种话语方式只能用于解释而不能用于检验。事后解释型话语方式与实证检验型话语方式的区别在于，前者的逻辑分析中隐含着已经充分检验过的假设命题，且这些命题适用于已有的经验材料，因此，这种事后解释旨在"解释"观察；后者则需要对预先提出的假设进行经验检验。

在人文社会科学研究领域存在着大量的事后解释性文本，这与人们不满足对所观察的资料仅停留于感性认识的基础上，希望通过概念、判断、推理等思维形式上升到理性认识，从而去粗取精、去伪存真、由此及彼、由表及里地找出事物的本质、全体，和内部联系的认识深化过程有着密切的联系。理性认识指在理论中通过符合逻辑的推理得到可靠结论，但它不涉及逻辑推理的前提是否完备这个问题。在事后解释文研中，如果经验材料与已有的理论在历史与逻辑上能够达成一致，那么可以说这种事后解释的话语方式具有科学性。

因此，在教育研究文本中，运用科学理论和方法解释所观察的教育现象的事后解释型话语方式是教育经验研究中另一类常见的话语方式。实证研究方法虽然强调"实验和准实验的适切性，主张通过系统且客观的观察，用数字化、模型化来概括教育事实，去预测和控制教育行为"，但是过分追求精确的实证在许多情况下是难以实现的。这是因为高等教育研究面对特定社会文化中"教育发生的所有现实"，它较多地涉及"应该""愿望"等问题，而对这些问题的判断较强地依赖于观察者的思想动机，受到众多内外变量的制约，表现出较强的随机性和模糊性。人们很难从这些随机因素背后找出必然性因素，很难从思想动机中发现客观动因，因此，教育行为的特定的社会和文化状态的认识，只有运用意义性理解与解释才能得出比较符合实际的结论。在教育经验研究中，除实证研究外，质的研究、比较研究、历史研究方法等均离不开对教育行为所涉及的具体的"精神和社会文化"背景中的意义如何发生的机理进行解释，因此，按照归纳逻辑撰写的文本采用的都是事后解释型话语方式，以回答"是怎样的"和"为什么"的问题。

对教育世界中"意义"本身的解释和评价属于教育哲学的范畴，但探究和解释"教育主体如何发展意义""意义如何参与教育世界的构成及其相互作用的机理"是教育经验研究中事后解释型话语方式的目的。它一般从观察中归纳出概念和命题，并做出解释的思维模式，按照这种模式撰写的文本也属于事后解释型文本。

二、高等教育研究的文本类型及主流话语方式

需要说明的是，上述教育理论研究话语方式是按照思维逻辑的认知图式来划分的，但是对高等教育研究实际状况的评价则是按照现有的文本来确定的。从研究者撰写学术文本的实际情况来看，高等教育研究文本的论说风格可谓"个性"分明，在文本结构上并不完全陷入一个固定的模式，具有多样性特点。可以说，文本话语风格的多样性是学术事业繁荣发展的反映，它客观上受高等教育研究者所反映的研究对象的复杂性、研究者的价值观或立场以及研究者所处的环境和研究者自身经历的影响，但是文本话语风格的多样性之中又显示出一致性，表现为相同类型的研究文本所表现出来的一种主导的、占优势的话语风格。研究文本的多样性与一致性反映了研究者基于自身认识的对立和统一。对于个人而言，研究文本风格受研究者的学术创作品质的限制呈现出风格多样的变化，但是对于研究群体而言，不同的研究者的创作个性都不得不受他们所共同生活的时代需要、民族心理和学术发展的制约，也都不可能超出他们的时代和民族的共性，这就规定了他们撰写的文本风格具有一致性，并由此区分出高等教育研究的文本类型，即高等教育理论研究文本（包括哲学研究文本和科学研究文本）和高等教育实践研究文本。

（一）高等教育理论研究话语方式的现实类型

在高等教育理论研究中，不论是哲学研究还是科学研究，每一类研究都应遵循相应的研究方式、方法、原则和要求，遵守研究原则和要求，不仅能提高研究者应用研究方法的自觉性，还有助于提高研究水平。高等教育理论研究方式与话语方式类型如下：

1. 哲学研究

规范意义上的哲学研究是遵循一定的哲学研究话语方式对概念进行逻辑推理的思维活动，它的话语表现形式既有思维的深刻性，又有辨析的严密性和批判性。思维的深刻性指研究者"能透过现象深入本质，揭示事物内在的因果关系，观点具有启发性"。辨析的严密性和批判性指研究者通过分析事物之间的相互关系，做出言之有据的好的判断。

不规范的哲学研究在理论思辨上缺乏深刻性，其话语的表现形式存在着思维层次浅表化或逻辑推理不周密的特点。这类文本的话语方式在高等教育哲学研究中通常表现为对高等教育问题的陈述以议论为主，虽然它也运用概念、判断和推理来表明作者的观点和主张，诉诸读者的理解但并未达到超越经验事实的哲学抽象程度。哲学的抽象是一种"形而上"的抽象。它之所以能超越经验层面的抽象，是因为哲学抽象能提供"整体的、本质层面的"普遍性，而经验基础上的抽象提

供"局部的、现象或表象层面的"普遍性。本书将这类文本的话语方式称作一般性议论。

2.科学研究

规范意义上的科学研究是遵循一定的科学研究的话语方式提出假设和证明假设的思维活动,它的话语表现形式首先强调理论的延续性和承继性,即研究者提出的假设必须承袭前人研究的成果,并以此为基础提出突破性的理论假设,因此,在规范的科学研究文本中有相当多的篇幅用于对理论的批判性回顾,然后在回顾中找到相应的理论突破点,提出新的假说并阐明所继承的部分;还有一部分文本遵循内部逻辑一致性原则进行因果分析,也就是研究结论必须从假设前提中生长出来;还有一小部分文本是遵循理论和实践的相一致的原则进行分析,他们认为科学研究必须基于解决现实实践问题,否则就没有价值。

不规范的科学研究在研究方法上没有遵循该类研究的一般规律,其话语表现形式未按科学研究的一般步骤,将研究问题置于一定的理论假设基础之上进行分析,往往局限于个人的观点、想法和主观意愿,并常以个人判断或现成的观点替代逻辑推论。本书将这类文本的话语方式称作前科学。

具体而言,一切科学都运用概念的知识,但并非所有应用概念的知识都是科学的知识。国外有学者依据知识的认识方式,将知识分为日常知识和科学知识。日常知识的种类是多种多样的,诸如常识、信念、记号的知识,在习俗中记录的日常经验的概括、传说、教诲、直观确信、描绘等。日常知识是极其稳定的。由于它是经常发生的众多现象和过程的概括,它一般构成个人对生活和世界的实际态度(价值、目标等的选择)。日常知识的特殊性在于它对应于理智发展的前反思阶段,与对它自己的起源(获得、组织和转化知识的程序)控制和分析无关。按照黑格尔的观点,由于努力从感觉的实在推演真理,日常知识属于前理性的、前理论的领域。

常识是日常知识的最主要或最重要的部分,日常的见识或普通的见识是日常生活(日常思维和日常行动)赖以进行的知识源泉。费耶阿本德说:"常识与我们不可分离,它是我们思想和行动的实践基础,我们的生活要依靠它,但现在我们还可以证明它固有的合理性。"瓦托夫斯基对常识的界定比较全面:常识性知识的特征就在于,它不是明确地系统的,也不是明确地批判的,就是说,既没有把它的各个部分同所有其他部分联系起来,也没有自觉地企图把它当作一个首尾一贯的真理体系。但是,它有整体性,是一种文化的共同财产,是有关每个人在日常生活的一般基本活动方面应当懂得的事情的一套可靠的指望。因此,它在一般人类行动事务上能保证有可靠的预见,不致出乎预料而惊慌失措。在使一般工作和社会生活成为可能,在划清行动上的随意性和危险性的界限方面,它的作用是极其重要的。

常识与科学知识有着密切的关联，常识在科学理论的建构中作为科学的预设、方法和公理起作用。简而言之，科学是从常识中成长起来的，科学研究开始于日常经验和日常思维不能解决的、甚或不能提出的问题。对此，波普尔提出"科学、哲学以及理性思维都必须从常识出发"。虽然科学在一定的程度上受惠于常识，但是科学毕竟不是常识，也不能停留在常识的水平上。赖兴巴赫认为："常识可以是一种良好的工具，只要所涉及的是日常生活的问题；但是，当科学探讨达到一定的复杂阶段时，它就是不够用的工具了。"波普尔提出："科学知识只能是常识知识的延伸和扩大，但是又不能停留在常识上，否则就看不到认识论最重要、最激动人心的问题。"

那么，常识思维方式为何被看成是科学以前的思维方式呢？这里首先要搞清楚什么是非科学知识。瓦托夫斯基将非科学知识分为三类用于骗术、伪造以及系统化了的迷信，它们是"没有实际知识基础的建立在实现愿望的幻想或恐惧基础上的非理性的信仰"；在格言、民间谚语和经验法则中表达出来的知识，这类知识都是"许多世代的多种经验的精华"，它们常常用一种简洁的表达方式将事物之间存在的某种规律联系起来；某类有条理的操作规则或技术规则的知识，这类知识常常被称为"知道-怎样做"具有操作意义的技艺。他认为，这些认识方式没有一种可以合适地纳入我们所要称之为科学知识的范围。不过这三种知识都提供了种种科学知识形式的原型，因此，这种科学以前的认识方法也可以看作前科学的认识方法。

高等教育研究作为一种社会实践活动，不仅其涉及的各种研究对象（诸如学生、教师、管理者、家长、决策者及其行为）具有多样性，而且它们所处的物质、社会、文化、经济和历史环境也具有复杂性。参与高等教育研究的主体非常广泛，凡是对教育活动有一定的思考或提出一定见解的人都可以成为高等教育研究者，但是研究者把握研究对象、表达自己观点的思维方式并不完全遵循一种严格意义的科学话语方式，有许多时候，呈现出来的是一种常识思维方式和非规范意义上的前科学文本。

3.高等教育理论研究的主流话语方式

在高等教育理论研究现实文本中，无论是高等教育哲学研究，还是高等教育科学研究，既有遵循学术研究的基本规范，按照理论研究话语方式撰写的规范性研究文本，也有受某些历史条件的限制或某些学者认识的局限性所撰写的不太符合理论研究方式的非规范性研究文本。

（二）结论与讨论

1.结论

高等教育理论研究的目的是从研究高等教育发展与改革实践的。从具体问题出发,揭示高等教育的若干规律,构建高等教育学的基本理论框架。从20世纪80年代至今,高等教育理论研究成果迭出,从事高等教育理论研究的队伍庞大,发表的高等教育理论研究论文数量繁多。尽管30多年来高等教育理论研究发展迅速,但是高等教育理论研究理性思维程度不高一直是高教研究界人士关注的问题。这一问题具体体现在以下两个方面。

(1)从高等教育哲学研究方式来看,理论思辨的深刻性有待加强。哲学研究注重理性的反思,这一层次的知识是关于普遍规律的认识,它需要研究者从较为抽象的层面对事物进行概括和阐述。因此,哲学知识是无法只凭经验观察的资料就能概括得出的,它需要研究者通过想象力对经验材料进行概括,把各种要素抽象出来并加以联系,再把这些联系当作素材使用,从而得出较为抽象的理论。从现有的高等教育哲学研究状况来看,高等教育哲学研究中大量存在着抽象思维能力较弱、理论思辨缺乏深刻性的文本。

(2)从高等教育科学研究方式来看,高等教育前科学话语方式流行,说明科学研究在高等教育研究领域开展得相当不充分。对1980—2008年间《高等教育研究》所涉及的主流问题域文本的话语方式进行统计分析,结果表明前科学文本有493篇,占科学研究文本总数(829篇)的59.5%,占高等教育理论研究文本总数(1924篇)的25.6%。高等教育科学研究的质量和水平取决于研究者对科学研究方法的选择和使用。高等教育学科发展的关键在于是否拥有自己的范畴体系。充分开展科学研究和分析哲学研究是促使学科知识增长和构建科学理论的基础。在高等教育理论研究领域,分析哲学话语方式占理论研究文本总数(1924篇)的0.03%,实证研究话语方式占理论研究文本总数(1924篇)的0.02%,事后解释话语方式占理论研究文本总数(1924篇)的0.15%。这表明,现有研究者对于科学研究方式的认识存在着明显的不足,这种认识上的不足带来的直接后果是高等教育科学理论构建进展缓慢。

学术文本的话语方式是该学科学术品格的外化。一门学科的主流问题域的话语方式基本能反映出该学科学术研究的风格和研究旨趣,并且话语方式的变化反映了学术研究思维方式的变化和学术创新的探索过程的变化。上述两个方面的结论从一个侧面反映出高等教育学科发展与构建高等教育科学理论的现实状况,尽管从1978年开始,高教界人士就积极倡导以科学的名义开展高等教育研究,但是至今为止,在高等教育理论研究领域,无论是哲学研究方式还是科学研究方式,都因其大量充斥着理论思辨程度低和缺乏科学研究规范的研究文本而显现出科学意识较为薄弱的缺陷,这又从另一个侧面表明高等教育学科远没有达到一门成熟学科的程度。

2.讨论

也许有人会质疑,不能仅从《高等教育研究》这一种期刊中的文本数据推导出上述结论，因为这些结论受期刊编辑选稿取向的影响，并不能反映高等教育研究领域的全貌。我们认为，有两点可以排除这种怀疑。其一，作为一份权威性的专业期刊，追求学术的高标准决定了编者选稿肯定倾向于最能反映符合当时社会心理和政治兴趣的高水平文章。

教育理论的质量在很大程度上取决于教育理论家所能意识到的认识论标准以及他们如何遵从这些标准。学科是科学的分支，科学研究发展成熟的程度决定了学科发展的水平和程度。如果特有的研究对象、研究理论体系及研究方法是成为一门学科可能的标志，那么，将特定的概念、原理和命题构成严密的逻辑系统则依赖于科学的话语方式，在一门学科中，是否运用科学的话语方式开展研究则是该学科成熟的基本条件。高等教育学科成熟需要借助理论研究形成学科范畴，科学的研究方式是形成学科范畴的必要条件。为此，下面需进一步讨论的问题是：在学科发展过程中，高等教育研究者是如何认识和开展高等教育研究的？影响高等教育研究主流话语方式生成的主要因素是什么？

三、总结

话语方式是一门学科学术品格的外化，主流话语方式则是该学科学术研究传统的外在表征，话语方式的变迁反映了学术创新的探索过程的变化，话语方式的千篇一律反映出学术思维的僵化，话语方式的科学化水平反映出学科的成熟度。高等教育研究话语方式主要有高等教育哲学研究、高等教育科学研究和高等教育实践研究话语方式三种类型。

第三节　高等教育理论研究与高等教育学科建设

高等教育理论研究的根本目的在于深刻认识高等教育的本质属性，准确把握高等教育活动的基本规律。改革开放初期，中国高等教育理论研究是以科学名义兴起，并同时以建立一门独立的学科为旨趣开展起来的。30多年来，伴随着高等教育改革与发展的历史进程，高等教育理论研究日益兴旺繁荣，不仅创建了高等教育学科，也取得了带有"浓厚的本土气息"的理论成果，对指导高等教育发展实践起到了十分重要的作用。高等教育理论研究水平的高低反映了高等教育研究的整体水平和高等教育事业的发展状况。从高等教育理论研究的现状来看，虽然不乏具有较高学术价值和创新性的理论成果，但也存在这一研究领域专家学者共同担心与责难的"量多质低"的问题。如何看待这一问题，需要我们从发生学的视角来分析以科学名义开展的高等教育理论研究是如何兴起的，高等教育理论研究进展对高等教育学科建设做出了哪些贡献，还存在哪些不足之处。

一、高等教育理论研究的缘起

真正意义上的高等教育理论研究在中国的兴起与中国改革发展的需要是分不开的。1978年后的中国刚刚从十年浩劫中走出来,经济发展缓慢,生产力水平低下,科技教育落后。为了摆脱经济社会发展落后的面貌,中国提出实施"改革开放"的基本国策和实现"四个现代化"的宏伟目标,同时将教育作为战略发展的重要点。而此时的高等教育状况无论从数量还是质量上都不能满足中国经济发展所面临的科技人才短缺问题。如何总结新中国成立以来与教育有关的经验教训,探索教育规律,迎接世界范围内的以微电子技术、生物工程技术、新材料为标志的新技术革命的挑战,成为摆在高等教育研究者面前的紧迫问题,高等教育的研究由此而提上日程。

1978年以前,"高等教育研究"这一概念在中国的高教界还未明确提出,但高等教育实践对高等教育理论研究的迫切需要使得当时的高教界从一开始就将高等教育理论研究定位为一项科学研究工作。1978年底,潘懋元发表了题为《必须开展高等教育理论的研究——建立高等教育学科刍议》和《开展高等教育理论的研究》两篇文章。他指出:"开展高等教育理论研究,不仅是为了适应当前高等教育大发展、大提高的需要,也不仅仅是为了解决高等教育的特殊问题,对于丰富整个教育科学的研究内容、促进整个教育科学的发展与提高也具有深刻的意义"。

不仅如此,针对当时开展高等教育理论研究缺乏系统的科学理论体系和高等教育研究仅停留在发表政治性批判文章的现状,高教研究界不少学者强调运用科学方法开展高等教育研究,以"总结历史经验,探索教育规律",因此,可以说高等教育理论研究从一开始就以科学的名义迅速在高等教育领域"拨乱反正",总结历史经验,探索解决高等教育现实问题规律,并以建立独立学科的理论体系为目的倡导起来的。

二、高等教育理论研究对高等教育学科建设的贡献

学科是内在建制和外在建制的统一体。学科的内在建制是指"学科的认识规范(如对象、方法等方面的规定和知识体系)";外在建制是指"学科专门的社会组织(如学院、学系、研究所等)和更广泛意义上的社会分工、管理、资助和学科内部交流机制(如进入学科目录和基金目录、成立学会、拥有专业期刊及图书分类号等)"。学科的发展是一个内部、外部建制共同发展的过程。一般来说,学科的发展都是先有内在建制的成熟,然后才有外在建制的建立。只有在学科知识经过积累并形成体系,且认识规范得到学科内外同行认可后,人们才会建立学科的外在社会建制。

与一般人认识不同的是,中国高等教育学科从起步开始就建立了外在建制,

如1978年成立了中国第一个高等教育专门研究机构——厦门大学高等教育科学研究室；1983年建立了中国高等教育研究的专门团体——高等教育研究学会；1980年创办了一批专业研究期刊（如《高等教育研究》等）和出版相关著作（如蔡克勇编著的《高等教育史》、朱九思等主编的《高等学校管理》、潘懋元撰写的《高等教育讲座》、王亚朴主编的《高等教育管理》、熊明安著的《高等教育史》和潘懋元主编的《高等教育学》等）；1983年，国务院学位委员会把高等教育学作为教育学的二级学科列入研究生人才培养的学科目录；1984年，厦门大学招收了第一个高等教育学专业的硕士研究生，并于同年被国务院学位委员会批准为中国第一个高等教育学硕士点，1986年，又取得硕士学位授权点和博士学位授权点。至此，高等教育学科从成立专门机构、进入学科专业目录、组建学会到进行人才培养，外在建制已基本完成。

在外在建制基本成熟之时，高等教育学科的理论建设工作刚刚起步。迄今，高等教育理论研究已开展了30多年，在此期间，无论是高等教育哲学研究还是高等教育科学研究，都伴随着高等教育改革与发展的实践，在高等教育若干主要理论问题上取得了丰硕成果，为构建高等教育学科知识体系提供了知识要素。这些成果不仅涉及高等教育学科若干基本理论问题，还涉及高等教育改革发展中的重大理论和现实问题。下面分别从教育哲学研究和教育科学研究两个方面对高等教育理论研究取得的成果进行具体阐述。

（一）教育哲学研究对于学科建设的进展

教育哲学研究为教育理论建设所做的贡献体现在研究者对教育本质、教育目的、教育价值和教育研究方法论等方面的深刻认识上。具体而言，教育哲学研究对于理论发展具有两个方面的贡献：一是批判，二是创新。

所谓批判，指的是作为一种科学的哲学思维方式的批判，批判的过程既是一种呈现讨论对象意义的过程，也是一种呈现批判者自身价值立场和认识框架的过程。教育哲学的批判功能不仅体现在对教育理论的合理性的检讨与反思上，也体现在对教育实践中的各种现象及其背后的原因的分析上，其表现形式体现在四个方面：第一，理性分析教育生活中原有的、潜在的模糊知识基础和价值观念；第二，评价和判断现代精神教育生活中原有的知识基础和价值观念的适应性，同时在现代意义上解读和讨论不同教育哲学流派的观点、发展历史和启示等，科学地批判和扬弃人类教育思想史上的各种理论；第三，辩证地否定各教育分支学科所提的新观念和新方法；第四，揭示各种教育现象所掩盖的教育现实，对各种教育现象的合理性和非合理性做出合理解释，并对教育实践提出指导性意见和应然回答。

当然，批判并非教育哲学研究的目的，批判是创新的基础。所谓创新，就是在反思与批判中、在辩证的否定中完善理论和发展理论。教育哲学研究对于学科建设的贡献最终通过理论创新来实现。教育哲学研究对教育理论的创新体现在两个方面：①更新和丰富教育哲学自身的概念、范畴、理论体系和研究方法，完善教育哲学学科建设。②结合时代发展趋势和时代精神，对众多教育理论进行批判并提出新的教育观念或理念；审视教育实践的同时，指出教育实践可能发展的方向，并对每一种发展可能做出合理性解释。

改革开放30多年来，教育哲学研究所取得的理论进展可概括为以下四个方面。

1.关于教育本质的探讨加强了对教育的作用和地位的认识

20世纪80年代开展的教育本质探讨产生了许多不同的理论观点，比如，"生产力说""双质说""宏微观说""培养说""社会实践说"等。通过长达十多年的争论，教育理论界逐步摆脱了十年"文革"时期设立的"教育是政治工具和为阶级斗争服务"思想禁锢，明确了教育具有生产性，即通过教育提高劳动者的素质，可以发挥对社会生产的促进作用。这种认识为中国的现代化建设和教育改革确立了思想前提。到20世纪90年代末，随着人们对教育本质研究的认识进一步深入，有关教育本质的探讨已从教育与社会的关系的探讨（从教育与政治的关系到教育与经济的关系，即从教育是否是上层建筑到教育是否是生产力的讨论，再到教育与文化的关系，即教育应具有文化性格）延伸到教育与人自身发展规律的关系以及教育自身的发展与继承问题。

2.关于教育价值的探讨加深了对教育功能的认识

20世纪80年代开始的教育价值研究的理论表述包括关于教育价值的界定，如强调人的需要、强调个人与社会的需要、强调人与社会之间的关系等；关于教育价值的分类，如人的价值和社会价值等，关于教育价值观的界说，如本体论、工具论、均衡论、统一论等。

3.关于教育目的的探讨围绕人的素质结构和社会对人的社会性的要求逐渐深入

20世纪80年代以来，关于教育目的的研究主要以马克思关于人的本质和人的全面发展学说为理论基础。30余年来，有关教育目的研究的理论观点有"社会本位说"和"个人本位说"，并且关于教育目的的价值取向是以人为本还是以社会为本，以及两者之间的关系的争议一直存在。改革开放以来，随着社会转型和时代变迁，新的社会问题出现，人们越来越意识到个人的发展与社会的发展并不是完全非此即彼的关系，人的发展与社会的发展的一致性是可以通过教育来实现的，即通过教育把社会发展的要求转化为人的素质，把人的素质提高到社会发展所要求的水平。对此，中国关于教育目的的价值取向随着时代的变革出现了多种思想，如"文化素质教育""全人教育""公民教育""生命教育""情感教育"等。

4.关于教育研究方法论的探讨有助于教育研究的深入开展

教育研究方法论属于元教育学研究的范畴。有学者梳理了20世纪80年代初至90年代初有关教育研究方法论的研究取得的进展,主要有以下六点:第一,对教育研究方法论自身(包括教育研究方法论的研究对象、性质、任务、内容等问题)进行了思索和探讨;第二,对马克思主义哲学在教育研究中的价值及其运用做了初步探讨;第三,对系统科学方法论在教育研究中的价值以及如何运用系统科学方法论进行教育研究做了思索和探讨;第四,对数学方法在教育研究中的价值以及如何运用数学方法进行教育研究做了初步探索和研究;第五,对自然科学与教育研究的关系进行了思索和探讨;第六,对如何建立教育研究方法体系做了初步的探索。此后,又有学者对1995—2005年间教育研究方法论的研究特点的复杂性和开放性进行总结,并归纳为三个方面:第一,试图确立教育研究方法论的完整体系;第二,探寻新兴理论或思潮对教育研究的方法论启示;第三,探讨各类别教育的方法论取向。

在高等教育研究领域,关于高等教育研究方法的研究有两个切入点。一是从高等教育研究对象的特殊性来反思研究方法本身,这里一直存在着"没有独特的方法说"和"有独特的方法说"两种对立观点。后者主要包括"改造说""学科方法论层次说""价值评价说""问题研究说""多学科研究方法说""社会科学方法论说"和"独特的方法组合说"等。二是通过对研究方法中的概念和范畴的性质进行分析与批判,达到清思的目的。比如,对高等教育研究中的"范式"与"视角"概念的辨析,对"思辨"与"实证"方法的辨析等。

(二)教育科学研究对学科建设的促进

教育科学的研究对象是教育的经验事实,它说明和解释了"教育是什么"的问题。从中归纳出教育规律,它对学科建设的贡献在于通过探讨"教育成功和失败的意愿,总结出若干带有一定普遍性、规律性的教育原理"。布列钦卡认为,"只有成功地发现那些导致精神和社会文化现实中个体现象的规律性,才有可能解决教育科学所面临的问题。从这个意义上讲,一种科学的教育理论也就是一系列逻辑上相互联系,并且或多或少被证实的法则性假设所构成的体系。它是说明、预言和解决技术性问题的前提。"他还指出,对教育的解释、预测和技术性知识都是假设,有关包含了必要的法理性陈述的经验性理论则是预先存在着的,它们是理论在教育上最重要的应用。既然理论必须发展了以后才能被应用,那么理论建设必须先于对它们的应用。

改革开放30余年来,教育科学研究取得的理论进展如下。

1.高等教育学理论的进展

1984年,潘懋元先生在其主编的中国第一部《高等教育学》中提出的"教育的内外部规律"学说以及高等教育特点论，初步奠定了高等教育科学研究的理论基础。其中的许多问题在其后的20多年时间里一直都是高等教育科学研究的重要理论问题，如教育基本规律及其应用、高等教育的本质与功能、高等学科的社会职能、高等学校的培养目标、大学生身心发展的特征、大学教师的培养提高、高等学校教学理论、高等学校课程理论、高等学校教学与科研的关系、高等学校德育理论、高等教育学与其他学科的关系、高等学校招生制度、高等学校的领导体制等。大量的专题性探讨不仅为高等教育的改革和发展提供了许多科学的依据，随着社会转型和时代变迁以及高等教育改革的不断深化，高等教育与知识经济、高等教育可持续发展、高等教育体制改革、高等教育大众化、大学素质教育、高等教育国际化、建设一流大学等陆续成为研究的热点问题，并不断地为高等教育体系建设提供新的思想和观念。

2.高等教育科学分支学科的发展

随着高等教育科学研究的深入开展，高等教育的各类分支学科纷纷出现。随着时间的推移，这些学科逐渐形成了以高等教育学为主的高等教育学科群，如高等教育史、大学教学论、大学课程论、大学学习学、大学生心理学、比较高等教育、高等教育经济学、高等教育系统工程、高等教育社会学、高等职业技术教育等。这些分支学科有些属于理论科学，但包含许多应用性以及技术性内容，有些是用高等教育原理来研究某一领域的现象。由于这些学科的研究直接针对具体的高等教育科类或层次，这类研究更多的是用理论来解决实际问题。

此外，国内众多教育学及相关学科研究人员也将研究触角伸向了高等教育、课程改革、教师专业发展、素质教育、义务教育、教育改革、教育政策、教育公平、教育质量、农村教育、道德教育等研究领域。

综上可知，随着高等教育改革的深化和发展速度的加快，中国高等教育理论研究所涉及的许多问题不仅具有开拓性（如"教育内外部关系规律"学说），而且还对高等教育的改革进程产生了全局性影响（如关于素质教育、高等教育大众化等问题的讨论为推动高等教育改革进程提供了理论支持）。可以说，上述高等教育理论研究成果是高教理论工作者在中国改革开放的形势下，对高等教育不断地受到的各种危机和挑战的回应。它们不仅对解释与解决现实问题有着积极的意义，对高等教育学科的建设也有深远的影响。高等教育理论研究的蓬勃发展，不仅丰富了高等教育学科的知识体系，而且加快了高等教育学科建设的步伐。比如，随着改革的深入，更多的高等教育现象呈现出复杂性，由此推动了高等教育多学科研究的开展，高等教育多学科研究不仅为高等教育研究者提供了一种新的思维方式，而且它在不断完善高等教育学科知识体系构建的同时，促进了高等教育学科群的建设。

三、高等教育理论研究在高等教育学科建设中的不足

科学与学科有非常密切的关系，科学自身的规律决定学科的规律。对于高等教育学科而言，该学科最初以科学的名义建立，旨在通过科学研究构建自身的知识体系。迄今，高等教育学科是否能成为一门独立的学科取决于其遵循科学思维的规律开展理论研究的程度。在科学与学科的相互关系和矛盾运动中，科学处于第一性、决定性的一方，学科处于第二性、被决定一方。成为一门独立学科的标志为必须有独立的研究内容、成熟的研究方法和规范的学科体制。30多年来，以建立学科为取向的高等教育研究拥有了确定的研究对象、专业研究队伍以及相应的学科建制。但是，高等教育研究作为一门独立的学科，其地位并不牢靠。

事实上，一个专门的研究领域能否成为学科，从根本上是由内部建制决定的。学科内部建制的完善主要以库恩理论，即观念层面的范式建构为标准，强调研究对象、研究方法的专享及概念体系与其他知识领域间的严格界线，目的在于"形成一种知识传统或思想传统，或者具体地说是一种研究纲领，以便同行之间相互认同，新人被培养训练成这项学术事业的继承者"。

30多年来，高等教育在观念层面上还没有建立起范式。正如有学者说的，"到目前为止，我们的这种'知识传统或思想传统'或'研究纲领'基本还没有建立。"赵炬明也曾引用德雷索和马瑟当年在总结美国高等教育研究状况时所指出的，"日益增长的高等教育的文献所提供的多是作者的观点，而不是高等教育现象的知识。高等教育的分类或类型系统还是初步的，目前，也没被合理地组织起来。大类下面的子类鲜有成熟到可以严格区分彼此并在概念上相互关联的地步。"

有学者将评价高等教育学理论发展的标志归纳为三个方面：①反映高等教育活动事实的文献资料被发现和充实；②对这些文献资料做出新的解释，形成新的理论；③各种科学方法不断被合理应用于探索高等教育的理论和实践问题，并在研究过程中逐渐生成新的适合于探索高等教育问题的方法要素。

尽管30多年来高等教育理论研究规模的扩展速度比较快，但是对照上述三个方面的标准，高等教育学理论深化的步伐明显滞后。究其原因，与高等教育理论研究在学科建设中存在的不足有关，它主要体现在以下两个方面。

第一，科学研究的分量不足。从上一章的统计数据中不难发现，1980—2008年间《高等教育研究》所刊载的文章中，哲学研究文本占47%，科学研究文本占高等教育理论研究文本总数的35%，且在高等教育理论研究领域中，教育哲学研究文本（1095篇）多于教育科学研究文本（829篇）。作为教育理论的一对范畴，教育科学和教育哲学分别代表了教育理论研究的不同趋向和价值追求。教育科学研究主要提供关于教育的规律的知识，而教育哲学研究是一种普遍的、一般的教育知识，然后以这种普遍的、一般的教育知识作为教育观和教育科学方法论，构成元

教育学层次的理论思维方式。教育哲学研究的价值主要在于给人们提供教育思维原则和方法，教育哲学所关心和解决的是更为一般和更为广泛的教育问题。它从整体上，从运动、变化和发展的过程中把握教育的普遍本质和一般规律，从而既立足于各门教育科学，又超越各门教育科学。

第二，研究缺乏严格的方法规范，尤其是科学研究方法的规范。从上一章的统计数据中不难发现，在高等教育理论研究文本中，不论是哲学研究还是科学研究，非规范性话语方式大量充斥其中。在高等教育哲学研究文本中，属于一般性议论的不符合哲学研究方式的文本有500篇，占哲学研究文本总数（1095篇）的45.7%。在高等教育科学研究文本中，不符合科学研究方式的前科学文本有493篇，占科学研究文本总数（829篇）的59.5%。严密而规范的理论研究方式比较欠缺，分析哲学研究（67篇）、实证研究（38篇）和事后解释话语方式（298篇）分别占理论研究文本总数（1924篇）的0.03%、0.02%和0.15%。教育科学研究是对教育实践经验的概括和总结，属于具体经验研究。经验研究方式既包括实证研究，也包括事后解释。其特征在于，它建构的理论解释是基于经验并能够接受经验的检验。教育科学认识是从观察或实验中得来的，然后用教育实验或教育实践对所取得的教育科学研究结论进行检验。虽然教育科学和教育哲学在把握教育的方式上存在很大差异，但是它们之间存在着相互联系，集中体现在两个方面。首先，教育科学为教育哲学提供思想资料。人们只有认识了教育的特殊本质并相应地建立了一系列具体的教育科学，才能在此基础上进行概括和总结，构成教育哲学认识的基础和前提。每一时代的教育哲学家都是有意识地利用自己所处时代所拥有的教育科学成果构建自己的教育哲学学说的。其次，教育哲学对教育科学起到指导作用。教育哲学所揭示的一般规律和基本范畴虽是从各门具体教育科学所提供的大量知识材料中概括和总结出来的，但是它们反过来为教育科学研究提供方法论的指导。在中国现有的高等教育科学研究文本中，充斥其中的是停留在前科学水平的经验总结，这类文章"多是谈感想、谈看法，然后举些个别例子加以论证，或从经典著作中找几句话作为引证"。这种通过对一般观察所得到个别事例所进行的主观想象或凭空推断与真正意义上的经验研究的话语方式相去甚远。高等教育理论研究缺乏严格的方法规范，尤其是科学研究的方法规范的结果不仅严重影响了高等教育研究的科学化水平的提升，而且淡化了人们对高等教育研究理论思维中科学意识的强调，其结果强化了高等教育理论研究思维方式存在的缺陷，最终殃及学风。

总之，学科建设是靠观念层面的内在建制和社会运作层面的外在建制共同完成的。尽管高等教育理论研究30多年的发展取得了丰硕的成果，但由于高等教育理论方法的失范，不仅导致高等教育哲学研究的科学化水平不高，而且也造成高等教育科学研究方法意识缺失，由此造成高等教育学科理论发展缓慢、内在建制薄弱，出现目前学科建设的"内""外"倒挂现象。

对科学研究而言，尽管前科学水平的高等教育理论研究能够提供许多经验素材，但是"只有持续围绕重大问题开展持续的经验研究，才能不断地修订、丰富和发展教育科学理论"。换言之，高等教育学科要获得知识进展，就必须开展科学研究。我们现在面临的困惑是，为什么经过30多年的发展，高等教育理论研究的科学意识仍然薄弱？对此，我们需要从学科与科学发展的话语实践和治学传统视角做更进一步的反思。

四、总结

高等教育理论研究的根本目的在于深刻认识高等教育的本质属性，准确把握高等教育活动的基本规律。中国改革开放初期，高等教育理论研究是以科学名义的兴起，并同时以建立一门独立的学科为旨趣开展起来的。30多年来，伴随着高等教育改革发展的历史进程，高等教育理论研究日益兴旺繁荣，不仅创建了高等教育学科，也取得了带有"浓厚的本土气息"的理论成果，对指导高等教育发展实践起到了十分重要的作用。从高等教育理论研究的现状来看，虽然不乏具有较高学术价值和创新性的理论成果，但也存在高等教育理论方法的失范，以及学科建设的"内""外"倒挂现象。这一现象表明以科学名义倡导开展的高等教育理论研究经过30多年的发展，其科学意识依然薄弱。

第四节 高等教育学科建设中的科学研究与科学意识

尽管高等教育研究在中国以一门学科的身份已存在了20多年，但是高等教育学科的"合法"地位并不牢固，人们对高等教育研究成果的科学化程度不高的批评几乎从未中断。应该说，以科学名义倡导开展的高等教育理论研究这一话语的提出因应了时代发展的需要，反映了高等教育学科共同体倡导开展科学研究、构建学科理论知识的共同期待。但是为什么以科学名义倡导设立的高等教育学在学科理论建设上一直步履蹒跚呢？是否这一学科群体在深刻认识和运用高等教育科学研究活动时还存在某种观念上的局限性呢？要回答这一问题，我们首先需要理清并分析学科与科学的关系，其次是从话语的角度分析高等教育学科共同体对于开展高等教育科学研究的认可与采纳的程度。

一、知识生产过程中的"学科"与"科学"话语的历史变迁

话语是特定社会文化语境下的言语行为。在高等教育领域，作为话语的"科学"与"学科"的使用频率很高，且二者有着非常密切的关系。这两个概念时而

相互指代，时而相互区别。究其原因，是人类对知识探索活动在方式和手段上的改变不仅建构着"科学"与"学科"的话语内涵，而且影响着两者的相互关系。因此，要想理清科学和学科两者的含义与关联，只有将它们置于不同时期知识生产的语境中进行梳理。从知识生产过程来看，学科与科学的内涵经历了相互指代、各有指涉以及交叉混用的话语变迁。

（）知识生产语境中的"科学"与"学科"的关系

知识生产本质上是人类探究新知的活动。1996年，经济合作与发展组织（OECD）将知识生产定义为"开发、提供新知识"，2000年又给出新的定义：个人、团队或组织成功地生产新知识和实践的境况。在人类发展的历史中，科学是人类特有的生产新知识的活动领域。萨顿认为，科学的发展是人类经验中唯一一种积累性和进步性的发展。波普尔在其撰写的《科学发现的逻辑》一书的序言中提到：研究知识的增长最好莫过于研究科学知识的增长。

科学知识的真正源泉始于古希腊。恩格斯曾说："在希腊哲学的多种多样的形式中，差不多可以找到各种观点的'胚胎'和'胚芽'。因此，如果理论自然科学想要追溯自己今天的一般原理发生和发展的历史，它也不得不回到希腊人那里去。"例如，爱奥尼亚自然哲学家关于万物始基的探讨、毕达哥拉斯学派"万物皆数"的思想、米利都学派的原子论构想以及亚里士多德的学说等都给近代科学家的发展带来了某种启示。

早期的科学知识生产主要以个体思辨形式出现，其知识为百科全书式的内容，如在东方以孔子、庄子、老子为代表的诸子百家，在西方以苏格拉底、柏拉图、亚里士多德为代表的古希腊学者。这一时期，哲学作为一种集大成的学问，孕育着科学发展的方向，并推动着科学的发展，如英国的经验主义哲学，首先是培根的实验哲学，为近代科学做出了哲学预言；再是由康德开始的德国古典哲学则催化了19世纪的科学革命。在西方，科学知识的传播是从分科教学开始的。自从中世纪的大学开设哲学、法学、神学和医学四科，知识的生产与传播方式逐渐开始出现一些变化，知识的生产形式由个体思辨转变为集体讨论，传播形式由师徒分散教学转变为专职或兼职人员按学科集中教学等。

19世纪以后，资本主义生产方式兴起，以及此后的文艺复兴和宗教改革等社会文化的深刻变革导致科学知识生产活动演变成为独立的社会生产活动，科学知识生产方式实现了从"经验试错式"与"哲学思辨式"向"科学体制化"的过渡。然而，科学知识的生产形成建制一开始并不在大学里，最早的科学建制出现在文艺复兴时期的意大利，一些思想自由的学者成立学术沙龙或社团，开展经验科学的研究。

科学研究引入大学始于18世纪，工业革命兴起，社会对于自然科学技术知识的大量需求使得大学开始重视科学研究。1750年，苏格兰的格拉斯哥大学和爱丁堡大学成为主要医学中心；1810年，洪堡创立柏林大学标志着科学研究正式成为大学的功能之一。洪堡认为，大学不应只接受各门学科的知识，而应致力于发现新知识，大学教师必须从事科学研究活动。洪堡大学提出了"教学与科学相结合"的办学思想，为推动科学发展和学科建设创立了新的知识生产典范。

(二) 最初的"科学"：与"学科"相互指代

学科最初的概念与教和学有着密切的关系。英文Discipline（学科）亦指"各门知识，尤其是医学、法律和神学这些新兴大学里的'高等部门'"。中国古代亦有"学科"一词，它包含两层意思。一是指学问的科目门类。如《新唐书·儒学传》序载："自杨绾、郑余庆、郑覃等以大儒辅佐，议优学科，先经谊，黜进士，后文辞，变弗能克也。"二是指唐宋时期科举考试的学业科目。如宋代的孙光宪在《北梦琐言》卷二中称："咸通中，进士皮日休进书两通，其一请以《孟子》为学科"，总之，"称一个研究范围为一门'学科'，即是说它并非只是依赖教条而立，其权威性并非源自一人或一派，而是基于普遍接受的方法和真理"。

在古希腊时代，西方已有"科学"一词，它所标识的就是一种富有理性的学问。就科学发展的历史来看，西方学说一直是沿着分科治学的道路前进的，因此，最初的"科学"与"学科"都是指称"学问"的，两者之间常常可以互相指代，并无严格区分。例如，亚里士多德在《形而上学》一书中阐述哲学的地位时说："有一门学问专门研究'有'本身，以及'有'凭本性具有的各种属性。这门学问与所谓特殊科学不同，因为那些科学没有一个是一般地讨论'有'本身的。它们各自割去'有'的一部分，研究这个部分的属性，例如，数理科学就是这样做的。""所以很明显，应当有一门科学把各种'有'的东西当作'有'来研究。既然无论在哪里，科学所研究的对象都是那个最根本的、其他的东西所依靠并赖以得名的东西，那么，如果这是实体对话，哲学就必须掌握各种实体的各种本原和原因。"正如康德提出的关于科学最经典的界说："任何一门学问，只要能构成为一系统，即一按原则而被组织起来的知识的整体，都可以称为科学。"

分学科培养人才始于欧洲中世纪大学。中世纪的大学将学科划分为四门，即哲学、法学、医学和神学。哲学在这四门学科中属于基础教育，其授课内容主要是拉丁语和"七艺"。"七艺"分为"三艺"和"四科"，其中，"三艺"包括文法、修辞和逻辑三种语言技艺，"四科"即算术、几何、天文和音乐四种技艺。逻辑课程主要教会人们辩论的技艺；算术、几何、天文课程主要是让人们学习如何推理，即证明的技艺。另外，三门学科即法学、医学和神学，属于专业教育，它们中的每科都有自己的主要课程，用于培养律师、医生、神职人员、教师和世俗官员等专门人员，为社会的发展与进步提供理智支持。可以说，"学科"这一概念从产生之初就具有专门知识的性质。在中世纪大学所有学科中，逻辑学和辩论术在教学中处于绝对主导地位，因为逻辑学和辩论术的训练被看作是适合于大多数职业活动的基本准备。正如哈罗德·珀金所言："如果有人认为文学部与专业学部相比缺乏功利性和职业性，那就大错而特错了。因为大多数学生可能不再继续就学，文学部为他们在读写、辩论、思维、计算、测量和自然科学基础知识方面提供有用的训练，使他们适于承担教会和世俗政府中的种种职业。以辩论为主的教学方法使学生个个变得能言善辩。学生们正是依靠这种本事在布道、法庭听证和政府讨论中崭露头角的。"作为培养理性思考能力的专门知识为培养中世纪社会需要的各类牧师、医生、律师、神职或世俗的行政官员发挥着基础教育的作用。正因为在古代，西方将培养理性思考能力的学科也称为科学，因此，最初的科学与学科在含义上是互指的。

（三）近代的"科学"：与"学科"各有指涉

在近代自然科学还未分化之时，科学是以自然哲学的形式包含在哲学中的。从发生学来看，古希腊时期的所有学问被人们统称为哲学。作为知识的集大成者，哲学把关于世界的理论和关于一种美好生活的理论（如自然和道德）合并起来。随着人们社会实践活动的发展和人类认识能力的不断提高，包含在哲学里的天文学、数学、医学，以及反映社会文化生活的语言学、伦理学、法学、逻辑学等方面的知识越来越丰富，这些知识虽然还未从哲学里独立出来，但一些哲学家已开始尝试对这些知识进行学科分类。从柏拉图和亚里士多德开始，哲学家对自然和社会的笼统认识逐渐分化并演变成一系列分科的认识，出现了诸如天文学、数学、医学、法学、修辞学等学科名称。如柏拉图将知识划分为三大块：辩证法（理性知识）——对纯粹思想本身的考查，自然哲学（物理知识）——对物理、数学、天文、生物的考查，道德哲学（伦理知识）——对伦理、社会、国家的考查。17世纪以后，专门科学从哲学中分离出来，随着科学的不断分化与整合，相关科学知识逐渐开始分门别类，形成科学学科。17世纪中叶到18世纪末，物理学、化学和生物学从自然哲学中分门别类出来；到18世纪末，自然哲学断裂成为各门独立的自然科学学科；19世纪中叶，研究具体社会运动的经济学、政治学、社、会学等社会科学学科从道德哲学中分离出来，并取得了独立的学科地位。

随着近代科学的发展，人类所获得的知识迅速增加并不断分化，这时的"学科"已按照特定的研究对象和研究方法分门划界，成为了有着明确学科边界的知识体系。这种专门化的知识体系通常由特定的概念和原理等知识元素构成，同时每一门学科都有自己的知识传统，正如伯顿·克拉克所说的，"每一门学科都有一种知识传统，即思想范畴和相应的行为准则。在每一领域里，都有一种新成员要逐步养成的生活方式，在发达大系统中尤其如此。物理学家、经济学家和艺术史学家，先是作为学生然后通过工作期间与学科同行的相互接触，才可以成为他们特定的学科的合格成员。刚刚进入不同学术专业的人，实际是进入了不同的文化宫，在那里，他们分享有关理论、方法论、技术和问题的信念，学科所体现的"知识传统"将学科之间的边界清晰划分出来。

科学成为学科的一种类型，人们对科学的认识开始变得清晰起来。那么，这种知识的类型具有哪些特征呢？波塞尔将科学的要点归纳为以下三个方面：一是科学与知识有关，这里的知识是指被证明是真的陈述，换言之，科学中的所有表达与陈述必须是有根有据的、有头有脑的；二是科学并不是单一陈述的堆积，它是通过一定的方法或程序而达到的结果，科学的程序决定了这些陈述必须相互联系，构成一个系统；三是知识系统必须具有说理性与论证性，并按一定的原则而建立的完整的陈述系统。不管人们在什么地方以何种方式从事科学研究，其目的总是试图建立一套得到证明的陈述系统。这样的陈述系统亦可被称为理论。多尔比认为有组织的科学知识呈现出的特征有五点。第一，它基于经验。虽然所有实践的生活都有经验的位置，不过在科学中更为根本。第二，它是理性地被协调的，最为经常地严格使用逻辑和数学语言。与其他亚文化相比，科学是使用形式理性的极端。第三，它是明晰的，而不是隐含的或非语词的。科学家的目的就是使不可言传的知识变得明晰。第四，它是公众共有的。原则上，科学知识对所有有能力鉴赏它的人来说，都是可以达到的和对批评开放的。这种开放性在教育领域表现得最为显著，科学知识始终向愿意学习它的人开放着。第五，科学知识的地位与它的来源无关，而仅仅与支持的证据和论据的严格性有关。科学知识是客观的，因为其合理性的基础并未预设任何特定的价值集合，它是所有人都可达到的。按照这种理想的观点，客观性不是使科学成为独特的科学家独有的本性，而是任何人都能够运用的检查和证明知识的方法。

科学的这些特征作为"类型标准"将科学学科与"非科学"学科区分开来。从这一角度看，学科是包含了科学的、外延更大的概念。换言之，学科不仅包括了科学，而且涵盖了哲学、历史、文学、宗教、艺术、伦理学等众多知识领域。所有这些学科都有各自清晰的边界。

（四）现代的"科学"：与"学科"交叉混用

早期的科学研究主要不是在大学，而是在一些学社、科学学会（如英国皇家学会、法兰西科学院）乃至私人的实验室中进行的，直到19世纪，以洪堡为代表的新人文主义强调科学是大学的根本所在，并主张将科学研究引入德国大学，科学作为培养人才和知识生产的方式进入大学。随着大学广泛开展科学研究和学科建设活动，学科与科学均成为使用率很高、用法相对固定的概念。人们对学科和科学的理解不仅具有知识体系、组织建制等多种维度，而且学科与科学内涵的交叉面也越来越大。

学科作为一个基本范畴，在知识体系层面衍生出交叉学科、跨学科等概念；在社会建制层面产生了学科规训、学术共同体等概念，它们关注的是学科、知识和权力之间的关系。

科学作为一个基本范畴，不仅分化出基础科学和应用科学两大类型，而且形成了自然科学与社会科学、人文科学（或自然科学与精神科学、自然科学与文化科学）的分野。由于近代自然科学知识对西方社会的发展产生了巨大贡献，人们相信"所有实在"都可以排放在一个自然秩序内，并借助科学研究来解释其"规律"，人文学科被冠以"科学"之名，成为与自然科学并列的学科。

随着现代科学方法手段的普遍运用和知识的体系化、系统化发展，学科的知识形态直接与科学形态联系在一起，科学与学科的概念在更大范围内交叉、混用。托尼•比彻提出，学术领域的划分在大众通常所接受的自然科学——人文科学分类的基础上增加另一个划分维度，即应用—理论研究或应用型研究—基础型研究。当我们用这个"二维度空间"对学术领域进行划分时，便形成了四种类型的学科，即纯硬科学、纯软科学、应用硬科学与应用软科学。其中，纯硬科学为纯科学（如物理学）；纯软科学为人文学科（如历史学）和纯社会科学（如人类学）；应用硬科学为技术学科，以机械工程为代表；应用软科学为应用社会科学（如法学、教育学、行政管理学等）。中国的一些辞书也将学科与科学的概念交叉并混用，例如，《辞海》将学科定义为："学术的分类，指一定科学领域或一门科学的分支，如自然科学中的物理学、生物学，社会科学中的史学、教育学等"。

科学与学科话语的现代意义反映了学科与科学之间的新型关系，就其外延而言，从古代的分科治学到现代的学科分化、学科交叉和学科综合等，学科的范围与科学的外延渐趋叠合；就内涵而言，学科不仅包括了作为科学的标准化的知识体系，而且也包括了科学的研究过程及方法。科学研究不仅能够创造出优秀的科研成果，还能推动理论和技术的创新。科学研究成为学科建设与发展的内在动力。

（五）高等教育理论研究中的"科学"意涵和科学意识

对教育而言，存在着多种研究视角和研究方法，如从哲学的视角、用哲学的方法研究教育可称为哲学的研究方式，从科学的视角、用科学的方法研究教育可称为科学的研究方式，从实践的视角、用实践的方法研究教育可称为实践的研究方式等。前两类研究方式属于教育的理论研究，只限于"解释世界"；后一类研究方式属于教育的行动研究，目的是"改变世界"。每一种研究方式都有各自的话语方式，即认识论和方法论的规范。在本研究中，"科学"一词是从广义上来理解的，不仅是指一种研究方式，还包括严格的研究规范意识。在高等教育理论研究领域，学科共同体的科学意识是指其从科学的角度理解问题、分析问题和解决问题的思想观念及行为。也就是说，考察高等教育学科共同体研是否具备科学研究的意识，可以从观念认同及行为上来进行，并且这两方面均体现在高等教育学科共同体的话语中。本研究对高等教育研究领域中哪些学科可称为"科学"、哪些学科不能被称为"科学"的争论不予评说。

二、诉求与反思：高等教育理论研究中的"科学"话语

开展高等教育科学研究的话语一经提出，教育科学研究迅速成为高等教育研究的主题之一。自1978年以来，高等教育理论界从未停止过对高等教育科学研究的反思，共同体成员希望通过对高等教育科学研究的"鼓"与"呼"消除高等教育研究在方法操作上的认识偏差。那么，共同体成员是如何认识高等教育科学研究的呢？下面将从话语实践层面做具体分析。

（一）开展科学研究的契机

从世界范围来看，高等教育是20世纪50年代以后发展最快的领域之一。这是因为科技的迅速发展对教育提出的要求首先表现在高级人才的培养方面。为了扩军备战、改进武器装备、加强国际竞争的实力，需要高级科研人员；为了革新生产工艺、提高生产效率、攫取高额利润，需要高级科技人员。再加上中等教育的渐趋普及，民众要求获得上大学的机会的呼声越来越高。这一切都促进了西方发达国家高等教育的大发展。据统计，1980年中国经济总量占世界国民生产总值的比重与1955年相比，从4.7%下降到2.5%，人均国民生产总值比1955年下降了0.7个百分点，相当于美国同期的2.5%。从经济和社会结构水平来看，中国仍属于低收入国家行列；从社会发展状况来看，若干指标达到中等收入国家的平均水平；从人民生活水平来看，中国仍属于低收入贫困国家。1978年，中国高等学校有598所，在校生为85.6万人。《1982年世界发展报告》的统计数据显示，中国大学的入学率相当于低收入国家的平均水平，大大低于中等收入国家和高收入国家。与此同时，中国的社会政治形势发生了巨大转变。1976年，全国科学技术大会召开，中国迎来了科学的春天。这次会议充分肯定了科学技术在经济社会发展中的战略地位，以及人才在现代化发展中的决定性因素。同年年底，中国共产党的十一届三中全会召开并确立了改革开放的基本国策，中国的各行各业在"拨乱反正"的基础上开展了关于真理标准的大讨论，并掀起了思想解放的浪潮，科学的大旗重新举起，而中国此时的高等教育经过"文化大革命"十年浩劫，遭到了前所未有的破坏，高等教育研究也因此而被迫中止，高等教育的地位一落千丈，高等教育事业和高等教育研究正处于重新起步、重新认识的新阶段。

（二）高等教育科学研究作为一个话语的提出

高等教育科学研究与高等教育学科建设是同步进行的。从高等教育学科建设起步、稳定到发展时期，研究者对于开展高等教育科学研究的认识经历了从理想

追求到现实困顿,再到独立自主的话语诉求,反映了研究者"通过提升文化自觉,立足本国实际,大胆借鉴,不断超越,勇于创新"的科学态度和科学精神。潘懋元根据高等教育学科建设中的重大话语事件,将学科建设时期大致分为三个阶段。其一,1978—1984年是高等教育研究制度化发展时期。以1978年成立第一个以高等教育作为研究对象的专门研究机构——厦门大学高等学校教育研究室为起点,以1984年由潘懋元主编的中国第一部高等教育系统专著——《高等教育学》出版为止点。其二,1985—1996年是高等教育建立学科和相应的分支学科时期。20世纪80年代中期到90年代中期,对于一门新兴的尚不成熟的学科而言,高等教育研究的主要任务在于建立学科和相应的分支学科。其三,从1997年至今,高等教育学界研究的焦点开始集中于如何将高等教育理论运用于实践之中,并将这一点作为衡量高等教育学科是否成熟的标志。1997年的第四届"全国高等教育学研究会"就将会议的主题从建立高等教育学科的理论体系转化为高等教育理论研究如何更好地为高等教育发展与改革实践服务。笔者根据潘懋元对学科建设三个时期的划分,对研究者在不同时期认识和开展高等教育科学研究的话语和行为进行梳理,以此来说明在高等教育学科建设过程中,高等教育学科共同体对高等教育科学研究的诉求与反思。

三、定位与趋向:高等教育学科建设中的"科学"话语

(一)高等教育学科诞生之初的科学意识

对于高等学校来说,要把学校的工作重点转移到教学和科研的轨道上来,坚持以教学为主,努力提高教学质量,为现代化建设培养出更多更好的各种高级专门人才,迫切需要总结经验,研究高等教育理论,探索高等教育规律。可以说,中国高等教育事业和高等教育研究正面临重新起步、重新认识的新阶段。

当时中国上至国家领导,下至高等学校的管理者和学者,都强烈地意识到高等教育研究的必要性与紧迫性,并强调高等教育理论研究的主要任务是探索高等教育"规律"。现代高等学校与社会的政治和经济、与人们的生活各个方面的关系越来越密切。高校工作者如果不了解社会的需要,就不能从全局来考虑问题,诸如高等教育发展的速度和规模及其与中国经济建设发展需要的关系问题、经费投入及其专业设置的比例问题等,也就不可能培养出社会需要的人才。

一些高等教育研究的开拓者从科学的角度对开展高等教育的理论研究明确提出了自己设想。长期以来,不少从事高等教育工作的干部、教师习惯于按上级政策、法令、指示办事,常常忽视对高等教育内部规律的探索与研究,甚至不自觉地违反教育规律,使教育、教学等各项工作陷入盲目性,结果是事倍功半。他认为"研究高等教育规律是一门科学,高等教育学应承担这方面的任务"。教育科

的研究绝不是抽象的议论，而要以丰富的实践为基础，因为以没有丰富的实践、没有经过反复实践所获得的知识为基础的理论是站不住脚的，理论只有反映实践的要求，才能对实践起指导作用。理论与实践是辩证的统一"。有学者将改革初期中国大力提倡开展高等教育研究的代表人物分成三种类型：一类是以高校校长、副校长、教务长（教务处长）、科研处长、学生处长等为代表的管理者；一类是长期从事高等教育管理或热心高等教育研究的领导；还有一类就是对高等教育研究充满热情的中、青年学者。

实现管理的科学化，迫切要求把高等学校管理作为一门学科来研究。高等教育管理作为一门学科的任务，如果是应用教育规律于管理，其本身就是一种管理规律的探求活动。如果没有独特规律可以研究，那么这种学问究竟存不存在就值得研究了。朱九思、蔡克勇、顾明远等人提出高等学校的教师既要当好学者，又要做教育家，既要有精深的专业知识和广博的学识，又要懂得教育教学工作的规律。

高等教育与普通教育在理论上有共性的东西，但高等教育中更多的问题不能用普通教育的理论来解决，因而必须研究与建立高等教育学。高等教育学作为教育学的一个分支学科，是研究高等教育这一活动现象的一门科学。

在高等教育学科诞生的前后，高等教育理论界实际上是在"科学"层面定义高等教育研究甚至高等教育学科的。1978年8月，厦门大学将该校"高等学校教育研究室"改名为"高等教育科学研究室"，并认为这一机构的任务就是在科学理论指导下，运用科学研究方法进行高等教育科学研究。1981年，刘佛年提出，"今后我们的教育事业改革也好，发展也好，提高也好，一定要坚持在科学研究的基础上去搞。理论要走在实践的前面，科学研究要走在改革的前面。所以，把高等教育的研究工作开展起来，对于今后发展有着很重要的意义"。高等教育学科从诞生之初，就被看成探究"规律"的科学学科，但是当时的高教研究界将"高等教育理论研究"和"高等教育科学研究"看作同一概念，并未做严格的区分。

将高等教育研究作为一门新兴学科来建设时，其面临的首要任务是发展该学科的理论。一门学科的理论发展的重要标志表现为"新事实的发现、新理论的形成和新方法的产生"。高等教育学的理论发展的标志可以表述为"反映高等教育活动事实的文献资料被发现和充实；对这些文献资料做出新的解释，形成新的理论；各种科学方法不断被合理应用于探索高等教育的理论和实践问题，并在研究过程中逐渐生成新的适合于探索高等教育问题的方法要素"。简言之，高等教育学要促进自身的学科建设和发展，就是要丰富"关于高等教育的新资料、新理论、新方法的发展"，那么，积极开展科学研究是增进高等教育学科知识的必然选择。

（二）高等教育学科知识形态从一门学科向一个学科群的演化中的

科学意识

以教育本质论为理论前提，以高等教育两大特点为理论基础，以教育的内外关系规律为理论核心"的表述模式。现在看来，依据普通教育学建立的理论框架来解释高等教育改革与发展中高等教育体制与教学改革面临的难题，是难以将高等教育科学研究深入开展下去的，但这种理论建构模式却有深厚的历史根源。

20世纪初，由中国学者编著的教育学的知识体系基本上是仿照赫尔巴特的《普通教育学》，大体遵循了赫尔巴特《普通教育学》"目的-方法论"的结构。赫尔巴特是在明确提出建设一门科学的教育学的前提下撰写《普通教育学》的。在他看来，"教育学作为一种科学，是以实践哲学和心理学为基础的。前者说明教育的目的，后者说明教育的途径、手段与障碍。"尽管现在看来，该书并不算是科学的体系，但是在西方教育史上，是以《普通教育学》作为科学教育学产生的标志。自此肇始，教育学得以作为一门独立的学科跻身科学殿堂。德国史学家鲍尔生称："在很长时间里，人们把'赫尔巴特理论'和'科学教育理论'当作同义词。"

中国教育学学科自20世纪50年代建设以来走的是苏联教育科学的路子，而中国引进和学习的凯洛夫主编的《教育学》体系深受赫尔巴特《普通教育学》的影响。19世纪后半叶，俄国著名教育学家乌申斯基对赫尔巴特的"科学教育学"进行了体系和内容上的改造。他把赫尔巴特为教育学所确立的理论基础范围，从伦理学、心理学扩大到生理学的领域，并有力论证了心理学和生理学是教育学的理论基础。他的思想在20世纪初得到发展，并最终成就了"一种在质量上完全新的教育学"——苏维埃教育学。苏维埃教育学的伦理学基础是马克思列宁主义关于人的全面发展学说，认识论基础是马克思列宁主义的辩证唯物主义的认识论，心理学基础是建立在巴甫洛夫关于高级神经活动的生理学说基础上的唯物主义心理学。但是赫尔巴特教育学中最为核心的内容，例如"基础理论""教学论""训育论"和"学校管理论"四个部分的体系框架在凯洛夫的《教育学》里均有充分的反映。中国的教育学的构建基本上延续了凯洛夫《教育学》的结构，并且以心理学、社会学、哲学和伦理学理论为教育学的学科理论基础。

在根据普通教育学理论建立的高等教育学的理论框架下，从20世纪80年代中期开始，一些学者运用教育内外部关系规律探讨了高等教育如何迎接新技术革命的挑战、民办高等教育发展、高等教育地方化、高等教育与商品经济（市场经济）的关系、文化传统与高等教育的关系等较为宏观的理论问题。此时，高等教育理论界对上述问题的探究始终是从规范、意义层面上进行思想和观念上的辩护，并未从科学的角度对上述问题所涉及的教育事实进行经验研究。

当已建立的高等教育学理论框架难以揭示高等教育与社会政治、经济、文化、科学之间的复杂关系时，对高等教育研究感兴趣的本学科和其他学科的学者便纷纷将人文社会科学的其他学科，如政治学、经济学、社会学、文化学、心理学的理论和方法引入高等教育研究领域，高等教育研究领域呈现出多学科研究的态势。与此同时，作为一门科学学科的高等教育学开始分化出分支学科，具体为：第一类是以高等教育学为主干分化出一批分支学科，诸如大学德育论、大学教学论、大学课程论、大学学习学、中外高等教育史、比较高等教育、高等教育思想研究、高等教育研究法以及各科类的学科教学论等；第二类是与其他学科结合产生的交叉学科，如高等教育经济学、高等教育管理学、高等教育结构学、大学生心理学、高等教育系统工程等；还有第三类是应用高等教育学理以研究不同类型高等教育所构成的学科，如高等工程教育、高等师范教育、高等医学教育、高等农林教育、高等专科教育、学位与研究生教育、留学生教育、成人高等教育、高等教育自学考试等。

  高等教育研究从一门学科演化为拥有多个分支学科的学科群的现实表明高等教育学科实际上形成了一个复杂的知识系统。从各分支学科知识的性质来看，高等教育学科群内部排列着各种类型的知识。虽然关于高等教育知识系统的理论分类，目前还没有一个统一的认识，每类教育理论对其各自的不同目的都是不可或缺的，不能把这些教育理论捏合为一种混乱的、不明确的"总体理论"，而是要对此科学地进行区分和区别对待，因为每类理论都有其不同的任务、侧重点和语言表述形式。相应地，随着高等教育学科群的形成与发展，高等教育学科也在不断地呈现出哲学、科学和实践的知识特征。这就需要高等教育研究在不同的学科发展方向上，在大力提倡多学科方法研究高等教育时更要注意话语方式的规范。

  但是，高等教育研究领域的分化并没有提升高教研究者对高等教育研究方式的区分能力和对规范的科学研究方式的认识能力，高等教育理论研究中的科学意识依然模糊。改革开放初期新成立的高等教育学科由于缺乏相对完善的理论体系，高等教育学科建设面临的首要任务是开展高等教育理论研究，并且高等教育理论研究被赋予"揭示高等教育的本质和规律"的重要使命。虽然研究者提出并普遍认可"运用科学研究方法"来揭示"规律"，但事实上由于人们对"规律"的理解并未从研究方式上进行严格的规范，以至于认为只要是抽象的概括就算是揭示"规律"，导致高等教育研究领域的研究者缺乏严格的规范意识。这种现象不仅出现在科学研究中，在哲学研究中同样如此。根据上一章的统计调查结果，科学研究中充斥着大量的一般常识性的经验研究，这类研究并未严格按一定的科学程序对经验事实证明或证伪，而呈现为一种前科学研究方式。哲学研究中的话语方式也是以一般性的议论为主。长期以来，中国高教研究界一直把上述研究看成科学的研究，虽然承认其科学水平有限，但仍受其"科学"假想所惑，缺少对这类研究谋求改进的反思，从而导致以科学名义倡导设立的高等教育学在理论建设上步履蹒跚。

四、总结

"科学"与"学科"是两个既相互关联又有区别的概念,从知识生产过程来看,学科与科学的内涵经历了相互指代、各有指涉以及交叉混用的话语变迁。现代意义上的学科的范围与科学的外延渐趋迭合,就内涵而言,学科不仅包括了作为科学的标准化的知识体系,而且也包括了科学的研究过程及方法。在高等教育理论研究领域,科学一词是从广义上来理解的,不仅是指一种研究方式,还包括严格的研究规范意识。开展高等教育科学研究的话语一经提出,教育科学研究就迅速成为高等教育研究的主题之一。自1978年以来,高等教育理论界一直未停止对高等教育科学研究的反思,共同体成员希望通过对高等教育科学研究的"鼓"与"呼"来扭转高等教育研究在方法操作上的认识偏差,但是对如何开展高等教育科学研究还缺乏方法论的指导和运用,在高等教育学科知识形态从一门学科向一个学科群的演化过程中,高等教育理论研究中的科学意识依然模糊。

第二章 高等教育与高等教育学的发展

第一节 高等教育界说

高等教育是高等教育学的核心概念，对高等教育概念的研究是研究高等教育相关问题的逻辑起点，是高等教育学学科研究的基础。

教育作为一种人类特有的培养人的社会活动，是人类社会一个永恒的概念。高等教育作为整个教育系统的一部分，是人类社会发展到一定历史阶段的产物，其形式和名称、性质和内容、目的和功能、层次和体系等，都经历了漫长的发展和演变过程。

与此相对应，高等教育概念也是一个历史范畴，其内涵和外延至今仍处在不断的发展变化中。各国对高等教育的界定也多种多样，甚至某些界定之间存在明显的差别。尤其是进入20世纪下半叶以来，终身教育思想的出现和由高等教育大众化带来的高等教育多样化，使高等教育"出现的变化如此繁多，连给高等教育下定义都成了一项挑战性的工作"。本节从对高等教育概念的历史考察出发，对高等教育的概念进行解读，以澄清对相关问题的认识。

一、高等教育概念发展的历史进程

"一个人如果不理解过去不同时代和地点存在过的不同的大学概念，他就不可能真正理解现代大学。"因此，有必要回顾高等教育概念发展的历史进程，结合其发展过程中的变化，归纳高等教育的本质和最基本特征，深入理解高等教育概念的内涵和外延。结合高等教育的历史发展，追溯"高等教育"一词的起源及变迁，对应的就是一部高等教育史。

（一）高等教育概念的萌芽时期

一般认为，现代意义上的大学起源于欧洲，12~16世纪的中世纪大学是近现代高等教育的直接源头。现代大学最早产生于12世纪的意大利和法国，如意大利的博洛尼亚大学和萨莱诺大学、法国的巴黎大学和蒙彼利埃大学等，其诞生与当时的"行会"这一社会组织密切相关。由教师、学生组成的教师行会、学生行会和师生行会是中世纪大学的雏形，这些行会对内管理成员的学习和生活事务，对外保护成员的生活权益，成员之间相互研讨，以研究、追求和传播高深知识为目的。中世纪大学就是在仿照行会组织的基础上发展起来的一种专门的、独立的学术与教育机构，具备比较完善的教育活动体系。由于社会需要和"母大学"的带动，中世纪大学逐渐影响、传播到欧洲及其他地区。13世纪和14世纪，意大利已有18所大学，法国有16所，西班牙和葡萄牙共有15所。到中世纪末，欧洲建立了约80所大学，其中，意大利20所，法国19所，德国14所，英国5所，西班牙4所，葡萄牙5所等。15世纪后半期，受人文主义学说影响，大学引入了人文主义"新知识"，如1575年创办的莱顿大学，在当时被称为欧洲"新知识"的重要中心；16世纪，德国、西班牙、瑞士和荷兰等欧洲国家陆续出现了许多新大学，有的大学还建立了许多新学院，如牛津大学的基督教圣体学院和基督教堂学院，剑桥大学的马德林学院、三一学院、西特尼·苏萨斯学院和圣约翰学院。

中世纪大学具有以下特征：第一，高度自治性。中世纪初期的大学是教师和学生的行会组织，并从政府或教会争取到很多特权，有自主设置课程、聘请教师、制定学术标准、控制人员编制、审查发放各种证书和学位、对违法学者和学生进行处理的司法权以及迁移权等。第二，国际性。中世纪早期的大学接收几乎来自所有地区的学生，学者和学生至少可以在欧洲区域范围内自由流动，自主选择大学从事学习和研究，并可获得大学间相互承认的资格证书。第三，民主性。中世纪大学是相对民主和平等的机构，学校不存在特权阶层，学生多来自农民和市民阶层，教师也人人有权竞选院长或校长。第四，拥有学位制度。中世纪大学能够根据学生学习的不同程度授予相应的学历或资格证书，这是现代大学学科划分和学位制度的最初起源。由此可见，中世纪大学奠定了近现代高等教育的基础，已经初步具备了现代意义上高等教育的基本内涵。

现代大学的很多特征都是从中世纪大学直接继承而来，高等教育与大学联系在一起的关系也由此开始。此外，由于中世纪时期不存在大学之外的其他高等教育机构，因此中世纪的高等教育仅指大学教育，高等教育（Higher Education）的概念可以直接用大学教育（University Education）来指代，比现代意义上的高等教育外延要小。

（二）高等教育外延扩展及概念形成时期

从16世纪开始，一部分国家出现了独立于大学之外的学院，主要任务也是培养高级专门人才，使"大学"不再是实施高等教育的唯一机构。如1530年成立的法兰西学院，是法国最早的学院，它提供中等以上的教育，但不授予学位。16世纪末17世纪初，受文艺复兴、宗教改革运动及各国政治制度的影响，欧洲高等教育开始了世俗化和民族化进程，各国逐渐摆脱了中世纪统一的办学模式，形成了具有强烈民族特色的高等教育办学思想和课程结构。受近代科学革命和工业革命的影响，17~18世纪，社会对科学普遍关注，大学开始重视自然科学、科学技术课程和实验教学，牛津大学和剑桥大学纷纷设置了自然科学教授席位。在此背景下，自17世纪开始，欧洲出现了不同于中世纪大学的新型高等教育机构，主要是包括人文学院和神学院在内的两类独立学院以及包括军事、商业、农业、语言等在内的各种专门学院，如1747年法国的桥梁道路学院、1783年的矿业学院等。人文学院旨在培养人格高尚的社会精英，神学院旨在培养神学教师，为社会或本教派培养神职人员；而专门学院旨在培养各类应用型人才。18世纪，由于一些国家的旧大学逐渐不能适应社会经济和科学技术发展的要求，一批高等专科学校和新型大学应运而生，如德国的哈勒大学和哥廷根大学，俄国的莫斯科大学、基辅莫吉拉学院和斯拉夫–希腊–拉丁语学院，美国的哈佛学院、威廉·玛丽学院和耶鲁学院等。

18世纪60年代，欧洲资产阶级革命对高等教育产生了重大影响，工业化和地方工商业发展的要求导致了大量工科大学、技术学院及其他新型高等教育机构的出现，学校学科及课程设置与经济社会发展紧密相连，注重培养应用性职业、技术人才。从19世纪初开始，高等教育受以洪堡为代表的新人文主义教育思想的影响，以德国柏林大学为代表的大学改革运动开始兴起。1809年创立的柏林大学，发展出大学全新的科学研究职能，将大学教学与科学研究相统一，是近代大学的又一典范。在资产阶级革命和大学改革运动的影响下，一方面，各类高等教育机构不断涌现，出现了"大学"之外的其他实施高等教育的机构。如19世纪中期以来英国出现的大量技术学院、师范学院和城市大学，19世纪后期法国、德国出现的大量工科大学、地方技术学院等。俄国也效仿德国和法国，大力发展传授近代科学技术的专门学院和大学；而自19世纪60年代以来奉行"拿来主义""国家主义"和"实用主义"的日本，1885年除东京大学一所"大学"外，已有102所以理工科教育为主的"专门学校"；1862年美国总统林肯正式签署《莫里尔法案》，1890年美国通过《第二莫里尔法案》，通过联邦政府赠予土地，建立农业大学或州立大学，并产生了独具特色的初级学院和社区学院；此外，有些国家还出现了城市学院，如英国的欧文斯学院、约西亚·梅森学院和约克郡学院等，一些国家的高等师范教育和高等实科教育也得到了进一步发展。另一方面，高等教育出现了与传统大学人才培养层次不同的其他层次。就较高层次而言，如美国效仿德国，建立以科研和研究生教育为主要任务的研究型大学，1867年成立的约翰·霍普金斯大学，标志着新的高于传统大学"本科"层次的研究生教育的出现；1880年东京大学设立学士研究科，开始研究生教育，将科研引入高校。就较低层次而言，如在英国新兴城市大学的学生，在学习二、三年毕业以后，不能拿学位，只能获得毕业文凭或能力资格证书，地位明显低于传统大学。

由此可见，在16世纪至19世纪这一阶段，随着各类高等教育机构不断涌现，大学不再是实施高等教育的唯一机构，原来传统大学统一的名称也不复存在了，取而代之的是各种工科大学、城市大学、技术学院等，并且传统大学统一的层次和目标也被打破，派生出了专科学校、社区学院以及本科教育之上的研究生教育，高等教育呈现出层次多样化、形式复杂化的特征。高等教育的外延不断扩大，中世纪"大学"这一概念已经不能涵盖高等教育的全部内容和所有高等教育机构的特征，"高等教育"概念的出现成为必然。据现有资料，"高等教育机构"一词最早出现在1874年瑞士联邦通过的《联邦宪法》，其第一章第27条规定："联邦有权建立除现行综合技术学校以外的一所联邦大学及其他高等教育机构"，此处"高等教育机构"的外延已超出了大学；1895年出版的拉什达尔所著《中世纪欧洲大学》也用了"高等教育"这一名词。可见"高等教育"概念出现至今仅仅只有100多年的时间。

（三）高等教育概念的丰富发展时期

20世纪以来，尤其是二战之后，世界高等教育进入快速发展时期。高等教育规模不断扩大，世界高等教育由精英教育过渡到大众教育，有些发达国家和地区已经进入高等教育普及阶段。与此同时，高等教育发展呈现出多元化特征，高等教育内部结构日趋复杂。其主要表现为：第一，类型结构多样化。法国自20世纪50年代开始调整高等教育结构，在1966年以后形成了大学、大学校、大学技术学院与高级技术员班三类高等学校；1965年，英国逐渐形成了大学、技术学院和培训学院"双重制"的办学格局；20世纪70年代初，原联邦德国出现综合制大学和高等专科学院两种新型高等教育机构；同期的苏联形成了综合大学、工业大学、专业学院和自成系统的高等军事院校的高等教育体系结构；1960年美国历史上首次把高等教育划分为两年制的社区学院系统、四年制的州立学院系统和授予博士学位的大学系统三个层次，使两年制学院教育成为高等教育系统的公认组成部分。第二，形式结构多样化。除正规全日制教育形式外，出现了诸如开放大学、业余大学、函授大学、成人大学、广播电视大学、虚拟大学、成人教育机构、教师训练机构、行政和管理学院、高等职业学院等新型非正规高等教育机构。第三，层次结构多样化，形成了专科、本科和研究生三级结构。这样，高等教育体系就形成了正规与非正规的高等教育机构并存、学术性大学和非学术性院校并存、国际性与社区性高等教育机构并存、实体大学与虚拟大学并存、巨型大学与微型学院并存的二元体制。这种独立于传统精英大学系统之外的"第二种高等教育",在实现发达国家高等教育大众化过程中发挥了举足轻重的作用,如美国的社区学院、德国的专科学校、英国的各种技术学院以及日本的短期大学和专门学校等。此外,20世纪以来,随着威斯康星大学提出高等教育要服务社会的第三职能,高等教育的功能也得到了扩展。

这一时期高等教育所发生的种种变化,导致了传统高等教育观念的变化:高等教育由精英教育走向大众化教育;高等教育可以由正规和非正规机构提供;高等教育不再以传播知识和科学研究为唯一目的;高等教育与职业教育相关联等。由此,多元化和多样化的高等教育,使高等教育这一概念的内涵不断丰富。与此同时,高等教育的外延也进一步扩大,出现了"第三级教育""中学后教育"(Post Seconding Education)等最新表述方式。1993年联合国教科文组织第27届会议,正式使用"中学后教育"这一概念来描述高等教育,即高等教育包括"由大学或由国家主管当局批准为高等院校的其他教育机构提供的各类中学后的学习、培训或研究培训"。这些新概念的提出,使高等教育的外延进一步拓展,因而给"高等教育"下一个准确的定义愈加困难。

二、高等教育概念的解读

(一) 高等教育概念界定的分类

目前,人们对高等教育概念的界定各不相同,主要从实施主体、办学层次、教育形式、人才规格、教育功能、入学条件等方面进行定义,既有内涵式定义,又有列举式定义和外延式定义。

(二) 高等教育概念界定

综合上述各种对高等教育的界定,结合我们自己的理解,我们将高等教育概括为:高等教育是建立在完全中等教育基础之上的各类专业教育。其内涵具体包含以下三个方面:

1.高等教育以完全中等教育为基础

根据中国《教育法》的规定,中国的学制为学前教育、初等教育、中等教育和高等教育。学生在完成中等教育中的初级教育即初中后,既可以继续在普通中学接受高中教育,也可以进入中等师范学校、中等专业学校、中等技术或职业高级中学来完成全部中等教育。因此,这里所谓的"完全中等教育",既包括初中与普通高中的组合,也包括初中与中师、中专、中等技术和职业高级中学的组合,它是与"中学后教育"不同的概念。

2. 高等教育按专业类别培养人才，是专业教育，具有专业性

高等教育以培养高级专门人才为己任，根据学科专业类别培养人才。专业教育具有高深又专门的特点，为保证其质量，要在国家设立或认可的高等教育机构中进行，学习时间至少在两年以上。实施专业教育的全日制普通高等教育、成人高等教育、职业高等教育以及民办高等教育、中外合作高等教育等，都属于高等教育的范畴。

3. 高等教育传播、探求高深知识，具有高等性

高等教育与基础教育的根本区别就在于其高等性。有学者认为，虽然今天对高深学问的理解较之以前更为宽泛，即"高深学问不再是狭窄深奥的，而是由许多种专门知识（这种专门知识有的较深奥，有的较浅显）组成的"，但高等性作为高等教育的本质属性一直没变。也有学者将教学内容的高深性和专业性归纳为高等教育的本质特征。

（三）高等教育相关概念辨析

1. 高等教育与高等学校

高等教育与高等学校词义相关而含义不同，很易混淆。高等教育是一种教育教学活动，是在完全中等教育基础上，由各级各类高等学校或高等教育机构所进行的层次不同、形式各异的专业教育。从类别上看，既包括学历教育，也包括非学历教育；从层次上看，既包括专科教育、本科教育，也包括研究生教育；从办学形式上看，既包括全日制的正规教育，也包括高等教育自学考试等非正规教育。而高等学校则是实施高等教育的机构，既包括实施本科及本科以上层次教育的全日制高等学校，也包括高等职业学校、高等专科学校、独立学院、成人高校和网络教育机构等。

2. 高等教育与大学

高等教育与大学既有联系，又有所不同。大学仅是高等教育的实施机构之一，是高等教育的组成要素之一，是高等教育的下位概念。对于大学的界定，我们认为采取描述的方式比较恰当。大学是"实施本科及本科以上教育"的机构，同时"还必须设有三个以上国家规定的学科门类为主要学科"。

三、有关高等教育概念的再认识

通过对高等教育概念发展的历史回顾可见，高等教育的概念是随着社会和历史时代变迁而变化的，"高等教育的界限，嵌埋在历史发展中"。时至今日，高等教育仍然是一个开放的、未完成的概念。因此，要从历史的、动态的、多元的角度来审视高等教育概念，不存在一个统一的高等教育概念能准确地对其内涵和外延予以界定。但不论是采用何种界定方式，最重要的是要把该概念的本质属性揭示出来，使它有别于其他概念。

正是基于高等教育概念的历史性、动态性和多元性，对高等教育概念的理解越来越受到"时空性"的影响。在理解和考察高等教育的概念时，不仅要考虑到其所处的时代背景、国际政治、经济、科技、文化等因素，还要考虑到国别差异、发展阶段等因素的影响。因此，在面对各种不同的高等教育概念界定时，我们一定不能用"挑剔"或"批评"的眼光去审视、苛求这些概念的对错或完美程度，而是要以"理解"的态度去努力体会隐藏在这些概念背后的时空特征，最大限度地理解概念背后的经济、政治、科技>文化等社会历史差异，理解界定者在特定的时空范围内对高等教育概念所做的特定界定。随着高等教育发展的日益复杂化和多样化，对高等教育概念进行界定时必须表明阐述的视角、应用的范围，以尽量减小因概念构造带来的误差。

第二节 全球化背景下高等教育的发展

全球化是当今世界最重要的特征之一。源于经济领域的"全球化"现象，自20世纪80年代后期开始，逐步波及政治、文化和教育等诸多领域。由于各国在社会历史、文化、传统、政治、经济发展等方面的差异，全球化在不同国家和地区表现出不同的形式，其实际的影响程度也存在着差异。但是受全球化的影响，各国的经济、政治、文化等领域已经并将持续发生根本性的变化，这一变化是"19世纪世界各国相继进入近代化之后人类历史上的又一重大变革"。全球化是对高等教育的一个新挑战，这种全球化的背景将对高等教育产生哪些影响，大学的职能将如何拓展以承担起新的历史使命，以及高等教育如何应对全球化的挑战，是本节将要讨论的问题。

一、全球化的内涵

关于全球化的内涵，目前理论界尚无一个权威的界定，对全球化内涵的理解呈现出多种多样的态势。研究者基于不同的研究范式和学科思维，为其下了多种定义，其中代表性的观点有：

全球化实际上就是"全球经济的市场化"，指经济（产品、资本）的全球化和跨国化（Transnational）。这是从经济角度对全球化的理解。

全球化是"跨越国界的经济、政治、社会和文化关系的增强"。这个概念有较强的适用性，在有关社会变革的动力方面，引入了历史的探讨，表达了全球化对民族国家政治疆界的渗透，并且跨越了把全球化囿于经济现象的桎梏。

全球化是新的时空构型，是超越时空的新的全球网络的建立，也就是把基于某一特定社会结构的"国家社会"，转变为全球性流动的符号、金钱、信息、技术、机器及垃圾组成的网络。

全球化是"世界的压缩"和"把世界作为一个整体的意识的增强"。这个定义包含了全球化的两个方面：一是全球化是一个客观实在过程，发生在社会生活的各个领域；二是全球化也包括人们的观念和意识的变化。

由于本节重在探讨全球化背景下高等教育的发展，这里采用菲利普·G·阿特巴赫在《高等教育变革的国际趋势》一书中所做的界定，全球化是"对高等教育有着直接影响的广泛的和不可避免的经济、技术和科学发展趋势。这些现象包括信息技术的广泛运用、科学交流中通用语言的使用、社会对大众高等教育与对受过良好教育人员的需求带来的双重压力、高等教育财政的'私人产品'逻辑等"。另需说明的是，全球化对于各学科而言也具有两重性：一是作为分析和研究的对象，二是作为研究和分析的背景。本节是将全球化作为研究和分析高等教育发展的背景。

二、全球化对高等教育的双重影响

全球化时代的到来，势必引起文化在全球范围内空前规模和广泛深入的交流、碰撞和重构，这就给教育带来新的使命。高等教育作为传播和创造知识、科学研究、培养人才的主要阵地，全球化对它的影响是客观存在的，全球化也成为高等教育中的一个核心主题。

加拿大学者奈特概括了全球化趋势的不同要素对高等教育发展的不同影响。第一，知识社会的兴起导致社会更加注重继续教育和终身教育，持续的职业发展给高等教育创造了新的发展机会，新技能和知识导致新型的大学课程和资质认证，大学研究和知识生产的功能也随之发生变化。第二，信息和通信技术的发展推动了本国和跨国的新型教学方法。第三，市场经济的发展，导致本国和国际范围内教育和培训的商业化趋势。第四，贸易自由化消除了经济上的壁垒，也增进了教育服务和产品的进出口。第五，新的国际和地区治理结构和制度的建立，改变了政府和非政府机构在高等教育发展中的角色。

那么，全球化给高等教育到底带来了哪些影响？就全球化本身的价值而言，已备受各方争议。以企业全球化为例，其坚定的拥护者认为能促进世界经济的繁荣，其反对者认为无疑会加剧世界范围内的不平等现象，而中立的人认为这能增进世界范围内信息和人员方便、快捷的交流。可见，全球化现象本身就是一种既积极又消极的力量。而这种影响是积极的还是消极的，在很大程度上取决于全球化的客体，它是否具有某种特定的优势，取决于其地理和职业方面的特性。因此，理解全球化对高等教育的影响，也应该考虑到上述因素。全球化对高等教育的影响无疑是双重的。

首先，全球化对高等教育产生了积极和消极的双重影响。其积极影响显而易见。例如，新技术的广泛应用缩短了世界的距离，改变了高等教育的交流过程，也加快了科学发现的速度；互联网的普及促进了世界范围内的教学和科研合作；各国的教育理念和人才培养模式更加先进、开放和多元；世界范围内分享优质教育资源更为便利，有利于从整体上提高高等教育人才培养的质量；学生和学者在国际范围内的交流日益频繁和便利，更容易获得在世界各地学习和工作的机会，等等。但是，全球化对高等教育的负面影响也不容忽视。经济学家约瑟夫·斯蒂格利兹和达尼·罗德里克等学者坚持认为，全球化损害了在全球化过程中处于劣势的发展中国家的利益，扩大了国际不平等，形成了新的壁垒。它在某种程度上会削弱发展中地区和国家的教育主权，并且会加剧世界范围内高等教育的不平等和不平衡。在全球化进程中，不同地区和国家的大学处于不平等的现实中，发展中国家中处于学术边缘的高等院校，更多地依附于发达国家中作为学术中心的强势大学和院校；许多教育合作项目，在为被援助者提供机会的同时，也使他们更多地依附于援助国及其高校，那些缺乏影响力的国家和院校系统将失去知识和文化的自主权；留学生在全球范围内向发达国家的大量流动，也损害了发展中国家的利益，等等。因此，如何克服全球化背景下学术环境中的不平等，是当前高等教育面临的一个重要挑战。此外，全球化背景下一些发展中国家的高等教育市场也面临被瓜分的危险。

其次，全球化对高等教育产生了显性和隐性的双重影响。显性影响，直接影响教育的运作；隐性影响，更多的是通过文化起作用。以中国加入WTO为例，入世意味着中国更直接地参与到全球化进程中。在显性影响方面，中国成为WTO成员国，就必须遵守WTO对教育的有关规定，做出并遵守有关承诺。根据WTO《服务贸易总协定》所列出的12项服务，"教育服务"是其中之一，它与商务服务、通信服务、金融服务、运输服务、旅游服务、文体服务、与健康有关的服务等相并列。因此，中国就要对包括教育在内的服务行业的"贸易"做出承诺，教育作为一种商业存在，面临市场准入、境外消费、跨境交付、人才流动等问题。而入世所带来的隐性影响也不容忽视，这主要表现为伴随高等教育国际化所带来的西方文化价值观对中国年青一代的冲击，这种冲击既表现在观念上，又表现在体制和思想文化上，这同样需要我们对此做出积极应对，制定相应的对策。

三、大学职能的扩展：对全球化的积极应答

大学的职能是随着社会进步而不断扩展的，现代大学所具备的职能是与时俱进的结果。由早期大学对高深学问进行探究的单一的教学职能，到欧洲工业革命以后教学和科研并重的双重职能，再到19世纪中叶，第二次工业革命带动美国经济发展，以康奈尔大学、威斯康星大学为代表的新型大学提出大学要为区域经济发展服务的思想，现代大学承担起教学（人才培养）、科研（知识创造）和社会服

务三大职能。在全球化背景下,大学的职能无疑又有了新的扩展,以此来应对全球化的挑战。

首先,大学将承担起促进国际交流与合作的职能。

全球化背景,使高等教育国际化进程不断加快。联合国教科文组织1995年报告指出:高等教育日益国际化,首先是教学和科研的全球性的一种反映。现行的经济和政治一体化进程,文化间了解的日益需要以及现代交流、消费市场的全球性质等,正使这种世界环境日益加强。国际21世纪教育委员会报告《教育——财富蕴藏其中》进一步指出:高等教育机构拥有利用国际化来填补"知识空白"和丰富各国人民之间和各种文化之间对话的很大优势。江泽民同志在庆祝北京大学成立100周年大会上的讲话,明确表达了全球化背景下大学必须担负起人才培养、发展科学文化、社会服务和国际交流四大职能。可见,伴随全球化背景下高等教育国际化步伐的加快,大学基于自身的优势,承担起促进国际交流与合作的职能也成为一种必然。

其次,大学,尤其是发展中国家和地区的大学,要承担起文化建设的重要使命,积极传承和创新民族传统文化,参与塑造全球多元文化新格局。

在全球化背景下,西方强势文化对发展中国家和地区的文化冲击更为明显,这无疑是对民族文化、传统文化的挑战。正如美国著名教育家阿特巴赫所言:"传统的学术中心变得更加强大,并且越来越集中于北方的英语国家(美国、英国、加拿大)和澳大利亚,以及欧盟中的大国(主要是德国和法国,某种程度上还包括意大利和西班牙)。中心国家的准则、价值观、语言、科学革命和知识产品主宰、挤压着其他观念和实践。"发展中国家和地区的高等教育在制度规范、价值观念、课程标准、教学语言等层面,都会受到西方主流文化的冲击。这种制度、思想和文化冲击,正是前面所说的全球化对高等教育的隐性影响之一。在此情况下,大学要担负起传承和创新民族文化、建设与时俱进的先进文化的神圣使命和职能,积极参与建立一种超越西方中心论的多元化文化新格局,形成世界各民族文化同生共荣的文化生态。"第三世界大学在广泛吸纳西方学术资源的同时,也应当继续承担民族文化传统(不仅是精英文化,也包括草根文化)挖掘、整理、保存、传播和研究的职责,在频繁的国际学术交流与合作中,在全球文化相互交融的背景下,来弘扬、丰富民族文化传统。也唯有如此,大学才不至于沦为西方文化殖民的媒介,大学内部的学术创新也因为植根于丰厚的民族文化土壤而展现出勃勃的生机与活力。"中国的大学也应如此。中国的大学只有既注重融会中西大学精神,又保持自身的民族特色,坚持和加强高等教育在思想、学术、文化、教育上的独立性和自主性,才不会沦为西方大学的附庸。

四、全球化与高等教育的应对

全球化对世界各地高等教育的影响各不相同。中国作为发展中国家的一员，随着自身在国际政治、经济、军事、文化等方面作用的加强，高等教育体系在全球化进程中的参与度也会逐渐加深。全球化在给高等教育发展带来诸多机遇的同时，也带来了诸多挑战。目前高等教育的许多理念、政策、管理、机制等仍然落后于日益开放的社会。如何进行高等教育改革，大力提高中国的高等教育竞争力，由高等教育大国转变为高等教育强国，已成为全球化背景下中国高等教育面临的首要问题。

（一）要转变政府角色，更多地发挥政府宏观引导和统筹治理的职能

一方面，转变政府角色，调整政府在高等教育中的责任和调控方式。全球化所带来的世界市场体系的开放、自由选择以及关注效率等特点，使各民族国家纷纷重新回归竞争主义和市场原则，政府的角色也进行了重新调整和定位，政府成为全球竞争型政府，公共部门纷纷进行市场化改革，即运用"私有领域"或市场的概念、原则和做法，来运营公共事业和公共部门，其目标是要使公共服务变得更适应市场和社会需要。"国家和高等教育关系的重新建构是民族国家因应全球竞争形势的必然选择。"全球化对高等教育组织生存环境的影响，使国家需要重新定位自己对高等教育的角色和调控方式，政府由原来的控制模式转变为治理模式，由服务的提供者转变为发动和引导市场和民间力量参与高等教育的提供者，政府要肩负起高等教育的统筹者、监控者和服务质量的操控者的职责。在全球化背景下，受制于内外部的压力，政府的选择要有退有进，退主要表现为在资助和提供两个领域的退出，进则表现在管理方式的转换，在引入市场主义的理念和原则以提升效率和质量的同时，为自己保持少而精的控制性环节，实现执数点而驭全局、以少制多。比如，从几乎全面地统筹所有的工作，到决定在哪一个领域，由谁来做。

另一方面，加强政府以政策调整来宏观引导高等教育发展的职能。为适应全球化背景下高等教育发展的要求，政府要有意识、有组织、有计划地对高等教育发展做出必要的调整。为了确保国家高等教育不会因为全球化带来的短期不平衡调整而出现误解和混乱，必须制定明确的国家政策。它的制定和改革机制应当既能评估高等教育系统的整体表现，又具有远见的策略和可信度，应当是渐进的，实施重点突破策略，及时解决国际化进程中的新问题。国家还要制定教育发展战略，对高等教育微观领域进行变革，让高等教育更好地适应全球化的发展趋势。正如有的学者所言，要使"一种真正的多元化的教育能够问世，务必重新考虑教

育目标,改变传统学校的教学内容和计划,设想新的教育方式,并鼓励新一代教师、学生的出现"。此外,国家制定的高等教育发展政策、法规,必须兼顾效率和公平,关注高等教育发展的不均衡问题。

(二)要建立和完善高等教育市场体制,适应国际高等教育市场规则

为适应中国加入WTO和培育高等教育市场的新形势,需要不断完善有关高等教育市场的法律法规,以解决高等教育市场开放后可能出现的新问题。要改进和完善《高等教育法》,保证高等院校享有充分的办学自主权,把招生计划、专业设置、收费标准、干部任免、人事调动、弹性学制等权力下放给学校,为高等院校灵活地参与全球化竞争提供便利。

(三)要实行开放的多元化办学体制

在全球化背景下,大众化教育的迅速发展使得仅仅依靠政府投资办高等教育已力不从心。因此,必须建立开放的多元化办学投资体制,即以公办学校为主,积极鼓励民办教育、民办公助、中外合作办学等,尤其要积极借鉴国外大学先进经验,通过政策、资金等措施大力扶持民办教育的健康积极发展,使之成为公办教育的有益补充。在高等教育投资渠道上,除政府投入外,也要积极鼓励社会、企业和个人投资。

(四)要建立高等教育质量认证和评价监督体系

在全球化背景下,高层次人才的跨国服务与市场占领,迫切需要中国建立与国际接轨的质量认证制度。我们要积极参加有关国际组织的认证和评估,坚持采用国际通用和世界公认的质量标准来严格控制教育教学过程的各个环节,严格考核教育教学质量和人才培养质量,力争使中国的教育水平和人才培养质量得到国际社会的认可,增强中国学位证书在世界范围内的通行性。此外,科学的评价监督机制应该成为政府管理高等学校的主要手段。要积极改革现有的评价监督机制,增强评价机制的多样性和灵活性,使评价更加公正合理、客观真实,有效监控高等院校的办学方向、办学思想、办学水平和教育质量,从而促进高校朝着市场化、法规化的轨道迈进。

第三节 高等教育学的发展

长期以来,关于高等教育研究是领域还是学科,一直存有争议。于是出现了同样是高等教育研究,在以美国为代表的西方国家作为领域的高等教育研究和在中国作为学科的高等教育学共存的局面。

以美国为代表的西方国家的学者普遍认为，高等教育研究只是作为一个多学科、跨学科的研究领域而存在，并不是一门独立的学科。"高等教育研究确实是一个跨学科研究领域。它将不会成为一个单独的科学学科。"这个结论可以看成是对50年来高等教育研究是不是一个学科的争论的一个总结，实际上这也是北美学术界的主流看法。在以美国为代表的西方国家大学里，高等教育研究无须成为一个学科，只要问题存在、社会需要、有学者愿意做，就一样可以得到经费、编制、机构等社会层面的建制，就可以开展相关的研究，并通过开设课程培养学生。在这种大的制度背景下，在问题意识导向下，西方国家关于高等教育的研究，以院校发展为核心，以实证为工具，对于学科的诉求一直偏少，对体系的有意识建构少有兴趣。而在中国，高等教育学成为一门独立的学科，已经获得了学界的普遍认同。许多学者将高等教育研究作为一门学科来建设，试图建立独立建制的高等教育学学科，并认为中国的高等教育研究一开始便是作为一门学科来建制的。潘撒元先生认为，按照衡量一门学问是不是学科的标准，"高等教育学有其独立的不可替代的研究对象，目前高等教育学也有其比较成熟的理论体系，但高等教育学和整个教育学的发展相似，缺少专门术语和特有的、独特的方法论体系。因此，从严格意义上说，高等教育学是一种特定的研究领域，是正在走向成熟的学科"。刘海峰教授认为，"在中国，高等教育学既是自成体系的学科，同时也是高度开放的研究领域。

一、高等教育学的发展历程

（一）西方高等教育研究的发展

西方高等教育研究起步较早，在近代已经出现。自18世纪末19世纪初开始，西方国家相继出版了一些高水平的高等教育研究的理论著作和文献，比如，1798年德国康德的《学部冲突》、1802—1805年英国克里斯蒂·梅纳斯完成的《世界高等教育产生与发展的历史》、1852年英国纽曼的《大学的理想》、1892年赫胥黎的《科学与教育》、俄国皮洛戈夫的《大学问题》、1905年美国哈帕的《高等教育的倾向》以及英国费希尔的《大学在国家生活中的地位》等。20世纪50年代以后，西方高等教育研究进入拓展和蓬勃发展时期，不仅建立起一系列专门的高等教育研究机构，高等教育研究队伍走向专业化，而且高等教育研究课程开始进入大学，形成了高等教育专业人才培养体系，研究成果大量增加，多学科问题研究范式正式确立，高等教育研究逐渐形成专门的研究领域。联合国教科文组织设立了"高等教育局"，欧盟诸国组建了"高等教育中心"，世界各国也纷纷成立了各类国家、地方和校级高等教育研究协会和组织。与此同时，许多国家在高等院校设立了高等教育专业，以培养高等教育专业人才。

（二）高等教育学的发展

高等教育学是高等教育发展到一定历史阶段的产物，其"学科发展走的是一条事实在先、理论随后之路，是被高等教育事业的发展推动前进的"。中国的高等教育研究经历了从一般的高等教育研究到高等教育学理论建构的过程。

中国现代意义上的高等教育始于1898年建立的京师大学堂，因此，中国现代意义上的高等教育研究也始于清末。"中国的高等教育研究可以从清末算起，至今已逾百年。当时，梁启超、张之洞、盛宣怀等都从不同角度提出一些关于高等教育的看法和主张。"当时《中华教育界》《教育杂志》《东方杂志》等刊物上时常刊发高水平的高等教育研究论文，如庄启1912年发表的《论大学学位及学凭之颁给》、沈步洲1913年发表的《大学课程刍议》以及蔡元培的一些论文和演说。民国时期，随着留学人员的增多，欧洲大学对中国的影响加深，中国出版了一系列高等教育研究论文和著作，如1924年余毅公的《兴学救国》、1925年《教育杂志》社出版的《大学校之教育》论文集、1927年舒新城的《中国近代留学史》、1929年郑若谷的《明日之大学教育》论文集以及1933年孟承现的《大学教育》等。此外，还翻译出版了一些国外专著，如1928年谢冰翻译的《大学之行政》、1932年郑若谷翻译的《大学教育新论》、1933年洪秋雨翻译的《欧美大学生活》、1945年许孟瀛翻译的《演变中之大学教育》，以及1948年檀仁梅的译著《美国大学课程的改造》等。新中国成立后，1953年原高等教育部出版了中国第一本高等教育期刊《高等教育通讯》，1957年厦门大学教育学教研室编写了全国交流材料《高等学校教育学讲义》。之后，高等教育学的研究进入停滞状态，直到20世纪70年代末。1978年，厦门大学成立中国第一个正规的高等教育研究机构"厦门大学高等教育科学研究室"。1981年，厦门大学高等教育科学研究所招收中国第一届硕士研究生，1986年该所又招收中国第一届博士研究生。总之，中国最初的高等教育研究通常是对一些高等教育问题的议论和建议，后来便有一些高等教育史或大学史的总结和回顾。随着高等教育研究论著的增多，实际上它已逐渐成为一个研究领域。虽然在高等教育学科形成以前，早就存在一般意义上的高等教育研究，但这些研究毕竟不够系统，只有在正式提出"高等教育学"的概念以后，中国的高等教育研究才走向理论化和系统化，并促使研究出现飞跃。在中国，最早提出高等教育学概念的是著名高等教育学家潘懋元先生，他在20世纪50年代就提出了"高等学校教育学"的概念，并对之进行了研究。

20世纪80年代初，中国高等教育研究发展为一门独立的学科，成为"高等教育学"，主要标志性事件有：1983年，国务院学位委员会颁布的学科专业目录将高等教育学确认为教育学下面的二级学科，并且批准在高等院校设立高等教育学的硕士、博士学位授予点；同年5月，高等教育学会成立，到20世纪80年代末，高等教育学会已接纳了近50个团体会员，全国共有约1000个高等教育研究机构，专职研究人员有数千人，编辑出版的高等教育研究类刊物数百种，每年发表论文几万篇；同年，人民教育出版社和福建教育出版社联合出版了潘懋元先生的著作《高等教育学讲座》。1984年，潘懋元先生主编的中国第一本《高等教育学》由人民教育出版社出版，这标志着中国高等教育学学科体系初步建立，从此高等教育学的学科建设问题受到了高等教育学界的普遍关注。此后，学者们就高等教育学的概念体系、研究对象、学科性质、学科结构、研究方法、逻辑体系等学科建设的基本问题开展了广泛而深入的理论探讨，取得了丰硕的成果，出版了一系列高等教育学著作。比如，郑启明和薛天祥主编的《高等教育学》(1985年)、任宇编写的《高等教育学选讲》(1986年)、中央教育行政学院主编的《高等教育原理》(1988年)、田建国编著的《高等教育学》(1990年)以及眭依凡等人著的《高等教育学》(1991年)等。1992年以后，又陆续召开了数届"高等教育学学科建设研讨会"，并成立了高等教育学会高等教育学专业委员会，带动了高等教育学理论体系的进一步发展。21世纪以来，高等教育学的发展日渐成熟和繁荣，高等教育研究机构不断增多，研究人员的数量和专业化水平不断提高，硕士、博士点不断增多，研究成果的数量和质量也有了较大的提高。截至2011年11月，高等教育学会共有单位会员和分支机构123个，全国共有上千个高等教育研究机构，专职研究人员有数千人，编辑出版的高等教育研究类刊物数百种，每年发表论文数万篇。

可见，比较而言，虽然在以美国为代表的西方国家，高等教育以领域的名义获得建制，但研究历史长、代表人物多、经典著作多，只是出于学术的自觉，由于尚未形成完善的体系，一直未称之为学科。在中国，虽然形式上高等教育已经被政府设置为学科，但在学术层面，中国的高等教育研究还很不成熟，缺少经典性的著作、成熟的体系，因此，其学科制度化的进程比称为"领域"的西方国家的高等教育学科制度化进程更为漫长，与真正意义上的学科还相差甚远。如果将整个高等教育学科制度化视为一个长期过程，西方国家的高等教育研究比中国的高等教育学距离真正意义上的学科更近。

二、高等教育学的研究对象

高等教育学研究对象的特殊性：即高等教育学有其独特的、不可替代的研究对象，这也是高等教育学成为一门独立、特殊学科的基础。我们认为，高等教育学是研究高等教育现象、揭示高等教育特殊矛盾和基本规律的一门学科。此外，上述对高等教育学研究对象认识的变化，也反映出自20世纪80年代以来中国学者对高等教育学学科定位认识的变迁过程：高等教育学的学科定位，经历了由20世纪80年代关注高等教育基本问题的"高等学校教学之学"，到20世纪90年代以来关注高等教育整体发展的"高等教育之学"，再到当前将高等教育学定位为"高深学问传播与探究之学"的观点的出现，高等教育学的学科定位研究进入了第三个阶段。

三、高等教育学的学科性质

关于高等教育学的学科性质，目前学术界也存在不同的认识。王伟廉先生将其归纳为两类：一类是从学科门类这一角度来考虑，高等教育学应当属于基础学科还是应用学科，抑或属于技术性学科，分歧主要在于应以哪种性质为主；另一类是从理论性与实用性这一角度来考虑，高等教育学应主要进行理论研究，找出规律，对教育实践进行间接指导，还是应主要以解决现实问题为主旨，对各类高等学校的实践工作给予直接的指导。有学者将其归纳为以下四种观点：

（一）高等教育学是"应用学科"说

这种观点认为，高等教育学是一门综合性、实践性很强的应用学科。因为普通教育学在客观上已经为高等教育学奠定了较为坚实的理论基础，如果高等教育学也同普通教育学一样作为平行学科，以探讨教育基本理论为主，就难免会出现重复，高等教育学学科发展的基本目的在于解决实际问题。

（二）高等教育学"主要是应用学科"说

这种观点认为，高等教育学基本上属于应用学科，其任务在于应用教育学的基本理论和教育科学中的技术理论以及相应的方法和技术，来认识和解决高等教育中的各种问题。但由于当前作为高等教育学基础的各门教育学科的不成熟性和不完善性，它同时还要进行一部分基础理论研究。此外，高等教育学已分化出了许多分支学科，如高等教育史、高等教育经济学、高等教育社会学等，而且分化的速度还在加快。相对于分支学科而言，高等教育学具有基础性学科的性质；相对于普通教育学而言，它更多地具有应用学科的性质。就此而言，高等教育学主要是应用学科。

（三）高等教育学是"应用理论学科"说

这种观点认为，在教育科学体系这个大框架中，高等教育学作为教育学的一门分支学科，是在纵向上将教育学的一般原理应用于高等教育研究领域之中而产生的对高等教育的特殊认识结果，因而是一门应用学科。从另一个角度看，高等教育学虽然是教育基本理论的一门应用学科，但它确实是从理论到实践、从抽象到具体之间的认识长链中的一个环节，并且仍然属于其中的理论环节，而不是实际操作环节。高等教育学需要关注高等教育的基本概念和理论体系的构建，是在高等教育认识领域中对教育基本理论的扬弃和动态发展。因此，高等教育学是应用理论学科。

（四）高等教育学的"学科性质具有相对性"说

这种观点认为，高等教育学相对于教育学而言，是一门理论性较强的应用学科，是研究高等教育特殊规律和高级专门人才培养规律的学科；相对于它的分支学科而言，是一门应用性较强的基础学科，它有比较系统的现代高等教育理论，对其他高等教育分支学科有较强的指导作用。

潘撒元先生曾概括说："高等教育学就其总体说，它是一门应用性学科，而就其研究任务说，既有应用教育基本理论以认识高等教育现象、解决高等教育问题的任务，又有以其研究成果来丰富和发展教育基本理论的作用。高等教育的研究工作，大量的应是应用性、开发性的研究，但也必须重视理论研究，包括应用性理论和基本理论研究。"

第四节　大学校园文化建设

大学就其本质而言，乃是一种功能独特的文化组织，文化性是其根本属性。大学不仅仅是探究高深知识的学问之府，更是具有高雅品位的文化之府。办大学，就某种意义而言，乃是办一种文化。大学文化是大学的核心竞争力，是提升高等教育质量的核心要素。

一、关于"大学文化"

原国家教委高等教育发展研究中心主任王冀生在其撰写的《大学文化的科学内涵》一文中提出：大学文化是大学在长期办学实践的基础上，经过历史的积淀、自身的努力和外部环境的影响，逐步形成的一种独特的社会文化形态。

原清华大学校长顾秉林教授认为：从广义上讲，大学文化包括大学精神、大学环境、大学制度等方方面面的整个大学教育；从狭义上讲，大学文化主要是指大学精神，强调大学师生的科学素养和人文精神，表现为一种共同的行为准则。

中国科学技术协会副主席杨福家在《大学的使命与文化内涵》一文中指出："大学之所以称之为大学，关键在于它的文化存在和精神存在。大学文化是追求真理的文化，是严谨求实的文化，是追求理想和人生抱负的文化，是崇尚学术自由的文化，是提倡理论联系实际的文化，是崇尚道德的文化，是大度包容的文化，是具有强烈批判精神的文化。"

美国高等教育家克拉克从整个高等教育系统出发，纵向地考察高等教育系统不同的文化类型，把大学文化作为高等教育系统文化中的一个类型。他认为，高等教育系统文化是"产生于或完整系统地存在于学术系统内的那些自我确定的观念和信念"。

福尔德从文化变革的角度分析，认为大学文化是渗透到机构的每个方面的制度化生活的共有方式。大学文化通过共同的价值观、信念、原则、符号、传统和习俗表现出来，它们渗透并塑造大学结构、内外部交流的各方面以及对形势、事件和变化的反应。

大学文化是人类社会长期累积的优秀文化的缩影，是大学发展历史过程中实现"人化"与"化人"的唯物的、辩证统一的过程与结果。这是对"大学文化"应有的基本理解，也是我们整个大学文化观的基石。大学文化是一种追求真理、崇尚学术、严谨求实的文化，是一所大学赖以生存、发展的重要根基和血脉，也是大学间相互区别的重要标志和特征。大学文化作为群体认同的一种社会规范和意识形态，育人功能是大学文化的本体功能。"文"是育人的核心内容，"化"是育人的基本方法。大学文化主要包括大学物质文化、大学精神文化、大学制度文化和大学行为文化四个方面。

大学物质文化，是大学文化的物质形态和综合实力的重要标志。大学物质文化的内涵十分丰富，是指由大学教育教学物质条件构成、能被人们感觉到的客观存在的实体文化或物质形态的文化。大学物质文化积淀着历史、传统和社会的价值，蕴涵着巨大的潜在教育意义。

大学精神文化，是大学文化的内核和最高表现形式，是大学在长期的发展过程中形成的独特气质和价值规范体系。大学精神作为一所大学整体面貌、水平、特色、声誉及凝聚力、感召力和生命力的体现，是大学行为的最高准则。大学精神文化是基于对大学本质、大学特色、大学品牌、大学办学规律以及大学人对社会政治、经济、科技、文化、教育等的深度认知，在办学实践中所形成的一系列价值观念和行为规范，是一所大学整体面貌、水平、特色、声誉及凝聚力、感召力、发展力和生命力的集中体现。

大学制度文化，是为了实现其目标而建立的关于大学管理与运行的规则体系，是以大学的学术性本质为依据确定的大学存在与发展的规则体系。大学制度文化作为大学人共同价值追求与行为规范的集中体现，渗透在大学生活的方方面面，或强制、或潜移默化地影响和制约着大学人的思维、行为，对保证大学实现自身的目标与理念、发挥其强大的育人功能，起着至关重要的作用。

大学行为文化，是在大学长期发展过程中形成的、并通过大学各主体的行为方式和行为习惯而展示出来的文化形态的总和。大学行为文化是大学文化的晴雨表和大学的"活文化"，是大学师生员工在大学内进行各种活动时的动态反映，主要通过领导者的领导作风、教师的示范作用和大学生的文明素养等方式表现出来。

在大学文化中，物质文化、精神文化、制度文化和行为文化四个维度之间是不可分割、相辅相成的。大学物质文化是载体与基础，大学精神文化是灵魂与核心，大学制度文化是条件与保障，大学行为文化是体现与结果，四者在交融互动中共同促进大学文化形成丰富深刻的内涵和创新进取的品质。

二、大学文化的价值取向

伴随着知识经济的兴盛，大学已由社会的边缘进入社会的中心，大学的发展越来越引起社会、政府、民众以及大学自身的普遍关注。除教学与科研之外，大学的社会服务职能日渐凸显。尤其在新时期，大学还应当承担文化的传承与创新职能。在高等教育面向市场的背景下，牢固把握大学作为社会文化组织的文化属性，理性分析现代大学文化的价值取向，促进大学的和谐发展，显得尤为迫切和重要。

（一）维护大学自治，促进和谐发展

所谓"大学自治"，是指大学作为社会法人机构，不受政府、教会或其他机构的控制或干预，能够独立地决定自身的发展目标和计划，并付诸实施。在中国，"大学自治"的同义词是"办学自主权"。事实上，无论中外，大学的发展是不可能完全不受外部支配与干涉的，因而只能在一定程度上做到维护大学自治，行使大学办学自主权。这是大学按照自身的逻辑正常发展所必需的，是秉承大学高雅品格、引领社会文化发展的权力保障。

现代大学既是人才输出和科研创新的重要基地，也是先进文化的创造与传播阵地，在建设和谐社会中具有不可替代的重要作用。现代大学作为传承知识、创新知识、播撒文明的教育圣地，其所坚持的大学文化，对社会文化起着示范和引领作用，是人类社会文明发展的"灯塔"。在中国，彰显大学文化，确立和谐理念，是建设和谐大学的要求，也是构建社会主义和谐社会的需要。

（二）坚守学术自由，彰显卓越意识

《世界高等教育宣言》庄严宣告：大学自治和学术自由是21世纪大学发展的永恒原则。"学术自由"根源于"思想自由"，是一种古老而富有生命力的大学文化。大学作为学问之府，从其产生之日起，就不是消极地顺应社会，而是对社会发挥着批判、监督、匡正和导向的作用，它不断地超越社会现实，不断地孕育和产生新的思想。以新的思想引导社会，以新的人才和新的知识成果服务社会，历来是大学的神圣使命。"学术自由、文化创新、真理至上"是大学精神的根本体现。现代大学不能仅仅满足于文化和思想的继承和传播，而且要凸显出强烈的卓越意识。大学不仅传递文化，更重要的是通过选择、批判和创新文化，使大学成为社会"新文化"的生长点，并通过培养大量的具有创新意识和创造能力的人才，对传统的和现有的规则进行批判与挑战，以此推动社会发展。

现代大学追求卓越，鼓励学生的探究精神，尊重学生的创新个性。这种理论和实践可以锻炼学生的心智和思维方式，对学生的影响举足轻重。大学生的学术

研究活动是大学教学活动不可或缺的组成部分，具有重要的教育价值。

（三）凸显人文关怀，塑造健全人格

"人文关怀"的实质，是对人的关怀。"人文"是一个内涵极其丰富的概念，它与人的价值、人的尊严、人的独立人格、人的个性、人的生存和生活及其意义、人的理想和人的命运等密切相关。大学的根本使命是培养人，它的立足点和归宿是人，它最终的目标是解放人、发展人、完善人。大学作为促进人与社会发展的特殊途径和特定场所，它不仅要产生思想和学问，还要给社会提供道德理想；不仅要培养负责任的、合格的公民，还要给社会提供实践的行为模式。因此，真正的人文理性重建的基点应该是在充满希望的大学之中。

那么，大学如何卓有成效地凸显人文关怀、塑造健全人格呢？首先，要在思想观念上正确认识人文教育的价值。人文教育重在通过掌握人文知识，获得处理人类自身内部关系的能力，以达到改造人的精神世界，并指导人们运用正确的价值准则去认识和改造物质世界的目的。其次，大学必须推进通识教育，培养高素质人才。为此，应将通识教育与专业教育有机结合、人文教育与科学教育相互渗透。最后，要营造充满人文情怀的校园环境。良好的校园环境可以使学生净化灵魂、升华人格、完善自我，可以使学生感受到有催人奋进的动力和与时俱进的精神在时刻激励着自己。

（四）倡导科学精神，提高创新能力

科学的精神，就是求真的精神。科学的目的是去伪存真，科学精神的本质是怀疑，有怀疑才能推动科学不断进步。大学生是国家宝贵的人才资源，是各行各业不断向前推进的生力军和接班人。学校在培养他们具有一定的人文素养的同时，也应该使他们具有较高的科学素养，培养他们养成高远的科学视界、理性的科学精神、严谨的科学态度、敏捷的科学思维，激发他们的创新热情。

在当今知识经济时代，高等教育已进入知识经济社会发展的中心。知识经济的核心是科技，关键是人才，基础是教育。在一个以智能投入为基础的社会里，财富积累、经济增长、社会进步和个人发展，都离不开知识。经济全球化促生了一种新的教育理念：人才是社会第一位战略资源，科学技术是第一生产力，并与经济文化紧密相连，科学技术具有意识形态功能，信息和精神是可再生性资源，素质和能力是可创新性财富，能够提升科学知识的艺术化。因此，更新理念、强化学生素质提高及能力培养，是科学教育与教学改革的关键。

（五）崇尚多元文化，追求文化认同

大学对社会的文化建设具有强烈的辐射功能、示范功能和批判功能。如何发挥这些功能使大学成为文化建设的中心与源泉，已成为高等学校义不容辞的责任。要提高高等教育的文化自觉，首先，必须重视并加强文化建设。大学是传承文化、

实践文化与创造文化的重要场所，理应发挥其文化优势，不断提升文化品位，更好地发挥其对社会文化的引领作用。其次，要尊重并融合多元文化，建设和谐文化。和谐文化是尊重差异、包容多样的文化，而不是摒弃异己、简单划一的文化。建设和谐文化是建设和谐社会的内在要求，也是建设和谐大学的必然需要。高等教育的发展历史，始终是多种文化形态相互碰撞、相互融合、相互促进的过程，建设和谐文化要求我们要理性地审视多元文化的存在及其相互关系，把握好本民族文化与其他民族文化之间的关系，倡导一种求同存异、兼容并蓄的文化环境与氛围，不断增强文化发展的生机与活力。

三、大学文化与社会文化

大学文化是社会文化的重要组成部分，社会文化的整体氛围对大学文化的发生、发展产生着重要影响；反过来，大学文化作为社会文化的一部分，二者的关系越来越密切。特别是随着大学逐步进入社会的中心，大学文化对社会文化的影响也越来越凸显。大学文化通过对社会文化的影响最终影响了社会发展的进程。

（一）大学文化对社会文化的引领作用

大学的发展历史，就是一部对真理不断探索与追求的历史，也正是对真理的不断探索与追求，推动了大学的发展，实现了大学文化对社会文化的不断超越，更好地彰显了大学的职能与责任。大学正是通过对真理的理性探究，孕育出新的思想，不断丰富社会文化的内涵，引领社会文化的发展。大学具有不断创新的内在特质，这是由大学对于高深知识无止境的探索所决定的。因此，大学文化也具有不断创新的本质，正如鲁迅先生常讲的，北大是常新的，实际上讲的就是大学的文化是常新的。大学文化的这种创新性，对社会文化有一种风向标的作用，使大学成为社会的思想高地，大学文化由此担负起引领社会文化的职责。在进入知识经济时代的今天，大学正成为经济社会的中心，成为科技创新、经济发展的动力源，大学除了对社会的精神层面，还在科技层面、经济层面对社会产生着越来越重要的影响。因此，大学文化对社会文化的引领有了更可靠的保证和基础。

（二）大学文化对社会文化的辐射作用

大学作为人才高地，通过发挥传承与创新职能，对社会文化具有强烈的辐射力。

首先，大学作为传承、研究和传播社会知识的机构，具有层次性、权威性和示范性强的特点，掌握着更多的话语权，也更能被社会所接受和认可。大学源源不断的新思想、新文化对于社会文化的影响正日益彰显。其次，大学的人才高地优势，也成为大学文化辐射社会文化的有力支撑。进入知识经济时代的今天，知识对于社会发展日益重要。大学教师都是通过教育、教学活动而向社会输出大学文化，而且由于大学对于学术研究的前沿性和深层次性，各种反映大学文化的观念、思想往往成为社会文化的主导力量。同时，大学通过各种形式的人才培训，为社会培养各类人才，特别是高层次人才。在培训的过程中，大学文化自然而然会通过人才的流动影响社会。在知识经济时代，无论是政府部门、企事业单位还是其他部门，担任重要管理岗位的人基本上都必须有受过大学教育的经历，才能适应日趋复杂和专业的职业需求，而通过这些人传播的大学文化对社会的影响更大。最后，大学和社区的结合正越来越紧密。在大学为社会服务发展到大学成为社会中心的今天，大学和社会、社区已经越来越不可分离。大学文化对这些地区的文化具有直接的影响和带动作用。

（三）大学文化对社会文化的批判作用

大学文化作为社会文化中的"亚文化"，其孕育与发展一方面要受到社会文化的制约，随着社会文化的变迁而变迁；另一方面，大学文化对社会文化又保持着自身应有的相对独立性，对社会文化的孕育与发展具有批判作用。1998年10月，世界高等教育大会主题报告《21世纪的高等教育：展望和行动》指出：高等教育及其师生应当完全独立和充分负责地就文化和社会等问题坦率地发表意见，成为社会的知识权威，以帮助社会去思考、理解和行动，通过不断分析社会、经济、文化和政治趋势，增强批判功能和前瞻功能。大学文化对社会文化的批判作用，就是大学这一文化组织基于自身的责任与使命，在传承社会文化的同时，反省与引导社会文化的发展，对其所处的环境进行审视、省察、修正、引导和规范。新时期，中国大学文化肩负着引领社会文化发展的历史重任，越是中西方文化碰撞交融的时代，我们越有必要认真研究我们的优秀传统文化，用开放的眼光和科学的态度去整理和研判，弃其糟粕，扬其精华，进一步丰富和发展自己的文化。唯其如此，才能真正有实力和能力参与国际文化的交流和竞争。

四、大学文化的特性与功能

大学从其诞生之日起就承担着"育人为本"的根本使命。大学文化的目的是"以文化人"。大学文化具有鲜明的特性和独特的功能。

（一）大学文化的特性

大学文化特性，是指大学文化所具有的独特品质。现代著名哲学家、教育家梁漱溟把文化的特性（文化对人的影响）直接概括为，"文化并非别的，乃是人类生活的样法，生活上抽象的样法是文化"。换言之，大学文化乃是培养人的沃土，这是对文化育人功能的深刻概括。具体而言，大学文化的特性主要体现在如下几个方面：

大学文化的主体是"人"。德国古典哲学家康德认为，文化就是指那些属于使人越来越远地摆脱动物界的人类内在的规定性。据此，我们可以合乎逻辑地认为，大学文化使人越来越成为真正意义上的"大学的人"。大学中的"人"包括教职员工、学生和管理者，而教师是办学的主体，是一所大学的声誉与象征；学生是教育的主体，大学的一切办学活动归根结底是为了培养学生成人、成才、成功。大学教师与学生相互作用，构成了尊师爱生、教学相长、民主平等的学术共同体。大学文化的实质问题是"大学人"的问题，大学文化实质上即是"大学人化"，是大学人自己的本质力量外化与对象化的创造结晶。

大学文化发展的动力，是外化与内化的辩证统一过程。大学人改造与变革大学的实践过程是大学文化外化的过程，也是一个逐步开发大学人知、情、意、行，彰显大学人求真、向善、审美、创新的生命特性，丰富大学人的办学理念、思维方式、审美情趣和价值取向，从而提高大学人的能力与素质，促进大学人的全面和谐发展的过程。大学人在创造了大学文化的同时，也在由自发到自觉地以文化塑造着大学人自己。

（二）大学文化的功能

对大学文化特性的分析，揭示出大学文化的目标是"以文化人"，即通过大学文化促进人的全面、自由、充分、和谐、健康的发展。大学文化的功能主要体现在如下几个方面：

导向功能。大学文化不是一种独立的物质形态，它依附在大学肌体之上，但又牵动和导引着这个肌体的思维和行动。大学文化决定着学生的发展方向，左右着学生的价值判断、思维方式和行为习惯，是每一个学生深层次的精神追求和严格要求的行为准则。引领学生寻找精神家园，追求大学的精神文化，能够对学生产生终生的影响。大学文化最重要的功能，就是引导大学在人才培养过程中秉持一定的价值取向。学校发展战略与办学定位、人才培养目标、规章制度、学术规范、教学体系、课程设置、教风学风以及教学方式方法等要素，都会受到这一核心价值观的影响和制约。

激励功能。大学文化的激励功能，是指当一种价值观被师生共同认可之后，就会成为一种黏合剂，从各个方面将其成员聚集和团结起来，从而产生一种巨大的向心力、凝聚力和推动力，激发出个体和群体无穷的能量，进而为了大学的使命和学校的声誉而开拓创新、勇往直前。如北京大学"爱国、民主、科学、创新"的精神，清华大学"厚德载物、自强不息、严谨求实"的精神，使得这两大学府一直放射着青春的光芒和魅力，激励着莘莘学子尚德求真、奋发图强。

价值认同功能。大学文化时时刻刻都在左右着师生的治学理念、价值判断、思维方式和行为习惯。大学生是通过文化过程认知和剖析社会现实，从而形成符合现实和社会发展需要的一定的价值观。大学文化从价值观上规范了学生的社会认知及社会需求层次,进而促成学生对自己行为的约束和调控。大学是一个社会组织,大学文化是组织内部全体成员都自觉崇尚并认真践行的"座右铭"。

情感陶冶功能。教育旨在激发人的力量,而大学内在的不可替代的教育力量,乃在于其文化影响。大学文化对学生的影响具有潜在性、深刻性和持久性的特点。大学对学生真正有价值的东西,除了知识之外,便是它周围的生活和环境,大学生正是在其所处的文化氛围中接受文化的沐浴、情操的陶冶、道德的洗礼和人格的升华。大学文化的价值,就在于通过文化氛围陶冶大学生的心灵,使其产生"蓬生麻中,不扶自直"的教育成效。2007年8月至2008年1月,笔者在哈佛大学访学期间,曾走访过不少学生。他们普遍认为,哈佛大学给予他们的不仅仅是与具体知识相联系的东西,还包括价值观、道德观、荣辱观、思维方式、行为习惯等,这些都不是某个人教给他们的,而是存在于哈佛大学浓郁的文化氛围之中。这种文化氛围弥漫在整个校园之内,潜移默化,耳濡目染,融入学生的心灵深处,奔腾于学生的血液之中。

五、大学文化的培育与建设

培育与建设大学文化,理应在美化大学物质文化,亮化大学精神文化,强化大学制度文化,优化大学行为文化四个方面狠下功夫。

(一)美化大学物质文化

大学物质文化作为大学文化的物质形态,既是大学精神文化的物质基础,也是大学综合实力的重要标志。大学物质文化所蕴涵的价值取向以不同方式直接或间接地影响师生的心理倾向和心理状态。良好的大学物质文化,可以增强师生的凝聚力和荣誉感,有利于形成全校上下心往一处想、劲往一处使的合力,这既是校园物质文化建设的成果,又是学校精神文明的反映。良好的校园布局、建筑风格、绿化美化以及环境中蕴涵的人文气息,是无声的育人载体,对于陶冶师生情操、启迪智慧、积淀高雅的大学文化,具有潜移默化的巨大作用。正所谓"一砖一瓦皆历史,一草一木总关情"。大学校园环境是花园式文明校园、师生迸发新思想的"畅想园"和塑造青年学子健康人格的乐园,是环境优美、格调高雅、人文与自然和谐、传统与现代交融的生态化大学校园,赋予了校园内包括楼宇馆厅、花草树木在内的建筑物、设施和环境以丰富的文化内涵,能够让墙壁说话,让草木含情,让校园的每个角落都散发出大学的荣耀历史、高尚品格和学问之府特有的庄严、神圣、凝重、肃穆,时时处处展现着现代大学的科学、文明与进步,充分发挥着校园环境陶冶性情、修身养性的功能。

1.美化大学物质文化的原则

整体性与地域性相结合的原则。校园物质文化是由不可分割的各组成部分有机结合的一个系统,加强校园物质文化建设,就是要追求一种有序的、有机的、优化的整体建设。但整体性不等于齐一性,校园物质文化建设要尽量体现多样性。由于文化背景、学校类型、办学规格、培养目标等因素的不同,也决定了校园物质文化的差异,这就要求我们在建设和营造校园物质文化时,要从本地本校的实际出发,根据自身的地域性特色进行建设,避免出现"千校一面"的局面。

协调性与持续性相结合的原则。为了使校园物质文化能够充分发挥作用,大学在对校园环境、设施、网络等物质方面进行规划时,要注重整体的协调性与一致性,不能为了追求特异而盲目搞建设,造成不伦不类和资源浪费的现象。同时,任何一所大学物质文化的形成,必然要经历一个比较稳定的倡导、追求、践行、凝练、再实践、升华、发扬光大的过程,这个过程可能是漫长的、复杂的和艰苦的,需要生生不息、代代相传,这就要求美化大学物质文化还要做到可持续发展。

2.美化大学物质文化的策略

大学物质文化作为精神文化的载体,是大学的历史传统、文化底蕴、精神内涵和个性追求的展现,真正反映着大学人的高尚品质、价值追求和个性特色。

(1) 校园规划建设要协调发展

校园规划要统一安排,长远设想,不能随意化。校园规划建设要协调发展,理应强调科学规划、遵循教育规律、彰显自身的风格和品位。

近年来,中国有不少大学面临着老校区的改造或新校区的建设。老校区的改造主要有两种情况:一是在老校园内就地扩容,二是在老校区周边征地扩建。无论哪种情况都必须进行战略规划,充分考虑与老校区的配合和周边的人文与社会环境,完善老校区的基础设施,改善老校区的面貌,做到功能互补、有机整合,使新旧建筑物在风格上协调一致。在大学新校区规划建设上,应把环境的生态效应、把自然环境与人的关系放在首位加以考虑,寻求人与自然的最佳状态,建筑等功用性项目的分布与格局则在追求最佳生态效应的基础上进行,从而实现"崇尚自然,优化环境"的规划理念。同时,学校的传统文化积淀必须传承,学校的理念和精神必须延续,要做到"文脉"不断,弘扬精神,强化特色。

(2) 人文景观要凸显标识性

大学的人文景观可以分为两类:其一,是"大学"所特有的标识。现在很多大学虽然建筑规划本身比较科学,设计上也注意自然氛围的营造,注重校园建筑的造型和空间布局,依山傍水,整体环境非常优美,但却缺少代表大学精神的标志性建筑或者其他明显的大学标识,让人难以把大学与其他单位的建筑区别开来,致使大学给人的印象是诸多现代化建筑物的集合或拼凑,却未能体现出大学应有的文化特质和独有的高雅品位;或者让人难以把大学校园与公园或风景区区分开来,学生置身其中虽然感受到了优美的风景或秀美的风光,但是却难以感受到大学的文化陶染和学府氛围。大学的人文景观给人的直观印象应该是"大学",给人的整体印象应该是书香四溢、德馨艺精的"学习和研究基地"。大学的标识和氛围,应该使置身其中的人心境宁静、超然,并不由自主地产生学习和研究的冲动,使置身其中的人非常渴望在此获得精神营养。其二,是具有学校文化特色的景观标识。差别形成特色,特色构成文化,文化是大学的名片。只有每所大学都具有自己的特色,才能给建设具有各自文化特色的校园文化景观提供丰富的规划设计前提和创作源泉;只有紧密围绕大学专业特点思考创新建设校园的景观,才能展现景观鲜明的文化特点,从而营造出文化育人的浓郁氛围。

个性化的校园文化建设应注意如下几点:第一,形式个性化。大学校园的规划、设计、布局、建筑要与学校的历史、文化特点相符合,与育人目标相一致,独具个性特色。如国防科技大学的新校门形似坚固雄伟的长城。第二,内容个性化。如北京航空航天大学校园人文景点建设在阐释北航优良传统、弘扬人文精神和科学精神、营造浓郁的校园人文氛围上下功夫,做到了每处景点都是精品,每座雕塑都精雕细刻,每处景观都有故事。第三,风格个性化。如东南大学老校区有一圆顶大礼堂的建筑,历史悠久,风格别致,展示了老牌大学的独特个性,让人追忆,让人畅想,发挥着鲜明的标识功能。

(3) 环境建设要有广阔开放的胸襟和发展的眼光

伴随着大学已由社会的边缘走向社会的中心,大学教育必须从传统的办学理念及校园空间组织模式中解脱出来,在校园环境的规划设计中,应有开放的胸襟与发展的眼光。一方面,大学要为社会服务并向社会开放;另一方面,大学的部分功能将逐步由社会承担,校园环境将不仅为教师、学生使用,还要为社区居民提供学习、娱乐、休闲等场所。

开放性的校园环境设计理论认为:大学与城市是一种互动关系,城市是大学的依托,大学也是促进城市经济、科学文化繁荣与发展的重要方面。大学要面向全体社会成员开放,包括设施与环境都要尽可能向社区开放。国际上一些具有开放性的大学大多根据校园广场所处的位置、环境、活动内容及对学校教育所起的作用不同,分为外向型和内向型广场,两者既有联系渗透,又有适当分隔。如美国的斯坦福大学以大学带动形成的科技园区就是学校与社会互动的最好例证。近年来,中国新建的大学科技园区,对校园环境的开放性提出了更高的要求,试图以开放的校园环境促进各学科间的交流、大学与城市的交流、大学与市民的交流,从而带动地区文化和经济的跃升,提高大学的核心竞争力。

(二) 亮化大学精神文化

大学必须把精神文化作为"文化育人"的切入点。大学精神文化是国家意志、社会趋势与学人精神相互融合的结晶。作为一种动力源泉,它是一种心理资源,是一种无形资产;作为一种规范力量,它又具体可感。优良而健康的大学精神一经形成，便会成为学校发展的坚强的生命底蕴，在教育活动中发挥价值导向、情感激励、行为规范的作用。学生身处这样的文化氛围里，就如同进入芝兰之室，受到潜移默化的影响和教育。因此，各大学要"结合每一学校的历史、传统、风格、特点和水平，认真总结、精心培育、积极宣传、身体力行一种大学精神"，去激励师生争先进位、干事创业。

1.亮化大学精神文化的原则

传承与创新相结合的原则。亮化大学精神文化，要重视大学自身的历史发展进程，总结大学在培养人才、发展科学等方面作出的贡献和办学特色，始终坚持和弘扬自己的优秀文化传统，由此透射出其独特的感染力、凝聚力和震撼力，陶冶和启迪一代又一代的师生，形成大学发展的强大生命力。同时，随着大学内外环境的变化，大学应该站在战略高度，展望未来，提出前瞻性的价值观，引导大学师生开拓新局面。

激励与约束相结合的原则。大学精神文化的核心是追求一种整体的优势，强调群体成员的信念和价值观念的共同性，从而对青年学生形成一种无形的向心力。内容丰富多彩的大学精神文化活动，可以为青年学生提供一个自我表现、自我认识、自我评价和自我教育的广阔空间。大学精神文化可以通过"文化优势"制定出一些非正式的、约定俗成的群体规范或共同的价值准则，如校风、教风、学风、班风等，对学生起到潜移默化的影响。

共性与个性相结合的原则。共性就是指大学所普遍具有的精神，个性则是指大学结合自身传统、地域文化、时代背景等所形成的独特价值追求和行为规范。共性是大学精神文化存在的依据，个性使大学在众多高校中凸显其鲜明风格和独特魅力。

2.亮化大学精神文化的策略

大学精神是一所大学最为核心和高度抽象的价值追求，是大学灵魂之所在，在大学的改革与发展中起着至关重要的作用。亮化大学精神文化，强化其育人功能，应从以下几方面着手：

（1）形成师生的文化认同

大学精神文化是大学文化的核心与精髓。创建与优化大学文化，首要任务在于培育和弘扬大学精神文化，形成广大师生的大学文化认同。大学是以传授高等知识、研究高深学问、培养高级人才、开发高新科技为主要内容的高投入教育机构，是知识的集散地、辐射源和创新基地，是人类追求文明进步的精神殿堂。承前启后、继往开来的不朽的大学精神，是大学出色地完成其历史使命的重要条件和保障。大学精神沁润在大学师生的思维与行为之中，体现在大学师生工作、学习与生活的各个方面，塑造着大学师生的理想与人格，培育着大学师生的聪明和才智，成为大学师生的良心、品质与气节，对大学师生具有指引、熏陶、规范乃至强制作用，激励大学师生奋发图强、开拓进取，实现人生的理想与价值。

（2）提炼精神文化特色

大学精神文化不是千人一面、僵化统一的标准答案，而是建立在教育本质和办学规律等普遍共性基础上而又自成风格、独树一帜的个性表达。要建设大学精神文化，就要整合各种大学传统文化、社会文化和外来文化，实现大学精神文化的创新与发展。在高等教育分层、分类发展的呼声越来越高的今天，不同类型、层次、地域和服务不同行业、区域的大学必须正视自己的历史、现状和肩负的使命，形成个性化的文化理念和办学特色。

提炼精神文化特色，首先要确立特定的理想信念。一所大学的理想信念是大学精神文化的集中表现，它标示的不仅仅是大学的发展方向与目标，更重要的是全校师生员工的价值追求。价值取向与目标必须是所有的师生员工所共同接受的、普遍认同的。只有这样，大家才能共同遵循。价值取向具有未来指向性，是领导者引导被管理者共同努力追求未来新成果的指导原则。因此，价值取向的确立必须具有发展性、时代性、创新性。

（3）营造宽松和谐的大学精神文化氛围

特定的大学文化氛围能熏陶出特定的群体个性，而特定的群体个性又透露和折射出特定的大学精神。因此，亮化大学精神文化，形成大学精神文化特色并发挥其育人功能，需要宽松和谐的文化氛围的支撑。这种文化氛围要为学术自由提供广阔的空间。宽松和谐的文化氛围就在于"学术研究无禁区"，给人提供一种自由的学术环境。包容、自由精神是校园各要素和谐相处的前提与"溶剂"。"万物并育而不相害，道并行而不相悖"，包容、自由精神是大学精神文化的灵魂之所在。蔡元培指出："大学者，囊括大典、网罗众家之学府也。"正如他在北大任校长时那样，对各种学派，依循思想自由之原则，兼容并包。海纳百川的大度与百花齐放、百家争鸣的自由精神，其实就是一种直面真善美和假恶丑的气度，大学作为社会精华浓缩的特殊存在，只有拥有这种气度，才可能让大学校园的一切归位于和谐的范畴。

在高等教育面向市场背景下，亮化大学精神文化，我们必须理性认识和处理好如下几个关系：一是正本清源，处理好市场目的与高等教育目的之间的关系。高等教育的目的是培养人，而且由于其自身的特殊性，高等教育育人的最高准则不仅在于工具层面的"实用"，更重要的是使人的生活更有意义，使人的才能得以更充分的发挥，使人的尊严、人格、权利、自由等得到保证。二是科学定位，处理好市场经济规律与高等教育规律之间的关系。高等教育要借鉴市场经济规律，引入市场机制，以"市场需求"作为配置教育资源的有效手段。同时，高等教育也要坚持自身的相对独立性，要清醒地认识到市场经济规律对高等教育改革与发展所带来的负面影响甚至阻滞作用。要牢牢把握并遵循高等教育发展的客观规律和运行规则。大学在正视市场、适应市场的同时，也要解剖市场、超越市场。三是秉持理念，处理好服务社会与大学品格之间的关系。大学作为探索高深学问的机构，从其产生之日起，就有其自身的"品格"。它不是消极地顺应社会，而是对社会发挥着批判、监督和导向等作用。大学精神既是社会主流文化的产物，又是社会主流文化的引导者和先进文化的创造者。大学应该通过发挥自身的知识优势和科技资源为社会服务，同时，在服务社会过程中获取资源和支持，实现互动双赢。大学还应遵循自身发展的客观规律，追求真理、创新知识，不断超越社会现实，保持自己的独立性和批判性，孕育和产生新思想。四是深度把握，处理好竞争机制与人文关怀之间的关系。大学应该以人文关怀为出发点，以个性服务为基础，通过科学管理，形成公平、公正、合理、有序的激励与评价机制，把教师的积极性、主动性和创造性充分发挥出来，创设一种和谐、宽松、自由的发展环境。大学在建立与完善教师评价指标体系的同时，还要妥善处理好教师的显性工作与隐性工作、定量与定性、结果与过程的关系，防止不正当竞争，在不断提高教师教学与学术水平的过程中促进大学的可持续发展。

（三）强化大学制度文化

大学制度文化，作为大学制度积淀于人的内心而形成的认知与习惯，是在大学及大学人具体的行为中反映出来的价值观念和行为方式。大学制度文化通过营造一定的道德和行为氛围，为大学人评定自己的行为、品质和人格等方面提供了内在尺度，并用这种尺度规范自己的行为，进而促进大学人的全面发展。只有当规章制度这种外显文化"内化"为集体成员的"内隐文化"时，才算真正发挥了大学制度文化的育人功能。

1.强化大学制度文化的原则

人本性与人文性相结合的原则。"文化的创造在于立人，文化的发展在于发展人"。人本性原则就是要从维护好、实现好、发展好大学学生、教师最根本利益的高度出发，在立足师生的思想实际和学习工作实际的基础上，有针对性地解决师生员工普遍关心的问题，确保师生员工的思想稳定，以利于更好地学习和工作。同时，还要较好地融入这所大学的理念、精神与使命，充分体现人性化管理，构建厚重的文化平台。

一元化与多元化相结合的原则。在经济全球化、政治多极化的背景下，多元文化、多元价值观念不断涌入大学，大学文化呈现出历史性和时代性、本土化与外域化、传统性与现代性并存的特征。面对丰富多样的大学文化的多元发展趋势，强化大学制度文化必须既坚持社会主义核心价值体系的一元化统领，为大学制度文化提供科学指南；又要坚持使多元化的文化观念和谐并存，为大学制度文化多元态势建设提供科学的思想指导，拓展宽阔的文化视野。

依法治校与以人为本相结合的原则。坚持依法治校与以人为本相结合的原则，就是要求制定大学制度的所有理念以及具体的制度内容，必须是在国家法律许可的范围之内。这是一个法治国家的必然要求，也是依法治校的必然要求。在此基础上，还要体现大学自身目标与理念的要求，努力在大学制度文化建设中秉持以人为本的大爱精神，形成既体现国家法律意志、又符合大学自身特点，有利于实现大学目标与理念的制度文化。要理顺并明确教育事业的基本主体—学校、教师、学生三者相互间的权利与义务关系，自觉维护宪法和法律赋予师生的基本权利，调动学校办学的主动性、教师教学的积极性以及学生学习的自觉性。

稳定性与创新性相结合的原则。大学自创立以来，作为其核心理念的大爱精神，始终坚持一以贯之，相应的大学制度文化也具有很强的稳定性。但是随着时代的进步，大学的职能、目标与外部环境都在发生变化，这就要求大学制度文化必须与时俱进，不断创新。哈佛大学前校长德里克·博克在哈佛大学350周年校庆时也指出：哈佛的成功，最重要的经验是，我们有一套不断创新的方法，这套方法就是制度。这里强调的是大学制度文化的创新。

整体推进与重点建设相结合的原则。大学制度文化建设必须坚持整体推进的原则，努力形成教书育人、管理育人、服务育人、环境育人的制度体系。与此同时，还必须突出重点、加快建设。要选择对大学发展起关键作用的决策制度、学术制度、干部制度、职称制度、分配制度和学籍制度等进行重点建设。

2.强化大学制度文化的策略

合理的制度是价值观念、行为准则和思想品德的规范化。当前，大学制度文化重构与强化应当从以下几方面着手：

（1）规范制度文化的前提，是坚持"以人为本"的管理理念确立"以人为本"的管理理念，就是使教育真正成为提升学生素质、修养、能力、水平以及生命与生活质量的重要手段，这是对大学教育本质的理智把握。大学制度建设的基点应该是尊重人的权利，满足人的需要，促进人的发展。体现在大学制度文化上，"人本"理念要求大学一定要把人的尊严、人的发展、人的价值放在第一位，建立教育"人本"生态，充分体现人文关怀；一定要尊重人发展的内在需要和客观规律，尊重人的个性和自主性，从而生动、活泼、有效地满足人的身心发展的整体要求。

大学制度文化建设的最终目的，是要通过外在的强制约束力培养出大学师生员工的自控和自我约束力，将外部的规章制度内化为自身的价值信念和行为准则，并最终在大学发展目标实现的过程中促进个体的自我完善与全面发展。因此，强化大学制度文化，要提升教学管理制度的民主化、科学化与人性化。在制度的制定、实施过程中，要以发展变化的眼光来分析处理问题，在管理层与师生员工间建立一种互动、对话与沟通的和谐关系，使制度文化建设与人本管理始终保持一种张力关系，以期找到刚性约束与人性关怀的契合点。

(2) 规范制度文化的核心，是大学自治、学术自由、教授治学和学者自律

①大学自治。所谓大学自治，是指大学作为社会法人机构，不受政府、教会或其他任何机构的控制或干预，能够独立地决定自身的发展目标和计划，并付诸实施。在中国，大学自治的同义词便是办学自主权。大学的发展，是不可能完全不受外部支配和干涉的，因而只能在一定程度上做到维护大学自由，行使大学办学自主权。这是大学按照自身的逻辑正常发展所必需的，是守护大学学术自由的制度保障。

维护大学自治，落实大学办学自主权，需要明确政府和大学的关系。政府和大学之间的关系一直都是影响大学各个方面的关键因素，是大学自治必须解决的难题。政府的职能主要在于建设制度环境、维护市场秩序、提供公共产品和宏观调控，从整体上协调国家整个高等教育系统的全面发展。通过法律形式确定政府和学校的关系，是保证学校办学自主权的独立性和稳定性的前提条件。虽然《中华人民共和国高等教育法》中明确规定了关于高校办学自主权的条文，但办学自主权的真正落实仍有一段很长的路要走，有待于进一步颁布具体、完善的教育法律法规，划定政府和大学的权力界限，从法律层面上规范政府和大学的职责与权限。维护大学自治，落实大学办学自主权，需要加强大学自律。大学自律是大学可持续发展的重要保障，要求大学根据社会客观需要和学校办学实际，坚持科学的决策程序和民主监督制度，在办学目标、学术研究、教育质量等方面坚持自我约束、自我革新、自我完善，形成充满活力的内部运行机制。

②学术自由。大学不仅必须有思想，而且必须保持思想的自由，这样才能保证大学的思想是流动的、创生的、开放的、多元的，而不是封闭的、静态的、守旧的、单一的。唯有如此，才可能以思想去激励思想，以智慧去启迪智慧，才可能立足时代又超越时代，扎根现实又超越现实，服务社会又导引社会。

大学本身是高深学问的研究场所，就其组织特性而言，它是由不同的学科及专业所组成的。正如伯顿·克拉克所指出的那样："任务不同、技术不同，各种专业人员驾驭和运用各自的知识群，形成了不同的思想风格，采用不同的专门方法和工具。高等学校便成为一个不需要有多少联系的若干个这种知识集团的联合体"，大学"遵循的是学科、专门知识和专业化无序状态的逻辑"。只有充分发扬学术自由，提供广阔的学术空间，大学才能出现百家争鸣的学术繁荣景象，大学才具有旺盛的生命力。正是大学这种独特的组织属性，决定了大学的学术管理不能跟企业管理一样，大学中各学科、各专业的教授和学者必须通过集体的方式享有充分的学术权力，能够独立地决定自己的研究方向、专业设置、课程安排和学生培养等学术事务和活动，以保证教授和学者拥有"自由之思想，独立之人格"。

③教授治学。教师是大学的主体，而教授又是主体中的重心，是一所大学学术成就的标志。教授常年工作在教学和科研第一线，对于人才培养和学术发展密

切相关的"治学"具有高度的认知、感悟和体验。实施"教授治学",体现了人本管理、专家治学的办学思想,体现了对知识、对教授的信赖与尊重,体现了对学术本位的现代大学制度的构建,顺应了世界现代教育管理民主化的潮流,有利于更好地协调大学内部学术权力与行政权力的关系,有利于提高大学决策特别是学术性决策的科学性和可行性。那么,如何进一步推进中国高校的"教授治学"呢?

第一,克服行政化,彰显学术权力。高校行政化主要表现在两个方面:一是政府对学校的管理行政化,二是学校内部的管理行政化。众所周知,高校的核心内容是教育,但是高校行政化使得学校的教育功能弱化,行政色彩在高校运行体系中更为凸显。就目前而言,在高校内部管理中,学校的诸多方面包括资源的分配甚至课程的设置等几乎都有浓重的行政干预色彩,这就使得行政由本该对教学、科研的服务,演变成对教学、科研的干预。而导致行政化倾向严重的另一个问题,则是会带来不公平和学术腐败。这里的不公平,不仅体现在政府各类资源的分配上,同时也体现在学校内部各类资源的配置上。因此,要实施"教授治学"的模式,促使高校向着更加健康、成熟的方向发展,就必须处理好行政权力与学术权力的关系。正如潘懋元先生所言:"'去行政化'不是不要行政管理,而是不要将行政权力凌驾于学术权力之上,或以行政权力代替学术权力,以行政命令干预学术自由。"

处理好行政权力与学术权力的关系,是"教授治学"的前提和基础。大学是一个由学科专业和行政单位交叉形成的矩阵组织。学术权力与行政权力是大学管理中性质不同的两种权力:学术权力的主体是教授,行政权力的主体是行政人员;学术权力重理性,行政权力讲权威;学术权力是分散型,行政权力是科层制;学术权力的行使是自下而上,行政权力的行使是自上而下;学术权力的决策重心在基层,行政权力的决策重心在高层。因此,处理二者之间的关系,就在于理清高校事务属性和决策主体,使学术事务管理按照学术活动的运行规律进行。

第二,健全教授委员会机制,细化职能任务。"教授治学"不是对"教授治校"的否定,而是教授委员会核心职能更为准确的表述和具体的体现。要实现"教授治学",就必须建设好教授委员会。教授委员会是教授集体行使权力的决策机构,是一个学术管理与审议组织,是一种大学学术系统中的行会控制,是二级学院自主管理和自我发展的必要形式。教授委员会的建立,使高校实现了由行政本位向学术本位的转变,实现了学术管理重心的下移。教授委员会在不同的国家有着不同的表现形式:德国称为"学术评议会",法国和意大利称为"学部理事会",美国和日本称为"教授会"。日本《学校教育法》第59条第1款规定:"大学为审议重要事项可设教授会。"教授会的职权包括"确定校长的遴选条件;选举校长;决定校长、学部长任期;评价校长工作业绩;推荐、任免、处分教员及有关人事事项；批准和废止学校各种规章制度；确定概算；确定学生定员、学生管理；决定课程设置；管理学校的设施"等。

中国高校教授委员会一般为定位于基层的决策机构。这一机构不仅要求在体制上保障教授参与学校管理，更根本的是要保障教授在二级学院教学和科研上的自主权。这些权力包括：讨论、确定学院发展规划；讨论、确定学院学科建设、专业建设和教师队伍建设规划；讨论、确定学院本科生、研究生教学计划或培养方案；研讨、确定学院教学与科研组织形式；讨论、确定科研教学工作考核、成果评价的原则和标准；讨论、确定学院开展国际学术交流合作，包括联合培养学生的内容和形式；听取、审议院长的学年工作计划和年度工作汇报。

④学者自律。学者自律，是指大学的教学和科研人员，要以高度的责任心和使命感，严谨治学，严于律己，遵纪守法，率先垂范，不做有损学者尊严和形象的事情。明确"学术无禁区，课堂有纪律"。学者需自觉地抑制"学术泡沫"，遏制"学术腐败"，恪守学术道德。

四、优化大学行为文化

孔子谓子产，有君子之道四焉："其行己也恭，其事上也敬，其养民也惠，其使民也义。"君子之首道乃是"行己也恭"。"行己也恭"是说为人处世要谦恭。"恭"，发乎心，现乎外。墨子亦云："士虽有学，而行为本焉"，也就是说，学问固然重要，但行为才是根本。行为是人的文化品格的外在反映。行为文化是一定的社会观念、思维方式、价值取向、风俗习惯、制度规范等在社会成员的行为上表现出来的亚文化样态。行为文化是文化的物化形式，是精神文化重要的物质载体。大学行为文化是大学文化的外显形式，例如，北大与清华不同的行为文化映射出不同的大学文化，即"北大是一首诗歌，清华是一篇论文。北大是思想家的沃土，清华是工程师的摇篮……北大洒脱狂放，外向力强；清华严谨务实，内聚力大。北大重个性发展，清华重团队精神；北大管理松散，清华纪律严明；北大人喜欢一鸣惊人，清华人处世平和；北大学生长短随意，清华学生整齐划一；北大学生奇才怪才多，清华学生成功率高"。大学行为文化的主体是大学人，大学人的行为既具有人类实践活动的一般本质特征，又反映出大学行为文化的特有品格。优化大学行为文化，使大学人的行为"文质彬彬，然后君子"，应是大学文化育人的核心追求。

（一）优化大学行为文化的原则

自觉性原则。自觉能动性是人的行为的重要特征。由于践履行为文化的大学人具有一定的独立意识和自觉性，因此，大学行为文化是具有高度自觉的理性认知和行为方式的统一。优化大学行为文化，理应充分发挥大学师生的自觉能动性，理性认知、自觉践履行为文化，自觉形成正确的价值取向和合理的行为规范，力避不轨行为，抵制不良风气，做到理性自觉、道德自觉、价值自觉，推进大学行为文化健康发展。

导向性原则。21世纪以来，随着经济全球化、信息网络化和高等教育国际化的快速推进，世界高等教育格局和大学自身都发生了深刻变化。在这一时代背景下，优化大学行为文化，尤其要以社会主义核心价值体系为根本，坚持科学发展观，坚守大学行为文化建设的社会主义方向，弘扬大学优秀行为文化传统，引导大学师生树立正确的世界观、人生观、价值观，促进高尚情操和健全人格的形成，实现其全面发展。

针对性原则。大学行为文化是社会和个体发展所体现的社会价值和个体价值的整合。优化大学行为文化，首先，应针对社会现状，理清大学行为文化与社会文化的关系，顺应多元文化时代的客观要求，遵循社会发展规律。其次，应确立以人为本的教育理念，依循大学自身的客观发展规律，遵循大学生身心发展特点，选择能够充分彰显大学生的个性、潜能的教育内容和形式，促使大学生综合素质的提升。

全员参与原则。大学行为文化是大学人亲身参与、创造的一种动态文化。大学行为文化的实践主体主要包括学生团体、教师、科研人员、行政管理和教学服务人员等。大学行为文化体现于大学人的各种活动中，渗透到教育教学活动的各个环节中。优化大学行为文化，应充分调动师生员工全员参与的积极性，促使师生以积极的态度和热情投入到大学行为文化的建设中来，并在实践中不断丰富和发展大学行为文化，充分发挥大学行为文化的育人功能，促使行为主体表现出良好的精神状态、高尚的行为操守和高雅的文化品位。

（二）优化大学行为文化的策略

大学行为文化是大学文化的行为载体，直接或间接地影响着大学人的行为规范和生活方式，决定着大学人才培养质量的高低。优化大学行为文化，可从以下几个方面着手。

1.优化大学行为文化，理应优化大学领导者的领导作风

古人云："君子之德风，小人之德草，草上之风必偃。"意思是说，领导者的道德好比风，百姓的言行犹如草，风吹在草上，草一定顺着风的方向倒下。大学领导者的行为具有示范性和导向性，正所谓："其身正，不令而行；其身不正，虽令不从。"在英语中，大学校长与总统是同一个词——President，足见大学校长对于一所大学的重要作用，恰如国家领导人之于一个国家。美国著名哲学家、教育家杜威曾这样评价北京大学校长蔡元培："拿世界各国的大学校长来比较，牛津、剑桥、巴黎、柏林、哈佛、哥伦比亚等校长，在某些学科上有卓越贡献的，不乏

其人；但是，以一个校长身份，而能领导那所大学对一个民族、一个时代起到转折作用的，除蔡元培之外，恐怕找不出第二个。"作为一任校长，蔡元培留给北大的不仅是使北大受益无穷的宝贵精神遗产，其个人行为所展示的人格魅力同样是北大的财富。蔡元培去北大上任的第一天，进校门时学校员工向他敬礼，他向员工脱帽还礼，至今传为美谈。

2.优化大学行为文化，理应充分发挥大学教师的示范作用

教师是大学力量和声誉的象征。美国加州大学伯克利分校常务副校长凯罗·克里斯特（Carol Christ）反复强调这样一句话："教师的素质就是学校的素质。"原清华大学校长梅贻琦屡次强调教师的重要作用，除了著名的"大师论"之外，他在总结清华建校25年的进展时说："师资为大学第一要素，吾人知之甚切，故亦图之至亟也。"他认为，教师作为大学的主体，通过对成长中的学生产生导引、榜样、示范作用而影响着大学的行为文化。他明确指出："学校犹水也，师生犹鱼也，其行动犹游泳也，大鱼前导，小鱼尾随，是从游也。从游既久，其濡染观摩之效自不求而至，不为而成。"大学行为文化正是通过教师的言传身教、行为示范"不为而成"。

发挥教师的示范作用，首先要强化大学教师的职业道德。古人云："胜勇必以智，胜智必以德，胜道务祈修。"德国哲学家康德亦讲到："有两种东西，我对它们的思考越是深沉和持久，它们在我心灵中唤起的惊奇和敬畏就会日新月异、不断增长，这就是我头上的星空与心中的道德定律。"大学教师作为人类灵魂的工程师，承担着人才培养的历史重任，必须具备良好的职业道德，做到以德正己，正己而后正人，这是大学教师之根本。

发挥教师的示范作用，其次要重构教师的教学文化。教学是教师对学生施加影响的最基本的途径，而不同的教学文化对大学生的行为文化产生着不同的影响。在多元文化背景下，重构教学文化，一要以引领学生探究真理为教育鹄的。大学产生的动因正是源于对真理的探究。大学的发展历史，就是一部对真理不断探索与追求的历史，也正是对真理的不断探索与追求，推动了大学的发展，实现了大学的不断超越，更好地实现了大学的职能。重构教学文化，理应充分彰显大学的这一使命。二要充分彰显大学教师的批判精神。大学教师作为知识分子，"以社会批判为己任"，运用高深知识，从社会的良知出发，通过教学活动等途径，对自身及其所处的社会环境具有的审视、省察、修正和引导的内在倾向和行为规范。三要构建师生学术共同体。大学是以学术共同体的形式而存在的。在学术共同体中，不仅是学生的学习过程与教师的教授过程发生互动关系，而且是教师的精神与学生的精神产生相互作用，也就是精神与精神之间、生命与生命之间在相互激荡。

3.优化大学行为文化，理应着力培育大学生的文明素养

育人功能是大学文化的本体功能。育人的要义不只在于让学生掌握一门专业

知识和技能，更重要的是在学知识的过程中让学生学会做人，优化和升华文明素养，做一个全面发展、身心和谐的人。

（1）铸就文化自觉。文化自觉作为大学生内在的、道德或伦理方面的素养，是立足社会的通行证，是大学生素质中的核心部分。面对多元文化，大学生如何做到文化自觉，高度认同中国优秀传统文化，确立中国优秀传统文化的"自主地位"，坚守本民族文化，理性尊重多元文化，确立社会核心价值观，这是一个去伪存真、去粗取精，剔除其糟粕、吸取其精华的过程。

（2）培养责任担当。大学生是祖国的栋梁，是社会发展的推动力量。大学生借助自身拥有的高深知识和追求真理的坚定信念，对社会问题进行事实上的或价值上的判断和评论，即对社会问题的是非、善恶与美丑进行研判，依循社会发展规律，彰显社会责任，"铁肩担道义，妙手著文章"。正是大学生的社会责任担当，"使大学在贯穿整个人类历史的创造与毁灭两种力量无休止的冲突中始终代表着创造的力量，在人类苦苦追寻理想的过程中，大学则既是人类在意识中进行伟大探险的先锋，也是世世代代人类赖以支撑的理想和精神价值的守护者。忠于伟大的理想，担负起传承伟大遗产的使命，又忠于光荣的传统，去开拓知识和理想的疆域，这是大学之所以为大学的传统。

（3）历练创新能力。无论是全球化时代之需，抑或是大学生自身发展之求，都凸显出创新的重要性。创新的关键在人才。大学作为人才高地，创新是当代大学生综合素质的重心。创新的实质是对现实的超越。要实现超越，就要对社会现实独具"批判"的视野，善于发现和捕捉社会现实的有待尽善、尽美之处。创新能力是以批判精神为前提的。没有批判精神就不能迸发创新能力。当代大学生借助其具有的理论知识，以敢于怀疑、敢于批判、敢于冒险的科学精神，做到不循规蹈矩、不束缚个性、不盲从前人的经验和做法，决不因困难和挫折而放弃自己的计划，勇于突破思维定式的束缚，不断完善自己的个性品格和创造性思维，不断在实践中历练自身的创新能力。

（4）涵养理想主义情愫。理想主义情愫或情怀是大学生自身全面发展的动力和源泉，彰显着当代大学生的精神风貌。缺失理想主义情愫的大学生，不可能成为改变社会的人才。正如复旦大学王沪宁教授所说："复旦大学的氛围让我感受到了理想主义的魅力，这是复旦给我的最宝贵的东西。理想主义对于个人的人品和情操，我相信也是最好的磨石，越是敢于在理想主义磨石上磨砺的人，他的生命就越会放出异彩。

（5）彰显人文关怀。爱因斯坦曾说："关注人本身，应当始终成为一切科学上奋斗的主要目标。……当你埋头于图表和方程式时，千万不要忘记这一点！"人文关怀是对人类生存行为的思考和价值判断，其核心在于肯定人性和人的价值，要求个性解放和自由平等，尊重人的理性思考，关怀人的精神生活等。人文关怀是社会文明进步的标志,是人类自觉意识提高的反映。大学生作为社会正义的守护者,以其特有的独立人格和批判意识,通过沟通、对话、理解、交流、尊重等方式方法,解读社会正义,评判社会美丑,彰显人文关怀,使自己真正成为把高深知识与人文关怀完美结合在一起的学人,真正成为关注人类命运、人类价值和人类尊严的学人。

第三章　高等教育结构研究

第一节　高等教育结构概述

现代高等教育作为一个相对独立又与社会其他组成部分密切相关的系统，是一个多维度多层次的复杂的综合结构体系，探讨并考察这一结构体系，有利于我们更好地了解国家的整个高等教育状况。

一、高等教育结构的概念

所谓结构，指的是事物的构成或构造，即组成整体的各个部分之间相互联系的方式、性质及比例关系等。具体包括如下几层含义：（1）事物或系统内部各组成要素；（2）要素间的联系方式和相互作用形式；（3）诸要素的比例关系及其发展变化规律。任何事物都有其特定的系统结构，结构发生变化，功能也随之发生变化。

高等教育结构，是指高等教育系统内各组成部分之间的构成状态、联系方式和比例关系，它是一个多维度多层次的复杂的综合结构。大致可分为宏观结构和微观结构两大部分。宏观高等教育结构主要包括层次结构、科类结构、形式结构、能级结构、地域结构（即布局）、管理体制结构等。微观高等教育结构主要包括学科专业结构、课程结构、教材结构、队伍结构、各类人员的知识结构等，主要体现了学校内部诸要素之间的构成状态、比例关系和相互作用的形式。在这里，我们主要探讨高等教育的宏观结构。

二、宏观高等教育结构简介

我们主要从层次结构、科类结构、形式结构、能级结构、地域结构（即布局）、管理体制结构等方面大体了解宏观高等教育结构的具体含义及基本内容。

高等教育的层次结构，是指在高等教育中按学历层次划分的纵向结构，主要反映各层次间的构成比例关系。受高等教育内外众多因素的影响，高等教育结构复杂，层次多样。其实质是社会生产力不同水平的需求和社会总体结构不同对人才的要求在高等教育层次设置上的反映。因为不同层次又代表了不同的办学水平，所以又称水平结构。一般习惯上分为专科、本科和研究生教育2个层次，其中，研究生层次包括硕士研究生层次和博士研究生层次两个亚层次。判断高等教育层次结构是否合理的标准主要有两个方面：一是高等学校培养的各种层次和规格的人才是否适应经济和社会发展的需要，二是各层次人才的比例关系是否适当。

高等教育的科类结构，是指不同学科领域的构成状态，一般以高等教育机构所授学位、文凭与证书的科类划分为准。它主要受国民经济的产业结构的制约，其合理程度直接关系到人才的使用效益。目前，中国高等教育科类结构主要分为11类，包括哲学、经济学、法学、教育学、文学、历史学、理学、工学、农学、医学、管理学。这是从高等教育自身内部拥有的学科门类出发进行分类的。

高等教育的形式结构，是指按办学形式不同而划分的不同类型的高等教育结构。它有不同的分类方法，如根据所有权或经费来源区分，则可分为公办、民办或私立两类；根据授课时间不同，可分为全日制高等教育与非全日制高等教育。

高等教育的能级结构，是指按具有不同办学条件、不同办学要求和培养目标的各类高等学校间的比例关系。如中国目前的高等学校大致可分为三个能级：一是设有研究生院，本科教育与研究生教育并重，教学与科研兼顾的重点院校；二是以本科教育为主的一般院校；三是以培养应用性、技艺性人才为主的专科院校。而美国高校大致可分为四个能级：一是两年制的社区学院，二是四年制的文理学院或专门学院，三是一般性的综合大学，四是能授予博士学位的研究型大学。

高等教育的地域结构，是指高等学校在地域分布上的构成状态及其比例关系，又称区域结构或地区结构。高等教育地域结构与国家或地区经济、政治、文化的发展状况密切相关，主要受三方面因素的制约：一是国民经济的地域分布状况，往往经济较发达的地域高校比较集中，高等教育的发展水平也较高；二是当地政府部门对高等教育的认识和重视程度以及由此决定的发展高等教育事业的积极性等；三是该地域高等教育的历史发展状况和文化科技发展状况。

高等教育的管理体制结构，是指宏观层面上高等学校的办学主体和行政管理的隶属关系。如按行政管理隶属关系，高校可分为教育部直属高校、中央其他部委直属高校、省级政府部门所属高校和地方政府所属高校。高等教育体制结构深受社会经济、政治体制的影响，并随着社会经济、政治体制的改变而发生相应的变化。

第二节 高等教育结构的现状

从17世纪末到18世纪初,欧美各国高等教育先后进行了长时间的改革与探索,进入19世纪达到高潮。在这一进程中,近代高等教育分层次、分科类的教育体系基本形成。就中国而言,从鸦片战争后到1949年,近代高等教育分层次、分科类的教育体系也在此期间成型。在这里,我们简要了解一下中国近代高等教育结构的形成历程及其现状。

一、中国高等教育结构的形成

中国近代高等教育的发展,始于洋务派兴办的新式学校和学堂。鸦片战争后,西学的大规模输入带来了西方学术的分科观念和分科方法。1862年建立京师同文馆,培养办理洋务急需的西方语言和翻译人才。随后,建立了一批培养军事和科学技术专门人才的洋务学堂,如福州船政学堂(1866年)、天津水师学堂(1880年)等。在30年的洋务运动期间*先后建立了30多所洋务学堂,进行专业教育。

1902年底,京师大学堂开学,设有预备科、速成科、译书局、进士馆、译学馆、医学实业馆、八旗各学、附属小学、博物实习科进行专科层次的教育。1909年,筹办分科大学,京师大学堂下设经科、文科、法政科、医科、格致科、农科、工科、商科,每科下设若干学门,学制4年左右,这是中国近代大学本科教育的开端。

辛亥革命后,南京临时政府重新制定了教育宗旨,颁布了多项法令,对清末高等教育制度的基本结构进行了重大调整。1912年《大学令》规定,"大学分为文科、理科、法科、商科、医科、农科、工科",取消原来的经学科。每科都包括数目不同的科目,如文科分为哲学、文学、历史学、地理学等四门,理科分为数学、星学(天文学)、理论物理学、实验物理学、化学、动物学、植物学、地质学、矿物学等九门。至此,中国近代大学学科体系随之形成。1917年,民国政府颁布《修正大学令》,允许单设一科者称为某科大学,1922年的《壬戌学制》和1924年的《国立大学校条例》都重申这一规定,使得新的大学纷纷建立,不少专门学校升格为单科大学。1922年全国有大学19所,到1927年发展到52所。在1929年国民政府公布的《大学组织法》《大学规程》中规定,大学分文、理、法、教育、农、工、商、医八学院(科),这一分科一直沿用到1949年。

北京大学实行改革后,才真正开创了中国近代研究生教育的先河。1917年,蔡元培就任北京大学校长,他以德国大学的模式彻底改革和整顿北大,延聘名流学者为师,推行教授治校,提倡思想自由,调整学科课程等,使北大逐步完成向近代大学的转变。在学科调整中,为把北京大学办成以文理科为主的高层次大学,北京大学扩充了文科、理科，停办工科、商科，并把原来的预科分别直属本科各门。特别值得一提的是，在1918年秋，北京大学创设了文、理、法三科研究所并招收研究生，开始了中国的研究生教育。1934年，民国政府专门颁发《大学研究院暂行组织规程》共14条，规定："研究院分文、理、法、教育、农、工、商、医各研究所。……凡具备三研究所以上者，始得称研究院。""各研究所依其本科所设备系分若干部，称某研究所某部（例如理科研究所物理部）。"至此，研究生教育制度得以定型。1935年4月颁布的《学位授予法》，将学位分为学士、硕士、博士三级，标志着中国现代学位制度的建立。

二、中国高等教育结构的现状

了解中国高等教育结构的现状，对进一步调整与优化中国高等教育结构，促进整个高等教育系统的健康发展具有十分重要的意义。在这里，我们主要介绍中国宏观高等教育结构的现状。

（一）中国高等教育形式结构的现状

高等教育的形式结构，主要由国民经济的消费和分配结构以及生产资料的所有制结构决定，并在很大程度上受科技发展水平的制约。目前，中国拥有普通高等学校千余所，成人高校近千所，在校生总数接近千万人。高等教育的大发展对多种形式办学提出了客观要求。中国高等教育的办学形式在学制上基本可分为两大类：全日制普通高等学校和成人高等学校。全日制高等学校又可分为大学、独立学院、高等专科学校和短期职业大学。近年来，随着计算机信息技术的发展，教育信息化、网络化的趋势迅猛，灵活、开放、便利的远程高等教育日趋兴盛，极大地满足了社会对接受高等教育的需求，增加了接受高等教育的机会，推动了中国终身教育的发展和学习型社会的构建。20世纪80年代初建立的全国高等学校自学考试制度在很大程度上满足了社会对多元化、高层次人才的需求，激发了多种渠道的社会办学力量，进一步促进了高等教育事业的繁荣发展。在今后的发展中，中国要大力发展现代远程教育，完善高等教育自学考试，加强各种形式教育之间的统筹规划、合理分工，进一步突出普通高等学校在多种办学形式中的龙头作用，并积极探索自学考试与普通高校、成人高校等相结合的有效途径。

（二）中国高等教育层次结构的现状

1951年10月，中国颁布《关于改革学制的决定》，首次以法规的形式确定了中国高等教育的层次结构由专科、本科和研究生三个层次构成。随着高等教育事业的发展，各层次间的比例关系也不断发生变化。在20世纪80年代初期，专科层次和本科层次的教育发展较快，研究生层次较少。在进入20世纪90年代后，中国研究生层次教育也有了很大的发展。目前，随着社会对高层次人才需求的不断增长，中国研究生教育也正朝着多样化方向发展，这其中包括人才规格、培养途径和招生就业制度等各方面。《中国教育改革和发展纲要》提出要"努力扩大研究生的培养数量"。然而，立足中国培养研究生的实际情况，研究生教育的规模既与整个高等教育层次结构有关，也与社会和科技发展对高层次人才的需求有关。21世纪，中国高等学校应该努力建立以下层级结构：（1）教学科研型大学。主要培养研究生层次和本科生层次人才，同时，承担高层次科研任务。（2）以本科教学为主的大学。主要培养本科生，少数学科可培养研究生；以教学为主，同时承担一定数量的科研任务。（3）专科教学型大学。主要培养应用型专科层次的人才。随着教育事业的发展和办学水平的提高，各个层次的部分高校也可能升格到高一个层次。此外，优化高等教育层次结构，还要沟通各层次之间的关系，贯通彼此间的联系，既使不同层次的高等教育办出各自的特色，又使各个层次的高等教育互相衔接，形成一个有机整体，和谐发展。

（三）中国高等教育科类结构的现状

1952年，中国按照"苏联模式"大规模进行院系调整，设置专业。到1957年，增至328个专业。在十一届三中全会后，教育部为了调整专业设置，曾分别于1978年、1993年和1998年三次制定和修订普通高等学校本科专业目录。2001年，教育部又下发了《关于普通高等学校本科学科专业结构调整的若干原则意见》（简称"5号文件"），对学科专业结构调整提出了系统要求，并指出要下放学科专业设置自主权。近年来，根据经济社会发展的变化及多层次、多类型人才的需求，教育部又于2010年3月启动了新一轮本科专业目录修订工作，并于2011年5月公布了"修订一稿"的专业调整情况，其中，学科门类由原来的11个增加到12个；专业类由原来的73个调整为91个；专业由原来的621种调整为443种。

经济的发展、社会的进步，以及地区间人才需求和教育发展的不平衡，使得高等教育专业也在不断的调整，同时各科类高等教育规模也在发生变化。总的来说，当前中国高等教育科类结构与国家的经济结构及社会对各类专门人才的需求基本相适应。然而，由于教育发展的外部环境的变化和社会的转型，也致使高等教育科类结构存在局部不相适应的情况，这需要我们根据实际对高等教育科类结构及时做出调整。在调整的过程中，我们需要处理好短线专业与长线专业的关系、专业口径宽与窄的关系以及专业设置变动性与稳定性的关系等。

（四）中国高等教育能级结构的现状

中国目前的高等学校大致分为三个能级，从行政隶属关系看，中国高等院校还可分为教育部直属院校、中央业务部门所属院校和地方院校三个层次。教育部直属院校大多是重点学校，中央各业务部门所属院校本身又分为重点院校、一般院校和专科学校三个亚层次，这与地方系统是一样的。中国历史上主要沿着两个体系对高等教育进行分类：一是明确确立全国重点高等学校；二是按学科门类划定高等学校，也就是与我们前面所述的大门类相应的综合大学、理工学院、农业学院、财经院校、政法院校、师范院校等。这样划分虽然重点突出、科类清晰，便于有效分配教育资源和统筹学科专业，但也存在缺乏竞争、地位不平等、办学层次混乱等诸多问题。1994年后，中国加快了高等教育宏观结构的改革步伐，并初步拟定了中央部门与地方政府共建共管高等学校，学校间实行合作办学，鼓励合并、与企事业单位实施协作办学，部分中央部门管理的学校转由地方政府管理等多种机制和途径。

（五）中国高等教育地域结构的现状

新中国成立前，中国高等学校主要集中在上海、北京等经济发达、交通便利的大城市或沿海地区。新中国成立以后，根据中央制定的工业发展调整布局，加强内地经济建设，高等教育的布局也做了相应的调整。目前，中国高等教育地域结构逐步呈现以下特点：一是梯层结构分布。多数高校集中在发达地区和原来高等教育基础较好的省市，包括北京、上海、江苏等；其次是经济发达或较发达的地区，这些地区原先高等学校数目不多，但发展较快，包括浙江、福建等；第三层次主要包括一些边远地区和经济不发达的地区，如云南、贵州、西藏等地。从总体上看，中国高等教育的地域结构呈现从沿海到内地、从经济发达地区到欠发达地区的梯层结构。二是中心城市发展模式。高等学校大多集中在中心城市，重点发展中心城市的高等教育，然后以中心城市带动中小城市和广大农村地区，从而实现高等教育的合理布局。

第三节 高等教育结构的优化

一、国外高等教育结构的变革与调节

虽然各国政治、经济、文化背景不同，高等教育的体制与机制也不一样，但简单了解国外高等教育宏观结构的调节机制与总体特征，能够为中国高等教育结构的调整与优化提供一定的借鉴意义。

（一）国外高等教育宏观结构的调节机制

在西方实行市场经济体制的资本主义国家中，由于各国政治、经济、文化背景不同，各自采取的市场经济模式也不一样。有的主要以市场调节为主，有的则以国家干预为主，而大多数国家是在这两极之间，市场力量和国家干预共同发挥作用，互相补充。受这三种市场经济模式的影响，西方国家的高等教育结构调节机制也大致有三种格局：集中型的高等教育模式（以法国为代表）、分散型的高等

教育模式（以美国为代表）、集中与分散相合的高等教育模式（以英、德、日三国为代表）。

法国是在高等教育结构调控中国家力量最强的代表。在高等教育活动的各个方面，无不受到国家在政策、法规、计划、财政上的调控。尽管如此，法国政府对高等学校的调控基本上仍处在宏观层面。高等学校拥有较大的自主权，市场力量仍在发挥积极作用。国家向大学提供经费，但除科研经费外，对各校如何使用经费不作规定，由各校自行支配。此外，法国的大学毕业生也不是由国家统一分配，而任其进入劳动力市场，利用市场机制实现对高级劳动力资源的配置。

美国是国家力量在高等教育结构调控中最能体现市场调节为主要特色的国家。美国著名高等教育专家克拉克指出，在世界上几个主要国家的高等教育系统中，美国的系统是最缺乏组织的，几乎完全是一种相互之间自由竞争的市场。全面商品化的劳动力市场和整个资本主义市场经济模式，调节着高等学校的人才培养过程，高等教育机制的性质、结构和特点，乃至整个高等教育体制。市场竞争渗透进美国高等教育系统的每个细胞，是高等教育活动一切领域内无所不在的灵魂。国家的干预和调控力量也存在，但在国家与市场的坐标系上，高等教育极端偏向市场。美国高等教育的运行，基本上是建立在大学自身利益和社会市场需求之上的。

英、日、德三国的高等教育结构市场调节机制大体相同，部分来自国家，部分来自市场。国家调控和市场机制结合，是制约高等教育运行的基本力量。三国国家政府都制定有关教育的规划，英国从20世纪60年代开始着手高等教育规划工作，其政策以白皮书形式公布于众。德国政府也从20世纪60年代末开始协调政府与州一级的教育规划活动。但是，这三个国家关于高等教育的规划，都限于指导、咨询、协调、预测等宏观上的职能，高等教育的实际活动仍建立在学校自身利益和社会市场需求之上。三国政府都拥有高等教育立法、资助、审核等多方面的权力，但高等学校也相应地拥有很大的自主权，对高等学校内部事务，国家干预较少。

（二）国外高等教育宏观结构变革的总体特征

第一，发达国家三级层次的教育发展的总体趋势是：专科教育从20世纪70年代开始逐渐上升，20世纪90年代初达到最高；本科教育一直占主导地位，只是在20世纪80年代中后期比例较低，但也不低于54%，之后逐渐得到加强，到20世纪90年代末接近60%；研究生教育保持在10%以上的比例，稳步发展。

第二，发达国家与其他国家在专科、本科教育的发展中趋势相同，但变动过程不一。多数发达国家从20世纪60年代开始发展专科层次的教育，各国启动专科教育的时间不同，发展规模不一。本科教育的主导地位曾在20世纪70年代受到挑战,各国发展变化的时间和幅度不同,但在绝大多数国家中本科教育仍是其高等教育发展的主要力量。

第三,发达国家间、发达国家与其他国家之间的研究生教育发展差异较大。

第四,发达国家与大多数发展中国家在专科、本科、研究生教育的比例关系上差异性很大。

第五,多数发达国家间专科、本科、研究生教育的层次结构也存在较大差异。

二、中国高等教育结构的调整与优化

21世纪初,中国高等教育实现了跨越式发展,高等教育进入大众化发展阶段。在新时期,我们必须坚持规模、结构、质量、效益相统一的发展方针,真正实现科学发展、可持续发展。近年来,高等教育的规模与质量问题已引起广泛关注与研究,这背后深深隐藏着高等教育结构问题。高等教育大众化更需要多样化、特色化发展,高等教育结构的趋同化与高等教育大众化的发展方向是相违背的。高等教育大众化阶段,结构调整是关键。

(一) 中国高等教育结构调整的总体思路

1.更新观念,从被动调整到主动适应

在市场经济体制下,每所高校都是一个独立的办学实体,都面临着生存和发展的问题。只有根据社会发展的需要不断进行结构的优化与调整,才能更好地适应社会发展的需要,才能在市场竞争中占有一席之地。在市场经济条件下,高等教育主管部门和高等教育机构都必须更新观念,以主动的、积极的心态面对社会发展所带来的各种机遇与挑战。对教育主管部门而言,主要是如何根据社会发展的实际需要进行高等教育的宏观规划,如何合理整合与有效配置教育资源等;对高等学校而言,如何根据市场需要进行教育教学改革,以谋求更大的发展空间则成为核心问题。只有实现从被动调整到主动适应的转变,才能进一步创新教育与社会发展、高等教育机构与市场,以及高等教育机构内部结构、规模、效益的关系,以促进中国的高等教育事业健康、稳步地向前发展。

2.转变机制,从计划管理到宏观调控

高等教育结构的调整,对国家社会经济、文化和科学技术的发展具有十分广泛、深刻的影响。政府是高等教育结构调整的发起者、组织者和监控者,在高等教育结构调整过程中应发挥两个基本方面的主要作用:一是保障战略重点,对关系国家发展的重要领域进行重点投入;二是弥补由于市场逐利特点造成的关系国家长远发展的基础研究的不足。从管理机制来看,政府要从刚性的计划管理向弹性的宏观调控转变,对高等教育结构的调节与控制应该通过立法、行政干预、资金调控、信息服务等间接的宏观管理方式实现。在高等教育结构的调整中,政府还要逐步引进市场调节机制，以市场供求关系的变化来调整、化解高等教育发展过程中的各种关系和矛盾。市场是高等教育结构调整最大的动力来源，市场中包含了各种各样高等教育科类和层次的需求。事实表明，市场适当、合理参与的调节机制有益于构建一个与产业结构、就业结构动态平衡的高等教育结构体系。

3.丰富层次，调整高等教育的人才培养结构

调整高等教育结构，不仅是调整高级专门人才培养的结构问题，而且实际上是提高整个劳动力大军、提高整体国民素质的问题。高等教育除了培养高精尖的学术型研究型人才，更多的是培养具有创新精神和实践能力的应用型高级专门人才。高等教育大众化并不仅仅是在数字上提高入学率，而是为了培养现代化建设所需要的各类人才，为了提高国民素质，增强综合国力。高等教育的发展必须面向基层、面向企业、面向经济建设主战场，真正实现理论联系实际、产学研相结合。中国既要办研究型大学，培养学术型研究型人才，更要办高职院校，培养生产一线的操作型、技能型的岗位性人才。单一人才结构导致的结构性人才过剩已经开始制约着高等教育的发展，调整高等教育的结构已迫在眉睫。中国的高等教育应当能够培养满足各种社会需求的各类人才，只有这样，才能形成大众化高等教育所具有的规模，才能支撑大众化高等教育的可持续发展。

（二）中国高等教育结构调整的基本原则

高等教育的发展与变革是与特定社会的政治、经济、文化等多种因素息息相关的。高等教育结构的调整是一个复杂的系统工程，它不仅关系到教育系统内部的调整，而且与整个社会的价值观念、文化传统、产业结构等都有着千丝万缕的联系。中国高等教育结构调整必须遵循如下基本原则：

1.总体优化原则

高等教育结构调整的最终目标是实现总体优化。高等教育作为整个社会的子系统之一，整体性、总体性是其最基本的特征。任何系统都是由若干要素组成的有机整体，各个要素一旦构成系统整体，就具有独立要素所不具备的性质和功能，即"整体大于部分之和"。因此，在高等教育结构的调整与优化中，首先，要处理好部分与总体的关系。单一层次结构或单一科类结构优化都不能实现高等教育整体结构的优化，只有层次结构之间和科类结构之间保持合理的比例关系，才会达到总体优化。同时，总体结构的优化又是通过一系列具体阶段实现的，每一个阶段的调整都会有一些具体的、从属的结构优化指标。其次，要处理好共性与个性的关系。在高等教育结构的调整与改革中，每一个国家高等教育的宏观背景、发展阶段、具体目标等都是不同的，因此，要立足实际，因地制宜地制定高等教育结构调整方案。各个国家高等教育结构调整的共同之处在于，每一次调整与改革都是围绕一个特定的目标，只有确定了总体目标和阶段目标，才能逐一解决现实

问题，才能实现总体结构的最优化。

2.动态适应原则

任何系统都处于一定的环境条件之中，同有关的外部环境条件发生一定的物质、能量、信息的交换。系统的环境对系统起着一定的影响作用，当环境条件发生变化时，必然会影响系统的稳定性及其系统功能的发挥。高等教育作为一个开放的系统，衡量其结构是否合理的最基本的依据就是看其是否适应和满足社会发展的需要，是否能够充分发挥在社会发展中应有的各种功能。因此，高等教育也时刻处在与社会其他子系统进行物质、能量和信息交换的运动状态中，高等教育结构也必将随着社会、政治、经济、文化、科技等环境因素的变化而变化，特别是随着国家经济结构的改变，高等教育结构也要进行相应调整。首先，中国高等教育结构体系要适应国家经济建设的需要，为中国经济和社会的发展培养各级各类人才；其次，要满足中国精神文明建设的基本要求，通过高等教育传递先进的文化，促进社会的健康发展；再次，要最大限度地满足人民群众日益增长的教育需求，为人们提供更多的教育机会，最终实现全民教育和终身教育；最后，要充分满足不同学习者多样化的学习需求，促进学习者的全面发展。

3.适度超前原则

高等教育具有结构相对稳定的特点，学科建设、专业设置和教师队伍等在一定时期内相对稳定，致使其对社会需求的变化不够敏感。同时，高等教育结构的调整往往周期较长，其功能的发挥具有明显的滞后性。因此，高等教育结构的调整必需具有一定的超前性。这主要体现在高等教育结构调整不仅要适应当前社会发展的需要，还要着眼未来社会发展的需要，以促进社会的可持续发展。在构建高等教育结构体系时，不仅要关注现状，更要重视未来发展可能面临的新形势，预测经济、文化、科技发展等给高等教育带来的新机遇与挑战。因此*我们要加强高等教育发展的宏观管理与监控，制定长期发展规划与阶段性调整目标，实现高等教育的稳步、健康发展，有效避免市场导向下的各种短视行为。

4.协调发展原则

高等教育结构调整周期性长、涉及因素多、社会影响大，是一个十分复杂的系统工程。在结构调整的过程中，我们要处理好以下关系：一是继承与发展的关系。任何社会改革都是在一定的历史和现实基础上进行的，都不能超越其现实条件。高等教育结构调整要充分考虑受教育者的身心发展阶段、社会的人才需求状况、高等教育发展的现实条件等，要在相对稳定的前提下调整与改革，不可冒进和激进。二是规模与结构的关系。现阶段，中国高等教育规模已有了很大的发展，教育改革的重心正逐步转移到结构优化和质量提升上来。只有结构优化，才能实现有限教育资源的高效利用，才能满足社会发展对多层次人才的不同需求。三是统一性与多样化的关系。在高等教育结构调整中，既要建立完善的规范和标准，对高等教育的整体发展和高等学校的办学行为进行有效的管理与监控，也要鼓励不同层次、不同学科坚守自身的特点与规律，引导各级各类学校办出特色，提高水平，满足人民群众多层次的教育需求和社会经济发展多样化的人才需要。

（三）中国高等教育结构调整的主要目标

1.保障各层次间和谐发展

层次结构应该满足社会经济发展对不同层次人才的需求。在高等教育大众化背景下，高等教育的塔型结构是比较科学、合理的选择。塔型结构即专科教育发展迅速，规模扩展显著，继之是本科生教育和研究生教育。中国高等教育习惯上分为专科、本科、研究生三个层次构成的层次结构。不同层次不仅有各自的性质和运动规律，而且各层次之间是相互联系和相互作用的。也就是说，高等教育各个层次结构都有各自的人才培养目标和规格，同时，每个教育层次又都应该与上下层次相互衔接，构成一个有机的整体。目前，三层次的结构相对比较稳定，关键是如何实现层次间、层次内的合理流动。我们要在总体规模不断扩大的同时，对不同学科、不同专业进行适度调整，有效促进层次间的合理流动，以适应经济产业结构的需求，满足社会经济发展对各层次人才的需要。

2.实现国家地区间整体协调

目前，中国高等教育地域布局主要呈现两种模式：梯度结构模式和中心城市模式。具体地说，东部和南部地区的高等教育发展水平较高，高等学校的综合实力也比较强，同样，一些重点发展的中心城市的高等教育也比较发达，高等学校的数量也相对较多。因此，这些地域适合争创一流大学，拔尖培养高层次、创新型人才。而中国西、北部的经济发展水平逊于东、南部，高等教育发展水平也不高。但这些地区却具有丰富的历史文化资源，尤其是少数民族地区的民族文化资源，成为发展特色高等教育的天然优势。这些地区的高等教育应紧密联系当地经济发展的实际需要，突出就业的指向性，培养优秀的应用性人才，以服务区域经济的发展。此外，还应当充分发挥中心城市的辐射功能，积极带动中小城市和广大农村，增设地方和职业学校，从而促使高等教育布局更趋合理。

3.促进各级教育协调发展

中国自1999年扩招以来，高等教育规模得到了长足发展，2010年中国高等教育毛入学率达到26.5%，在学研究生数量也早已超过100万。目前，中国高等教育专科层次的招生数量和专科层次高校数量均超过本科，从总体上说，专本失调的问题已基本得到解决。但是，由于受到生产力发展水平、产业结构和国家总体发展战略的影响，具体某一科类、专业的本专科比例应如何确定才视为合理，仍然是难以量化的问题。就研究生来说，2008年，中国研究生在校生数量已从"扩招"前的1998年的19.89万人提高到128.30万人，增长了5倍多，占当年全国高等教育规模的5.97%。当然，研究生占大学生比例应以多少为宜，这要看科技发展、社会进步的需要。就中国现阶段的情况来看，一般认为，稳定在5%或稍高些，可能是合理的比例。此外，为了满足社会公众日益增长的受教育的需求和经济产业结构的要求，中国还应该大力发展职业技术教育，进一步规范和完善高等职业教育，实现高等职业教育、本专科教育和研究生教育的协调发展。

4. 鼓励民办高等教育发展

民办高等教育已成为中国高等教育事业的重要组成部分，为中国高等教育注入了新的活力，促进了各类高校之间的竞争和办学效率的提高，促进了教育的多样化和灵活性，增加了教育选择的机会。现阶段，中国应尝试改变政府以公立高校投入为主的状况，在法规、财政资助等方面给予民办高校一些相应的鼓励政策，促进民办高等教育的健康发展，实现公立高校和民办高校的共同繁荣，增强整个高等教育体系的活力和自我调适能力。

5. 提高学科专业结构与经济发展的适应性

中国目前已基本实现社会转型，经济快速发展，产业结构不断升级，经济发展方式逐渐由劳动密集型、资本密集型向技术密集型、知识密集型转变，第三产业发展迅速。这就要求为经济发展提供人才资源和智力支持的高等教育适时调整，尤其是在学科结构、专业建设等方面，积极适应经济结构和产业结构的需要，缓解人才结构过剩和大学生失业率攀升等突出问题。目前大学生就业已经成为一个社会公众普遍关注的问题，从教育体系内部来看，最根本的途径还是要建立专业建设和结构调整与社会需求之间的良性互动机制，密切关注社会经济的发展变化和多元需求，实现学科结构的动态调整，提高学科结构与经济结构、产业结构和人才市场需求的适应性。

第四节 高等教育的功能与高等学校的职能

高等教育作为整个教育系统中的一个子系统，它与外部环境相互联系、相互作用所表现出来的特性和能力，就是高等教育的功能。高等教育的结构与功能是对立统一、相互依存的两个方面，结构是功能的基础，功能是结构的表现，合理的高等教育结构能够发挥积极的功能，反之，不合理的高等教育结构，其功能也一定是消极的。因此，优化高等教育结构是发挥高等教育功能的前提条件。

一、高等教育功能概念的理清

当前，有关高等教育功能的研究，在概念界定、内涵阐释方面还存在一定的分歧，这势必会影响到对高等教育功能的理性认识与深刻理解。因此，有必要对高等教育功能的内涵认真剖析。

(一)"功能"与"职能"

"功能"最初是物理学中的概念,原指某种物体做的"功"或产生的某种"能量",后来人们将其引入社会科学的研究之中。在社会学中,功能是指"一种社会现象对于一个它所属的更'大'的体系来说具有的被断定的客观结果"。系统内部要素与结构间的相互作用及系统本身与外部系统的相互作用所表现出来的能量、意义或作用就是功能。所以,功能是系统或事物本身所固有的,是客观的,是按事物本身的逻辑来发生发展的。"职能"是"人、事物、机构应有的作用、功能"。从构词法上看,职能是由"职"和"能"两个词构成的合成词,"职"为职责、职务、职位,即为社会所分配的应该扮演的角色,"能"为能力、能量、作用,故"职能"可理解为某一社会单位(人、组织、机构等)被赋予的社会角色及应起的社会作用。在"职能"这一词中,"能"被"职"所制约和限定。因此,"职能"是被特定社会所赋予、剪裁、指令的,在某些特定社会环境下甚至是被强加的。由此可见,功能通常指具有一定结构的系统所具有的作用,既包括一系统对另一系统的作用,也包括某个系统中部分对整体的作用;而职能则指机构的职责和能力。因此,如果把某事物看作一个系统,在谈到它的作用时往往使用"功能"一词;而谈到机构的作用时,大多使用"职能"一词。

(二)"高等教育功能"与"高等学校职能"

从上述"功能"和"职能"的辨析可知,高等教育作为社会的一个子系统,在谈到它的作用时使用"功能"一词更为合适,而高等学校作为高等教育的实施机构,在论及它的作用时应使用"职能"一词。因此,我们应该表述为"高等教育功能"和"高等学校职能",但两者之间存在着一定的区别与联系。

首先,两者的区别在于,"高等教育功能"是指高等教育系统内部各要素之间以及系统与社会之间以一定的方式相互作用时表现出来的客观能力和产生的结果,具有自致性和客观性,其拓展是人们认识水平不断深化的结果,随着高等教育系统的确立和完善,人们对于其功能的认识也是逐步深入的。而"高等学校职能"是指人们根据社会需要逐步赋予高等学校的职责,具有外赋性和主观性,其拓展是人们认同和赋权扩大的结果。其次,两者的联系在于,功能的发挥需要一定的条件,要借助一定的方式。高等学校作为高等教育实施的机构或场所,可以说是高等教育功能实现的有形载体和现实表现。而只有具备一定功能,机构才有存在意义。高等教育功能正是高等学校存在的内在依据,是高等学校职能的逻辑起点及基础。功能决定职能,只有具备了一定的高等教育功能,才能实现或履行高等学校职能。二者是一体两面、互为表里的关系。

二、高等教育的功能

高等教育功能的研究历来是高等教育理论界争论和审视的焦点。特别是在每一个重大改革时期或历史转型时期，都会引起新的论争。

（一）国外高等教育功能研究的发展

对高等教育功能的研究，国外大致分为三个阶段。

第一阶段是研究的萌芽期。在对高等教育功能的定位上，他明确提出科学研究与教学相分离，"大学是一个传授普遍知识的场所，大学为教学而设，为学生而设，为自由教育而设"。洪堡是德国著名的教育改革家、语言学者及外交官，柏林洪堡大学的创始人。他在创办德国柏林大学过程中倡导和实行"学术自由""教学与科研相结合"等理念。洪堡认为，高等教育的功能，一是科学探求，二是个性和道德修养。他指出："所谓高等学术机构，乃是民族道德文化荟萃之所，其立身之根本在于探究深邃博大之学术，并使之用于精神和道德的教育。高等学术机构的作用，由内而观之，在于沟通客观的学术和个人的修养。"

第二阶段是研究逐步走向专业化阶段。进入20世纪以后，高等教育研究逐步走向专业化，高等教育功能问题逐步成为高等教育研究中的一个重要课题。除了对高等教育具有什么功能以及高等学校应有什么职能的表层论争外，这一课题开始对高等教育（大学）功能（职能）的内涵、功能（职能）之间的关系、功能（职能）如何发挥等问题进行研究。此外，高等教育的个体社会化、教养等功能和文化传递、创造等功能受到普遍重视。雅斯贝尔斯在《大学之理念》中认为："大学就是一个将以献身科学真理的探索和传播为专业的人们联合起来的机构。""它们的目标应该是塑造健全的人，实现一种最宽泛意义上的教育。"在《什么是教育》一书中，雅斯贝尔斯又指出高等教育有四项任务，第一是研究、教学和专业知识课程；第二是教育与教养；第三是生命的精神交往；第四是学术。

第三阶段的研究更加深入和丰富。20世纪50年代以后，随着世界高等教育尤其是欧美发达国家战后高等教育的快速发展，高等教育对社会产生的积极作用逐步得到广泛的认可与重视。关于高等教育功能问题的研究也更加深入和丰富，人们开始关注高等教育功能的历史演变，高等教育功能扩展与社会政治、经济、文化、科技等方面的互动，以及高等教育功能演变的自我逻辑等主题。20世纪80年代以后，许多重要的国际性高等教育会议都把高等教育功能或高等学校职能问题作为重要议题。这一时期的研究突破了教学、科研和社会服务的三职能传统，提出了高等教育的一些新功能（职能），如国际合作职能、社会批判功能、人才选拔功能等，研究更加注重考察现代社会背景下高等教育的社会责任。

（二）中国高等教育功能研究的发展

中国历史上很早就有如稷下学宫、太学、国子监、书院等传统高等教育机构，也有如孔子、孟子、董仲舒、颜元等教育家、思想家都对教育功能做过论述，其中对高等教育功能多有涉及。直至清末民初，中国现代高等教育体系开始建立，一些学者开始关注高等教育的功能问题，如民国期间，蔡元培、梅贻琦、蒋梦麟等教育家对高等教育功能有过许多精辟论述。但这一时期的探讨主要源于个别学者或大学办学者的个人理念与主张，尚未形成学术交流和学术共识，更未引起政府乃至全社会的广泛重视。

新中国成立后的很长一段时间，由于受整个社会意识形态的影响，人们将高等教育功能更多集中于政治功能，而忽视了其经济与文化功能。直到"文化大革命"之后，1978年开始澄清了许多教育方面的错误认识，就教育本质与属性问题引起了广泛争论，就教育功能问题也开始重新探讨。

20世纪90年代初期，中国的高等教育理论界开始对高等教育功能进行集中研究，到20世纪90年代中后期，达到研究的高潮。研究的视域扩展到了高等教育的经济功能和科技功能。薛天祥在总结这一发展过程时指出："理论界关于教育功能的讨论与有关教育本质的讨论几近相似，是1978年以来的又一个争论热点。这一讨论大体上可分为三个阶段，1978~1983年为从阶级斗争工具功能到生产工具功能的第一阶段，1984~1989年为从工具功能到本体功能的第二阶段，1990年至今为教育多种功能综合分析的第三阶段。"他从三个角度对高等教育功能进行了述评："（1）从教育哲学的角度出发者，认为教育的价值观外化为教育的工效和目的，高等教育功能与高等教育价值观有密切的联系。（2）从社会角度出发者，认为高等教育功能可分为育人功能和社会功能。（3）有学者提出高等教育的功能在方向上有正向功能、负向功能之分，在表现方式上有隐性功能和显性功能之别。"当前，对高等教育功能的研究几乎与时代同行，围绕的主题主要是学习型社会、和谐社会、核心价值观、全面建设小康社会等。

第四节 高等教育的功能与高等学校的智能

如前所述，高等教育功能的发挥需要一定的条件，要借助一定的方式。高等学校作为高等教育实施的机构或场所，是社会和高等教育沟通、整合的实现场所。高等教育功能正是通过它的专门机构——高等学校来实现的。目前，高等学校主要具备如下四种基本职能：培养高级专门人才、发展科学、开展社会服务和传承与创新文化。

一、培养高级专门人才

高等学校的起源可以追溯到古希腊的"学园",甚至更早。在中国,一般认为起源于齐国的"稷下学宫"。与近代大学有着密切关系的应该是产生于西欧的中世纪大学。"所有中世纪大学的基本目的是专业教育,时代要求大批受过良好教育的人以满足其需求,大学接受了这一任务。法律、医学、神学和艺术都是需要有能力并受过教育的人所从事的专业。而大学正是提供这种经过很多训练的人的地方。"最早的大学的职能,就是培养专门人才。从中世纪到近现代大学,虽然经历了漫长的历史时期,但是培养专门人才一直是高等教育的主要社会职能。随着科学技术的进步和社会的发展,高等教育也不可避免地受到新的科技革命浪潮的冲击,其所培养的专门人才的规格与质量也需要不断地改革与创新。新时期,高等学校所培养的专门人才,要掌握先进的科学技术和科学方法,要紧跟科学发展的前沿,要掌握国际信息交流和网络交流的工具与方法,要具备一定的创新精神和创业能力,要时刻保持清醒的头脑,树立正确的、坚定的人生观和世界观。

二、高等学校科学发展

高等学校职能的拓展与科学发展有着密切的关系。18世纪的工业革命向高等教育培养的专门人才提出了更高的要求,使得高等学校成为培养科学研究人才的重要场所。19世纪的柏林大学使科学研究正式进入大学的课堂,德国高等学校教学与科研的结合,有力地促进了德国工业革命的进程。科学研究不再只是教学的手段,而是与社会的生产结合起来,大大促进了生产力的提高,成为高等学校的第二种社会职能。此外,高等学校本身也是知识密集、人才集中、资料齐备、仪器先进的场所,这些都为高等学校开展科学研究奠定了良好的基础。在科学技术综合化、精尖化发展的趋势下,高等学校已成为各个国家进行科学研究的重要阵地。

三、各种形式的直接社会服务

培养人才、发展科学,都是高等学校为社会服务的重要途径。而现代大学还可以通过各种形式为社会提供直接的服务。高等学校为社会服务,开始于19世纪中叶,最早发端于美国。"威斯康星思想"是美国高校为社会服务的集中的精神体现。在近50年来,高等学校为社会服务这一职能才被世界各国高等学校所公认,其内容和形式也更加丰富多样。高等学校作为社会的文化科学中心,对文化、科学、卫生、教育等各方面工作都有积极的指导和促进作用。不同类型、不同层次的高等学校应该根据自身的学科、专业特点和优势,采取多种多样的方式和方法*积极搞好社会服务工作。这既是社会发展的需要,也是高等学校自身发展的需要。

在高等教育大众化的今天，高等学校，尤其是应用型高等院校，通过建立教学、科研、生产三结合的联合体，既能提高学校的教学、科研质量，又能促进社会经济的发展。此外，高等学校还可以通过直接为社会服务获得一定的经济回报，缓解自身的经济压力，更好地提高教育质量。

（四）传承与创新文化

高等教育是优秀文化传承的重要载体和思想文化创新的重要源泉"，"要积极发挥文化育人作用"。高等学校作为文化育人的重要主体之一，承担着文化传承创新的历史使命和社会职能，在推动社会主义文化大发展大繁荣、推进社会主义核心价值体系建设中肩负着重大责任。高等学校要发挥教育文化育人作用，突出高校文化传承创新职能，突出建设社会主义核心价值体系这一根本任务，牢固树立文化育人的教育理念，强化教育引导，增进社会共识，使社会主义核心价值体系融入高校思想理论建设的全过程，培育民族精神，提高国民素质，增强文化自信。各高等学校要加大文化人才的培养力度，优化文化人才培养结构，努力造就高层次领军人才和高素质文化人才队伍。要调整人才培养方向，加大文化产业需求的应用型、复合型和创新型人才培养力度，为推动文化产业成为国民经济支柱性产业提供有力的人才支撑。要提升服务文化发展能力，在文化育人中贡献自己的力量。

此外，随着高等教育的社会地位日益突出，人们对高等教育的认识也更加深入，有些学者还提出了高等学校的国际交流职能、社会批判职能、创业职能等，这些都不同程度地反映了一定时期社会对高等学校提出的具体要求及赋予高等学校的使命与责任，也是今后高等学校的工作方向。

第四章 高等教育的科学研究

第一节 高等学校科学研究的任务与特点

高等学校科学研究,是指在高等学校进行的在人文、社会和自然科学领域中的旨在探究真理的普遍理智创造活动。高等学校的科学研究不仅是培养高级专门人才的重要措施,而且对国家科学技术和经济的发展具有巨大的推动作用。

一、高等学校科学研究的任务

首先,高等学校的科学研究服务于人才培养。高等学校的科学研究过程有学生的参与,科学研究成果在高等学校的教学活动中得以传播,学术信息在师生间得以自由自在地交流。由此,高等学校的科学研究可以拓展大学生的视野,激发大学生的创新意识,有利于其创新能力的形成与发展。

其次,高等学校的科学研究服务于教学活动。教学是高等学校科学研究的基础,科学研究又可以促进高等学校教学水平的提高。教学和科学研究相结合是提高高等学校办学质量以及人才培养质量的根本举措,科学研究对教学的渗透,有利于教师教学水平与科研水平的提升。

再次,高等学校的科学研究服务于区域社会。高等学校的科学研究必须面向区域社会的发展需要,面向区域社会积极有效地开展学术创新、应用创新和技能创新,为促进区域社会政治、经济与文化的全面进步服务。

二、高等学校科学研究的特点

(一)学科齐全,适宜进行重大综合性和跨学科研究

在2011年度国家科学技术奖授奖项目中,全国高等学校获得国家自然科学奖

二等奖23项，占总数（一等奖空缺，二等奖36项）的63.9%。全国高等学校获得国家技术发明奖通用项目29项（一等奖2项，二等奖27项），占通用项目总数（一等奖2项，二等奖39项）的70.7%。2项一等奖项目均为高校获得。全国高等学校获得国家科学技术进步奖通用项目162项（特等奖1项，一等奖6项，二等奖155项），占通用项目总数218项（特等奖1项，一等奖9项，二等奖208项）的74.3%。其中，高校为第一完成单位的105项（一等奖2项，二等奖103项），占通用项目总数的48.2%。国家三大奖全国高等学校共获得214项，占总数（295项）的72.5%。其中，高校为第一完成单位的157项，占总数的53.2%。（以上统计不包含国防专用项目）。高校在全国授奖项目中的高比例，再次说明高等学校的科研实力在不断增强，对中国经济发展和科技进步的贡献越来越大。尤其是2项国家技术发明奖一等奖项目均为高校获得，可以看出高校具有原始创新的能力，在中国特色自主创新发展过程中占有举足轻重的位置。

当前统计数据显示，高等学校的学科门类已达1000多个，非常适合科学研究向深度和广度发展的趋势。在科学研究发展过程的初始阶段，由于生产活动和科学实验水平的限制，人们只能从各种个别的和特殊的现象或过程开始，分门别类地对客观世界的各个领域进行研究。随着科学研究活动的发展，人们对客观世界的认识不断深化，原来各种个别和特殊的现象或过程之间的联系在研究过程中逐渐显露。高等学校多学科、多层次的学科结构特点，是适应现代科学技术相互渗透、相互交叉，又高度分化、高度综合的发展特征所需要的。学科齐全这一特征为重大的综合性课题和跨学科的研究创造了良好的条件。

（二）人才荟萃，设备先进

2010年全国教育事业发展统计公报显示，中国普通高等学校教职工215.66万人，比上年增加4.51万人，其中，专任教师134.31万人，比上年增加4.79万人。普通高校生师比为17.33：1，教学科研仪器设备总值为2279亿元，比上年增加233亿元。

在高等学校这支几百万人的高智力大军中，不少人在科学研究上成就斐然，不发挥他们在科学研究中的作用，就会造成国家人才的巨大浪费，从而影响甚至阻碍科学技术研究的发展进程。此外，国家将全国重点学科点和陆续新建的国家级重点实验室大部分设置在高等学校，以增强高等学校的科学研究能力，其设备既可用于教学，又可用于综合性和跨学科的研究。在科学技术力量还比较薄弱的发展中国家，经济还不很发达，科研经费还不够充足，充分发挥高等学校科技人才荟萃、设备先进的特点，是非常重要和迫切的。

（三）高等学校科学研究的主体是教师和学生

2010年中国全国教育事业发展统计公报显示，全国招收研究生53.82万人，比上年增加2.72万人，增长5.33%，其中，招收博士生6.38万人，招收硕士生47.44万人。在学研究生153.84万人，比上年增加13.35万人，增长9.50%，其中，在学博士生25.89万人，在学硕士生127.95万人。毕业研究生38.36万人，比上年增加1.23万人，增长3.31%，其中，毕业博士生4.90万人，毕业硕士生33.46万人。据美国国家科学基金会的统计，美国有研究生43万多，其中，约25%从事理科研究，包括数学、物理、化学、生物、航天科学、信息科学和环境科学等；约15.3%的从事生命科学研究；约32%的从事社会—行为科学研究；27%左右的从事工程研究。

高等学校的教师不仅是"输出知识"，在教师传授知识的过程中，年轻的高等学校学生、研究生们创造性的想象能力很强，常常提出一些富有启发性的新见解、新问题，促使教师去思考或组织力量进行研究，为科学研究提供新的生长点。高年级本科生和研究生，又是高等学校科学研究的一支重要力量，研究生中不断成长的优秀人才是高等学校充实科研力量的源泉。高等学校不仅传授知识，还要不断创造新知识、传承与创新文化科学。只有这样，高等学校才能培养出优秀人才，以适应并促进科学技术和国民经济的健康发展。要达到这个目的，高等学校教师要不间断地进行创造性劳动，站在科学技术发展的前沿。高等学校的科学研究以培养优秀人才的要求为动力，以多学科的知识为基础，特别有源源不断的富有朝气的新生力量，这些特点往往是专门研究机构所不能企及的。

（四）高等学校的信息资源丰富，信息系统发达

在由瑞典、丹麦14所高水平大学组建的厄勒松大学的6个跨国研究网络和3个跨国研究项目中，瑞典的隆德大学还被指定为中欧合作计划"欧盟—高等教育合作计划"欧洲项目管理办公室的所在地。

不论过去、现在还是将来，高等学校都是智力高度密集的场所，具有开发信息资源的有利条件和潜力。现代社会是一个信息化的社会，信息将成为社会生产的一种重要资源。在信息化社会中，对信息的生产、储存、加工、传递、处理将成为社会的主要产业之一，谁的信息产业发达，谁的科学研究就能走在前头。高等学校同社会、高等学校与国内外的研究机构等有着广泛的联系和交流，具有完善的信息技术网络，其本身也易于形成良好的学术环境以增进信息的交换，这种优势使高等学校科技信息灵通，这正是现代科技发展所不可缺少的。

第二节 高等学校科学研究的功能

科学研究是高等学校的重要职能之一，也是国家科学研究体系重要的组成部分。特别是在知识经济发展的大背景下，社会对高等学校科学研究成果的渴望从未像今天这样强烈，高等学校的科学研究从未像今天这样在社会进步中发挥着如此巨大的作用。

一、高等学校的科学研究促进了现代科技的大发展

国家科学技术奖是中国科学技术领域的最高奖，分为国家最高科学技术奖、国家自然科学奖、国家技术发明奖、国家科学技术进步奖和中华人民共和国国际科学技术合作奖五个奖项。"中国校友会网2012中国大学重大自然科学奖排行榜"以1978年至2011年中国高校获得的国家重大自然科学奖为数据基础统计得出，是衡量高校知识创新贡献力的重要尺度，是反映改革开放30多年来中国高校基础研究和应用基础研究水平的重大标志。报告显示，1978年以来，北京大学共获2项国家自然科学奖一等奖和38项二等奖，雄居"中国校友会网2012中国大学重大自然科学奖排行榜"榜首，已经是连续第6年蝉联该榜榜首，体现出雄厚的基础研究实力和集成创新能力，是中国自然科学领域知识创新贡献力最强、基础研究水平最高的高校，是中国高校知识创新的领头羊。清华大学获1项一等奖和26项二等奖，居第二；南京大学有22项获奖成果，列第三；复旦大学和吉林大学各获12项奖励，并列第四；中国科技大学和南开大学各有9项，并列第六；上海交通大学有8项，列第八；浙江大学、大连理工大学和中山大学各7项国家自然科学奖，并列第九。

据统计，迄今为止，足以影响人类生活方式的重大科研成果有70%诞生于世界一流大学。截至2009年，哈佛大学已经有44位现任或是前任教师获得过诺贝尔奖。世界上每次重大的科学技术创新与革命都同高等学校有着不可分割的联系。现代科学技术的飞速发展，使科技成为第一生产力，在此背景下，这种联系就更加紧密，并极大地促进了高等学校科学研究的发展。这是因为高等学校既是大批高级专门人才集中的重要基地，又有较丰富的图书资料和现代化的仪器设备，承担着培养科技发展所必需的专门人才的任务。所以，高等学校必然在科技革命中扮演着重要角色，这是历史发展所赋予的使命。

现代生产是科技的物化，但科技不能自动地物化为生产。高等学校通过活动把科技直接物化在生产工作者身上，并通过他们在生产劳动过程中再把科技间接地物化在劳动对象上。所以，高等学校如同一个载体，正是它载负着科学并使科学进入生产过程。高等学校要与经济社会协调发展，就必须积极开展科研。科学研究成了现代高等学校的一项中心任务，发展科学也成为现代高等学校的重要职能。

二、高等学校的科学研究与人才培养

清华大学2009年出台一项特殊的本科人才培养计划—"清华学堂人才培养计

划"，旨在进一步实施拔尖创新人才培养战略，深化因材施教。根据计划安排，在师资配备方面，聘请学术造诣深厚、教学经验丰富、具有国际视野的院士、长江学者等担任首席教授。在氛围营造方面，通过与世界级科学家交流研讨、举办经常性的高水平学术报告等形式，搭建高端交流平台，营造浓厚学术氛围。在国际交流方面，通过联合培养、交换生项目、海外研习、暑期学校等方式，分期、分批选派学生到国外一流大学学习、交流，拓展国际视野，了解学科领域前沿，鼓励学生利用国外条件开展研究工作，尽快融入国际一流学术群体。

高等教育发展的实践和世界各国高等教育发展的事实证明，科学研究与人才培养相结合是高等学校办学质量提升的根本保障。

（一）人才培养与科学研究结合是高等教育发展的客观规律

高等学校的人才培养和科学研究两种活动及其结合的重要特征，并不是现代高等学校中才出现的，也并不是近代高等学校里才具有的。远在古代，具有高等教育性质的一些学者聚集的场所，就是把讲经授徒、研究学问、交流学术等活动结合在一起。

随着资本主义社会的发展，科学研究越来越成为高等学校的重要内容。17世纪，英国的高等学校在使英国继意大利之后成为当时世界科学中心的过程中起过积极的作用。18世纪末，法国的"多种工艺学院"为当时法国科学研究和教育最重要的中心，培养出了许多优秀的科学家，从而促使法国科学在19世纪的最初几十年中在世界上处于领先地位。19世纪初，近代的自然科学研究便正式列入了高等学校的教学计划。1810年，德国兴建的柏林大学，明确规定了教学和科研统一的办学原则。由于德国贯彻这样的办学原则，要求高等学校教授必须具有高水平的科学研究能力并做出贡献，因而使德国的科学研究在很长一段时间里一直走在西欧各国的前列。德国的教学和科学研究统一的办学原则，其后被美国的高等学校所接受。美国不少著名高等学校教学和科学研究并重，为各领域培养了大批优秀人才，促进了现代科学的发展，对美国在许多研究领域取得领先地位起了很大作用。

（二）正确处理人才培养与科学研究的关系

在知识经济时代，科学研究在经济社会发展中的地位和作用越来越重要，因此政府及其有关部门越来越重视高等学校的科学研究工作。无论是重点高等学校、还是一般本科院校，无论是办学历史较长的高校、还是新建本科院校，无论是研究型高校、还是教学研究型或教学型高校，都在强调科学研究的重要性。从目前的实际情况看，高等学校出现了"科研冲击教学"的危险倾向。由此引发出一个亟须研究和解决的问题，就是高等学校如何正确处理科学研究与教学的关系。

首先，教学与科学研究密不可分，只要处理得当，两者便会形成相互促进的关系。

  众所周知，教学是大学最古老的职能，大学从其诞生之日起就存在着教学活动。实际上，科学研究活动在高等教育产生之日起就与教学活动相伴而生，正如一位教育家所言："自古以来，高等院校就是研究的场所，柏拉图、亚里士多德以及中世纪的许多学者都把教学与科研结合起来，这种做法即使在今天仍是值得模仿的。"教学与科学研究密不可分有着极其重要的意义和价值，一是能够促进教育教学观念的更新。在科学研究过程中，教师把领悟和掌握的现代科学新思想、新思维应用到教育教学实践中，促进教育教学思想的改革和观念的更新，用现代科学新思想、现代教育教学新观念指导教育教学实践。二是能够促进教师专业发展。在科学研究过程中，教师必须查阅大量文献资料，全面了解与自己研究的课题相关学科的研究现状、最新研究成果、发展趋势与动态，以及未知的领域。实际上，教师从事科研过程本身就是一个主动学习的过程、主动自我更新知识的过程。三是能够促进学生发展。在科学技术日新月异的今天，高校要解决教材反映现代科学技术发展最新成果的滞后性问题，要把现代科学发展的最新成果及时引进课堂，传播给学生，而这一切关键在教师。通过科学研究，教师及时了解科学发展的新动态、新发展，掌握科学发展的最新成果，并及时把别人研究的和自己研究的最新成果引进课堂，只有这样，今天的高等学校学生才能学到最新的科学知识。同时，教学也能够促进科学研究，教学过程也是发现新问题的过程，教师与学生的教学相长不断为科学研究提供新课题。

  其次，要把科学研究与教学结合起来，形成相互促进的机制。

  雅斯贝尔斯曾指出："只有自己从事研究的人才有东西教别人，而一般教书匠只能传授僵硬的东西。"教学与科学研究的关系实质上是"源"与"流"的关系，即科学研究是"源"，教学是"流"。高校教师尤其要以教授自己的原创性学术成果为主，教师的学术成果越多，教学内容就越丰富。正如德里克·博克在《走出象牙塔——现代高等学校的社会责任》一书中所说，只有当实用性教学和应用性研究与基础研究是一种只有在高等学校环境内存在的教学相结合时，专业学院的质量才能达到很高的水平，科研与教学才能取得最佳效果。而这种相互促进机制的构建，需要统筹科学研究与教学工作，始终坚持把教学工作摆在学校一切工作的中心，通过加强政策引导，调整利益关系，改革和完善评价体系，把"科学研究与教学相结合"作为高等学校科学研究工作评价的重要内容之一，包括研究方向与所教课程的关联性、科学研究选题与教学的结合性、学生参加教师主持的科学研究课题的情况、学术成果引入课堂教学的情况，等等。要采取切实可行的措施，有效地引导高等学校及其教师克服重科研、轻教学的偏差，树立高校科学研究与教学紧密结合、为人才培养服务的观念，调整科研工作的价值取向，把提高教师的教学水平和能力作为科研工作的重要目标之一。要引导教师把教学中发现的新问题作为科研课题予以认真研究，及时把最新学术成果引进课堂教学。最重要的是高等学校要始终坚持以人才培养为中心，坚持科研工作服务并促进人才培养质量的提高，这是高等学校的科学研究与科研院所的科学研究的一个根本区别。我们应当特别注意的是，高等学校加强科学研究，不能削弱教学，只能有利于教学、促进教学，促进人才培养质量的提高。

三、高等学校的科学研究与社会服务

从高等学校的功能和作用来说，科学研究和社会服务都是现代高等学校的基本职能。社会服务是现代高等学校履行社会责任和义务的内在要求，是高等学校的价值取向及其价值彰显的途径，也是高等学校科研工作的动力源泉。高校科研通过社会服务将获得广阔的发展空间，可以从社会发展实践的重大理论和现实问题中找到新的研究对象，培育自身发展的增长点和空间。剑桥大学之所以在20世纪90年代创造了"剑桥奇迹"，就是由于剑桥更加重视技术创新，主动为社会经济发展服务。正确处理科学研究与社会服务的关系，就是要坚持以服务求支持，以贡献求发展，积极推动高等学校科学研究主动开展和参与社会服务，不断实现和提升科研自身价值。

（一）分析社会，把握社会需求

中国的"973计划"于1998年设立，是面向国家经济和社会发展的重大需求，具有全局性和带动性的重大基础性研究计划，该计划包括农业、能源、信息、资源环境等八个重点领域。"重大科学研究计划"于2006年设立，面向世界科学发展趋势和中国重大战略需求，目前该计划重点部署了蛋白质研究、量子调控研究、纳米研究等六个方向。"十一五"期间，北京大学在农业、信息、人口与健康、材料、综合交叉、重要科学前沿、蛋白质研究、量子调控研究、纳米研究、发育与生殖研究、全球变化研究等十一个领域和方向获批"973计划"和"重大科学研究计划"共计34项，32名教授被聘为项目首席科学家，立项数和首席科学家数均居全国首位。

由此可见，高等学校必须把满足社会需求作为科学研究发展的自觉要求，主动深入到社会经济发展一线去寻找课题并开展合作研究，增强课题研究的针对性。高等学校要主动分析和预测社会发展的潜在需求和趋势，科学确立高等学校科学研究的战略目标与战略重点。同时，积极引导和创造社会需求，提升科学研究的前瞻性。

（二）开发高新技术，促进经济发展

早在20世纪30年代，MIT（麻省理工学院）就敏锐地察觉到科学研究应该和工业相结合。1962年，MIT建立了"麻省合作者计划"，主动地联络工业企业，为

其服务。在MIT的支持下，波士顿128号公路周围建立了众多的高新技术公司，形成了举世瞩目的高新技术工业区。这给波士顿地区的经济带来了极大好处，MIT被称为马塞诸塞州的经济救星。

在中国，开发高新技术是高等学校科学研究服务社会经济发展最直接的方式，要坚持"三高、三新"原则。"三高"是"高水平、高起点、高效益"，要求高等学校科学研究依托自身科技优势和人才优势，使开发的高新技术更具技术领先性和市场领先性，实现经济效益和社会效益的最大化。"三新"是"开发新产品、利用新资源、形成新的经济增长点"，要求高等学校开发高新技术应着眼于新资源的开发和综合利用、产品的更新换代和升级，促进经济结构调整优化和形成新的经济增长点。

（三）推动传统产业改造，发展高新技术产业

2011年10月30日，由同济大学与一汽大众汽车有限公司、奥迪公司三方共同建立的"奥迪同济联合实验室"在同济大学汽车学院正式启动。同济校务委员会主任周家伦表示，"奥迪同济联合实验室"的建立，不仅标志着同济与奥迪的联系与合作更加紧密，也为广大师生提供了科学研究和人才培养的高水平平台。据介绍，按照奥迪同济联合实验室项目合作协议，一汽大众和奥迪公司为同济大学提供不带内燃机和传动系统的量产A6L轿车，同济大学负责该车的电驱动动力总成系统，包括配件和集成等工作，奥迪和一汽大众则专注于该车的系统集成以及对原车的改造。

"奥迪同济联合实验室"的建立表明，积极构建"科学研究—工程研究中心—企业孵化器—高新技术公司—科学园区"的高等学校高新技术开发链条，在高等学校的科学研究整体进程中嵌入市场拉动机制，能持续推动科技创新和成果转化，可有效地拓宽高等学校为社会服务的途径。高等学校社会服务途径的多样化，是提高社会服务水平和效益的基础。除了开发高新技术以外，高等学校还可以通过积极承接区域产业发展和企业产品开发的重大技术难题，积极开展多种形式和各个层面的战略决策咨询、社会经济发展重大理论和重大思想问题咨询以及社会组织机构的发展咨询与技术咨询，通过有效开展技术培训、技术讲座、技术指导等为社会服务。

高等学校还要注意加强与政府、企业及其他社会组织的协调。高等学校科学研究对社会服务的贡献度，不仅取决于科研水平，还取决于高等学校与社会组织的关系，即高等学校科学研究成果是否为社会组织所认可与接纳。这既需要政府的宏观调控及市场机制的配置作用，更需要高等学校主要适应环境变化并发展与政府、企业及其他社会组织协调的能力，形成"高等学校—产业界—政府"的密切关系。

第三节　高等学校科学研究的组织原则

科学研究的组织原则是科研工作应遵循的基本要求，是完成研究任务的重要条件。科学研究的组织原则是根据高等学校科学研究的任务和特点以及科学研究工作的实践经验而提出的。正确理解和贯彻这些原则，对加速高等学校科学研究工作进程，完成研究任务，提高科学研究的质量和效益具有重大作用。

一、科研与教学相结合原则

高等学校的教学和科学研究是互相促进、互相影响、相辅相成的两个方面。教学带科学研究，科学研究促教学。通过科学研究，对某些问题有所发现，有所创新，并创造大量新的研究成果。这样，教师在教学中可以将科研成果不断转化为教学内容，让学生经常接触最新的科学研究技术和学术成果。

教师参加科学研究，进行科学实验，随时可以把本学科的新成果采纳到理论教学中去，充实或修正教学内容，把新的测试技术和先进的实验方法引入到教学实验中，这对不断提高教育、教学及实验水平无疑有巨大的促进作用。与此同时，高水平的研究人员参加教学活动，可以了解社会急需，最能把握科研的主攻方向，制定研究方案，有效地解决教学和社会发展中出现的问题。

在全球化时代的今天，科学技术的发展日新月异，各学科间互相渗透，有的科研项目非多个学科的知识背景而不能完成，因此，科研人员还得依靠有关学科的教师在课题组里联合攻关。此外，通过教学，教师和学生之间不断交流和反馈，有利于进一步澄清疑难问题，活跃学术思想，创造良好的学术氛围，更好地开展科研活动。教学科研科长原则是高等学校必须遵循的。

二、共性与特色相结合原则

高等学校不仅是培养专业人才的摇篮，而且是开发研究和发展高新技术的重要阵地。大力开展科学研究是提高办学水平，增强高等学校综合实力的长远目标。在中国，各类高等学校科研活动的主体、科研经费、科研项目、科研平台及科研成果诸多科研管理要素构成的运行机制，以及科研管理的领导体制和组织机构大多具有共同的特点。

但研究特色是高校核心竞争力的主导因素。一方面，研究特色是核心竞争力形成的重要基础；另一方面，研究特色又是核心竞争力形成与发展的结果。由于各方面的原因，有的高等学校在人文社会科学领域有优势，有的高等学校在自然科学领域有优势；有的高等学校在基础研究领域有优势，有的高等学校在应用研究领域有优势。因此，各高等学校在制定科学研究规划时，应结合学校自身的特点与优势、学科专业的特点与优势、学校所处地域的特色与优势,确立自身的科研重点,另辟蹊径,既要充分发挥优势,又要"扬长避短",形成科学研究的鲜明特色。科学研究特色是目前高等学校赖以生存和发展的基础,高等学校要基于实际情况、科技前沿和高等教育发展前沿来确定自己的科研定位。科学研究定位是高等学校实现科研突破的关键,也是高等学校进行学科培育的核心所在。

三、基础研究与应用研究相结合原则

高等学校的科学研究既有基础研究,又有应用研究。两者既相互区别,又相互联系,共同构成科学研究的结构体系。中国高等学校有多种类型,如综合性高等学校、多科性理工学院、单科性学院等。高校的学科、专业与所开课程,涉及基础学科、应用学科和技术学科等。不同类型、不同条件的高等学校定位不同,基础研究和应用研究的侧重可以有所不同。高等学校在谋划科研工作时,应正确处理基础理论研究与应用技术研究的关系,坚持分类指导,科学确定科学研究重点,优化配置科研资源,实现高等学校科学研究效益最大化。有条件兼顾基础研究和应用研究的高等学校,如综合性高等学校,要重视基础研究,加强应用研究;而工科院校,应用研究的比例要高于基础研究,但不可忽视基础研究;即便是职业院校也应重视基础研究,以培养理论家型的技能人才。

四、稳定性与灵活性相结合原则

高等学校要有比较稳定的科学研究组织,以承担科学研究和教学的双重任务。为完成某个专题研究任务,可以随时组织临时性的研究组织。一般来说,基础研究和理论研究的组织要相对稳定,应用研究与发展研究的组织要有较大的灵活性。研究组织的稳定性和灵活性是对立的统一。讲灵活性不是无根据地随意建立机构,讲稳定性不是组织僵化、失去适应能力。不适合经济和科学发展要求、长期不出成果的研究机构,应缩小或撤销;符合现代科技发展方向、文化创新、经济建设与社会发展亟须的研究领域或学科,要及时建立新的科研机构;综合性的协作研究组织,在完成协作的研究任务后,应解散并及时转移到新课题的研究。高校科研组织稳定性和灵活性相结合是适应科技快速发展的必然选择。

五、经济效益与社会效益相结合原则

2010年9月25日,"清华大学—武威市全面合作启动仪式"隆重举行。今后市校双方通过建立有效的双赢合作模式,重点在城乡产业规划、新能源装备制造、生物医药、精细化工、循环经济、生态环境以及荒漠化治理、盐碱地改良等领域,积极开展产学研合作,推动清华大学技术成果与项目向武威市的转移。

高等学校的科研成果必须克服华而不实的所谓"礼品、样品、展品"的状况,

要加强推广应用，使它收到明显的经济和社会效益。要加强对科学研究的管理，使一定的人力、物力、财力的科研投入，达到最佳的经济效益和社会效益。但在衡量一所高校科研的经济效益和社会效益大小时，不应只估计科研直接创造的经济价值的数量，尤其不应只看到学校或个人的收益，片面追求"创收"，把科技人才都投在技术简单而容易赚钱的所谓"开发研究"上，必须考虑到通过科学研究对培养人才的作用，并进而看到它对社会发展的深刻影响。这就是说，必须全面考察高等学校科学研究的经济效益和社会效益。高等学校的科学研究，既要讲究经济效益，增加科研成果的数量，缩短科研周期，又要充分考虑社会效益以及教育意义，提高科研的水平和成果的质量。并通过逐步扩大高等学校自主权的办法，把国家、学校、教职工个人三者的经济利益兼顾起来，使广大教职工更加关心学校科研能力的发挥，从而使学校的科研达到最佳的经济效益和社会效益。

六、人文研究和科学研究相结合原则

随着现代科学的发展，人文社会科学研究与自然科学研究相互融合的趋势日益明显，两者在研究思路、研究方法等方面相互借鉴和互补。现在，高等学校的人文社会科学研究越来越多地运用实验和定量分析的方法，自然科学研究也越来越多地运用个案研究、追踪调查和定性分析等方法。现实中，越来越多的问题需要人文社会科学研究人员和自然科学研究人员共同研究，例如，人与自然和谐发展的问题，人口、经济与环境、资源可持续利用等问题。高等学校具有学科比较齐全、人才聚集、跨学科研究力量比较雄厚的优势，有利于促进学科融合，促进交叉学科、边缘学科、新兴学科的研究。因此，高校要积极创造条件，在政策引导、机构设置、制度环境、人员配置等方面，促进人文社科研究人员和自然科学研究人员互相学习、互相借鉴，多交流、多合作，促进学科交叉融合，实现人文社会科学与自然科学协调发展。

七、计划课题与自选课题相结合原则

科学技术发展的动力来自社会经济发展的需要和科学技术内部发展的矛盾两个方面。社会经济发展所需要的研究课题往往反映为计划课题；遵循科技发展的内部规律的课题往往反映为自选课题，因为只有研究者本人才能深知科技内部的发展规律，才能对科技发展的生长点有敏感。从这两方面去选题，在很多情况下是一致的，但在有些情况下也并不都是吻合的。高等学校的基础理论研究具有很强的探索性，研究周期很长，其成果对科技和社会的发展影响深远，难以规定具体要求和时间，应在国家总的科技发展规划的指导下，并保证研究经费和条件设备。而协作攻关项目等大量研究课题，研究周期较短，研究内容比较具体明确f更多地采用计划课题的方式，但也要充分发挥学术领导、同行评议的作用。在不少

情况下，自选课题常常转化为计划课题。高等学校应贯彻计划课题和自选课题相结合的原则，尽可能使所选的课题既适应社会经济发展的需要，又符合科学技术自身发展的规律。

第四节 高等学校科学研究的机构设置

一、高等学校科学研究机构设置原则

高等学校科研机构是学校开展科研工作的基本单位，是高校科学研究上水平、出成果的重要平台。高等学校科研机构的设置应有利于学校科学研究工作与学科建设持续、稳定、协调的发展，有利于集成校内外相关学科的资源和人才优势，形成科研团队，充分发挥高校科研基地和人才培养基地的作用。

（一）依托教学原则

所有科研机构的研究工作，应与高校的学科建设和人才培养密切结合*同时按照科学研究的规律，不断调整、优化科研资源配置，提高效益与效率，形成创新、竞争与合作的新机制，使科研机构具有承担重大课题和解决复杂问题的综合研究能力。

（二）鼓励优先原则

高等学校应鼓励在全校范围内跨学科、跨院（系）建立科研机构，鼓励科研机构以适当方式进入大中型企业或企业集团，鼓励高校的研究机构与组织和大中型企业或企业集团在互利合作、共同发展的原则下合作建立科研机构，鼓励高校的研究机构与组织与其他高校、科研院所、企业共建虚拟式科研机构。尤其是对新兴学科、交叉学科或国家急需发展的研究领域，可根据情况优先建立研究机构。

二、高等学校科学研究机构设置形式

（一）"实体"与"虚拟"相结合

高校"虚拟"学科团队是围绕发展学术知识而存在的，一般由本校一个学科或几个相关的学科的少数研究人员组成，也可融入国内外的其他一个或多个高校的一个或多个相关学科的研究人员组成，其成员是跨地域、跨时空、跨组织边界、跨文化，甚至是跨越国界的。如今，重大社会问题与科研问题已不是单一学科或团队所能解决的问题。虚拟组织可以作为实体组织的有益补充，尤其在跨学科科研合作组织方面成为主要的组织形式。虚拟的科研组织可以弥补传统实体化科研组织条块分割的缺点，体现开放系统观与现代组织理论的基本思想。根据中国国

情,高等学校也可采取"以实体组织为主,虚拟组织为辅"的方式。

(二)"静态"与"动态"相结合

日本筑波大学不拘泥于狭窄的专业领域开展科研活动,成立了根据学术研究的发展和社会需要而设立的一种跨学系的综合性学术研究组织,即特别课题组。这种由不同学术背景的研究人员组成的团队体现了学科交叉和学科融合的特点。特别课题组不是固定不变的,当研究任务完成后即行解散,再根据新的研究课题而重新组织新的特别课题组。

在学科规训制度的作用下,人类完整的文明被割裂,被划分为不同的学科门类。19世纪形成的经典的学科规范,要求每一门学科必须有明确的研究对象、严谨的理论体系和独特的研究方法。20世纪以来,科学呈现出高度分化又高度综合的趋势,人类现实生活中的几乎每一个问题都带有综合性,依靠某一单个学科的研究队伍无法解决,必须借助多学科和跨学科的力量。随着社会的不断发展与急剧变化,重大研究课题会随时出现并发生变动,这就需要高等学校的科研机构根据外部环境与自身能力的动态变化,审时度势,在必要的时候对研究方向做出调整乃至根本性变革,实行"静态"设置与"动态"设置相结合的策略,变被动为主动。

(三)"大协作"与"小团队"相结合

大平台、大投入、大项目是当前中国高等学校科研组织最重要的发展趋势,灵活、风险小、管理成本低是科研创新小团队所独有的优势。在科研大协作的同时应注重对于小型团队以及个体的学术自由的尊重,防止一味追求规模和一致性而影响其发展空间和整体的创新活力。在大平台内部,应在目标与价值体系的指导下给予小团队及个人充分的活动空间;对于大平台之外的团队和个体,应给予其选择是否进入的权利。此外,对于大平台之外的小团队和个体,应充分发挥其在前瞻性研究创意方面的专业性和灵活性。

(四)"高校"与"企业"相结合

"十一五"以来,中国由产学研联合承担的国家科研项目的比例明显增加。例如,国家科技发展中长期规划确定的16个重大科技专项,绝大多数以产学研合作的形式推进;国家科技支撑计划首批立项项目,90%为产学研合作项目,其中,企业牵头的占1/3。

全球政治、经济的激烈竞争,使高等教育成为一个国家在国际舞台上取得一席之地的"重要法宝",许多国家都不惜一切代价优先发展高等教育,国家政治力量全面介入高等教育领域,成为高等学校新的主宰力量,它迫使高等学校的教学与科研走出"象牙塔",与社会生产紧密结合。"高校"与"企业"相结合是市场经济发展的必然产物,是现代高等教育发展的一种趋势,更是以综合为特征的现代科技发展的客观需要。"高校"与"企业"的结合类型和方式是多种多样的,有以高校及独立研究机构为中心的高科技开发区、科技孵化器;有针对某些学科领域组织的高等学校与企业联系在一起的工程研究中心;有教学、科研、生产联合体,这种联合体是生产力发展到较高水平的产物。结合的方式是多种多样的,除了上述联合体这种形式之外,还有技术咨询、技术培训以及技术转让等等,要根据双方的条件与需求而定,总的精神是互利互助。

三、高等学校科学研究的合作形式

2010年,教育部与国家海洋局签署协议共建17所直属高校。根据共建协议,教育部将进一步推进共建高校的改革、建设与发展,大力发展海洋教育,支持共建高校涉海学科及相关重点学科、重点实验室和研究平台建设,促进涉海及相关学科专业交叉融合和新兴学科发展。国家海洋局将把共建高校涉海及相关学科的发展纳入国家海洋事业发展规划,支持共建高校与国家海洋局局属单位开展科技合作和科研成果转化工作,使共建高校在海洋科技创新、海洋经济建设当中发挥更大作用。

21世纪,科研协作的规模越来越大,内容更加复杂,形式多种多样,"大科学"的协作研究形式已经形成。其中,有些协作研究已从国家的规模进一步发展到国际协作的规模。科学研究的协作是科学发展的客观要求和必然趋势。高等学校学科齐、专业多,是实现不同学科科研协作的有利条件。高等学校应从实际出发,开展不同组织形式的科研协作,以促进新思想的交流,缩短研究周期,发展新兴学科和边缘学科。

(一)校内专题科研合作

2006年,由若干跨学科研究中心或研究所组成的北京大学前沿交叉学科研究院成立,并在生物医学、纳米科学、环境健康等多个重要领域内承担科研任务,成为北京大学在前沿领域的重要增长点。这些新的举措同时也是国际学术合作的新平台,为国际学术合格人才培养创造了良好的条件。

根据专题研究任务的需要,高等学校可抽调不同院系科的教师组成校内专题科研合作机构。研究工作自始至终由专题协作组组织实施,参加人员应相对稳定,但随工作进程可增可减,组内教师的教学任务安排应同各有关的院系协商解决。如组织生物、地理、化学等院系的有关教师成立协作组,调查研究某地区的环境污染及防治等问题。

(二)学校——企业科研合作

美国硅谷、英国剑桥科学园的成功经验表明,高等学校特别是高水平研究型大学是高新技术产业的生力军,是促进科学与经济联系的重要渠道。兴办科技园区和孵化器，促进高等学校科技成果商业化，高水平大学具有得天独厚的资源优势、地域优势、智力优势与品牌优势。高等学校应积极与企业、科技中介和风险投资等组织合作，培育知识密集型高新技术企业，为产业升级换代和区域经济发展作出重大贡献。

学校——企业科研合作机构由高等学校同企业挂钩协作研究，一般由高等学校提供技术资料和设计要求或研究成果，由企业承担工艺技术、试制样品。这种形式有利于学科的建设和发展，有利于研究成果迅速转化为生产力，适用于应用和开发研究领域。在协作组的基础上，还可将这种形式发展为科研、生产联合体。

（三）国内高校—国内高校科研合作

在中国，高等学校已成为国家科技创新体系中的重要组成部分，随着科研活动集团化趋势不断增强，高校之间的科研合作日益增多。高等学校应协同其他高校一起参加某一区域的综合开发、重大的综合研究任务、行业的技术改造和引进技术的消化、吸收与创新研究。高等学校科研协作的形式多种多样，可根据科技、经济、社会协调发展的需要而发展变化。

（四）国内高校—国外高校科研合作

高等学校在开展国际科研协作和学术交流方面具备特别有利的条件。目前中国已有许多高校与国外不少高校建立了双边合作关系，如北京大学在参加国际间大学组织的活动方面十分积极，为IARU（国际研究型大学联盟）、APRU（环太平洋大学联盟）和AEARU（东亚研究型大学协会）的成员，并在其中发挥着重要作用。这种国内高校—国外高校联盟关系将随着时间的推移而不断加强，通过国际学术交流和科研协作，可以吸收世界上最新的科学成就，加速科研的发展和科技骨干力量的成长，加强薄弱学科建设和建立空白学科。

第五节 高等学校的学术自由与科学研究

科学研究离不开学术自由。学术自由是高等教育中最悠久的传统，也是近代高等学校的经典理念。学术自由是追求真理的先决条件，是保证学术纯洁的前提，也是高等学校追求卓越的前提。

一、学术自由在科学研究中的意义

高等学校是培养高级专门人才，传承、研究和创新高深学问的学术场所。学术性是高等学校最重要的本质属性。学术自由是学术维持生命活力的必要条件，是科学研究繁荣的基本前提。

（一）学术自由是高等学校实现科学研究功能的必要条件

威廉·洪堡指出，高等学校赖以立身的原则在于，把科学看作尚未穷尽且永远无法穷尽的事物，并不懈地探求之。高等学校要重视科学研究。蔡元培先生曾说过："高等学校者，研究高深学问也。"高等学校的学术研究不仅研究未知知识，也研究已知知识。对于未知知识，研究者需要大胆地设想，提出各种假设，然后加以验证与完善，逐渐形成新的知识；对于已知知识，研究者需要大胆地怀疑，提出自己新的见解，并给予充分论证来驳倒原有的结论。显然，这些过程都需要高等学校具备一个最基本的条件—学术自由。只有在自由的学术环境中，研究者才有可能无所畏惧地表达自己的思想与观点，使各种发现得到不断完善与证实，使错误通过思想与思想、知识与知识之间的猛烈碰撞而逐渐明晰。如果高等学校里听不到与众不同的学术思想与意见，或者它默默无闻地隐没于社会环境中，我们就可以认为，这所高等学校没有尽到它的职责。高等学校教师的自由探讨、发出不同的声音是高等学校的职责要求。高等学校的学术研究需要自由的学术环境。

（二）学术自由是高等学校实现科研创新的源泉

高等学校的独特优越性决定其承担了一个重要职能—创新，也就是通过科学和学术研究创造出新的知识，形成新的文化成果，对社会原有文化进行更新和补充。高等学校是开展科学研究的学术殿堂，是新思想、新知识和新文化的发源地。学术自由是新的思想、知识与文化产生与发展不可缺少的肥料。在学术自由的氛围中，孕育了新思想，创造了新文化、新知识，培养了大批文化巨匠、大批卓越的科学家，从而加快了西方文明发展的进程。19世纪最早倡导学术自由原则的是德国高等学校，根据对西方国家的统计，"在1820~1919年中，40%的医学发明是由德国人完成的；1820~1914年，生理学中65%的有创见的论文出自德国人；德国人在1821~1900年在物理学（热、光、电子）方面的发明超过英法两国的总和。"

学术自由是高等学校教师创新的基础与前提。它可以包容各家各派的观点，保障高等学校教师在不违反学术规范、不违反法律与公民道德准则的情况下发表意见的自由、研究的自由和发表成果的自由。此外，育人是高等学校最古老、最根本的一项职能。高等学校培育的人才质量是高等学校水平的体现，也是高等学校本质的外在体现。高等学校应培养怎样的人，不同的历史阶段有不同的要求。现阶段对于这个问题的解答，有一共通之处，那就是要培养具有创新精神、有个性的、全面发展的大学生，而这些只有在精神完全自由的氛围中才有可能造就。教师代表着既成社会，学生代表着未成社会，他们在知识探索中难免会出现错误与失败，若这种失败能得到理解与宽容，给他们做出新选择的机会，那他们才能大胆地创新、求异；反之，若学生只能循规蹈矩，被动的接受学习，那只会让他们更加畏缩与胆怯，也就根本谈不上创新。高等学校倡导学术自由，意味着为自身创建了一个富含批判、宽容和富于想象的校园文化环境，它能包容学生的错误与失败，鼓励学生不断地尝试，唤起学生的科学探究精神。

二、学术自由的历史演进

（一）学术自由的萌芽

学术自由的思想渊源，最早可追溯到公元前387年古希腊柏拉图所设立的"学园"。柏拉图学园是西方最早的教学机构，也是从事学术研究的"象牙塔"。为了追求智慧和德性，老师与学生、经传的与无名后生、相识的与不相识的一起公开辩论，自由发表见解与思考，学者以一种闲逸的好奇心自由地探索事物的本源。学园这一原初状态的高等学校从其诞生之日起就呈现出学术自由思想的最初面貌。

（二）学术自由的产生与发展

就历史而言，中世纪高等学校虽然最初是自治的，学者对知识的探究也源于一种"闲逸的好奇心"，但这仅是学术自由的一种萌芽状态。文艺复兴、宗教改革之后，高等学校自治遭到破坏，经院哲学成为新兴学问进入高等学校的最大阻力，高等学校进入"冰河期"。就在高等学校陷入衰退之际，西方自由哲学却在高等学校之外兴盛起来。在自由哲学的鼓舞下，17世纪末18世纪初的启蒙君主开始将自由哲学的理念导入高等学校。学术自由真正成为高等学校的核心价值观，始于1810年德国柏林高等学校的创建。洪堡把"学术自由"作为高等学校的首要原则，使学术自由实现了由朦胧状态向自觉状态的转变。

（三）学术自由理念的确立

现代意义上的学术自由是在19世纪初的德国首先确立的。其思想奠基者是三位哲学家：威廉·冯·洪堡、施莱尔马赫和费希特。

威廉·冯·洪堡认为，自由是高等学校第一个不可缺少的条件。他认为高等学校兼有双重任务，一是对科学的探求，二是个性与道德的修养。对于发展科学，洪堡提出了五条原则，即著名的"洪堡五原则"。其中，第五条原则就是，高等学校的生存条件是寂寞与自由。这就是坐"冷板"和学术自由。

高等学校的目的不在于简单地学习训练记忆力，而在于为学生唤起一种全新的生活和高尚的、真正的科学精神。而这些远非强制所能造就，只有在精神完全自由的氛围中才有可能达此目标。

威廉·洪堡等人把"尊重自由的科学研究"以及"教与学的自由"作为柏林大学的基本原则，研究成为高等学校的重要职能，学术自由理念在高等学校正式被确立。柏林高等学校的学术自由主要指的是高等学校教师的教学和研究自由，以及学生的学习自由。随后这一经典的大学理念得到欧美高等学校的普遍认同,并被纷纷仿效之。

(四)学术自由制度的建立

柏林大学学术自由的理念随后向世界各国传播,成为美国、日本等世界各国纷纷效仿的样板。但学术自由制度化的标志是1915年美国高等学校教授协会的成立。AAUP对于美国高等学校的学术自由是一个标志性事件,它的成立也标志着经过不懈的努力,高等学校对于学术自由的争取终于摆脱了单兵作战的状态,并最终通过法律、协会或高等学校章程走向了制度化。学术自由制度化以后,因意识形态、经济原因或宗教原因而直接侵犯学术自由的极端案例越来越少。学术自由作为一种制度,在某种程度上,显著发挥了教师的最大自由度,不仅为学术研究人员提供了保障,而且也保障了整个学术界的自由。

三、学术自由的内涵

学术自由被认为是"高等学校最核心的使命之一",学术自由也被视为现代高等学校制度所必不可缺的基本原则。但是,它的内涵与外延却始终处于变化当中。学术自由也是一个动态、发展的概念,它会因时因地而有着不同的内涵与表达方式。

关于学术自由的概念,中外学者做了诸多的界定。从各国关于学术自由的界定中,可以得到以下几点共同的结论:(1)学术自由主要适用于高等学校的学术活动;(2)学术自由权利的授予对象主要是高等学校教师和学生;(3)学术自由的活动范围是高等学校的教学和科研,具体包括学校自治、研究自由、教学自由、学习自由、思想自由、言论自由、发表自由、出版自由等;(4)学术自由的目的是免除外界不合理的干扰,以潜心探究和传播真理。

需要强调的是,学术自由的主体不仅是个体性的主体,即从事学术工作的人员,还包括集体性的主体,即高等教育机构。正如《国际教育百科全书》中所提到的,"真正的学术自由所要求的并不只是政府不干预学术事务,它还意味着高等学校控制整个课程、教职员工的任命、详细的预算等"。

四、学术自由与科学研究的责任

高等教育研究的责任包含两个方面的内容,即学术责任和社会责任。与学术责任相比,高等教育研究的社会责任更倾向于一种道义感和使命感,是建立在学术责任基础上的一种高级责任形式和研究使命。

(一)学术自由与科学研究的学术责任

学术自由是相对的自由,学术自由是有限度的。学者的研究领域必须在国家政治、法律、社会道德允许的前提下进行追求真善美研究。同时，学术自由的限度也受到政治、经济、法律、道德和学者自身的学术能力和研究内容、层次等制约。

20世纪下半叶以来，全球范围的科学技术研究规模剧增，科学研究活动与社会生产和商业活动的联系越来越密切，国家之间的科技竞争越来越激烈，不端科学研究行为随之急剧增加，抄袭剽窃、弄虚作假、违反人类伦理准则等问题日益突出，成为全人类普遍关注的社会热点问题。"自由和责任，权利和义务，它们是交易的关系。"学术自由的理念是履行学术责任的基础，学术责任可以让学术自由增强使命感和责任感。学者在享有学术自由的同时，还需承担相应的学术责任。学术责任是高等学校存在的意义，学术自由是高等学校生命的真谛。要实现学术责任，需要有学术自由；只有有了学术自由，才能更好地实现学术的责任。若单纯强调某一方面，都有失偏颇。只有坚持学术责任与学术自由的统一，才有利于高等学校的繁荣发展。

学术责任与学术自由互为条件、互相促进。首先，为了实现高等学校培养人才、探求知识、繁荣学术、服务人类的学术责任，需要学术自由，这样高等学校才能以一种清醒的力量，时时给社会注入清流。其次，享有学术自由就必须承担学术责任和职业道德。学者的研究成果必须建立在充分的论证基础上，并通过有效的方法取证，否则越出本学科范围，散布毫无根据的言论，怂恿视听，便超出了学术自由的界限。

（二）学术自由与科学研究的社会责任

高等学校作为一种独特的、具有自身合理规定性的社会组织，承担社会责任有其特定的理由。首先，权利赋予责任，社会给了高等学校以学术自由的权利，高等学校就必须承担与学术自由相应的社会责任。其次，高等学校承担社会责任，是任何国家高等学校存在的目的。美国当代著名教育学家德雷克·博克提出的三个理由——高等学校垄断了某些类型的有价值的资源，高等学校在科研方面的专长和能力为其他社会机构所不能替代，高等学校接受政府巨额资助的钱来自纳税人，也充分说明了高等学校回报社会的责任，高等学校应该利用其特殊的资源服务于社会。

1.高等学校科学研究社会责任的界定

在西方，"责任"在18世纪时主要是个法律概念，并未受到人们的热切关注。直到20世纪70、80年代，"责任"才引起人们尤其是哲学家和伦理学家的重视，逐渐成为研究的主题和主线。人类社会中的每一个成员，都有自己责无旁贷的社会义务和职责范围。由于扮演的社会角色的不同，其承担的责任也有所差异。

科学研究的社会责任中的"责任"，主要是指与特定职业相关联的伦理职责。

"科学研究的社会责任",对高等学校而言,意味着在享受学术自由这一权利的同时,必须承担相应的社会责任;对学者而言,意味着在行使学术自由这一权利时,也应相应地履行其对社会的责任。具体来说,高等学校科学研究的社会责任是指关注并强调社会公共利益和价值,关注并强调高等教育和高等学校对社会健康发展及社会公平与正义事业所肩负的责任和使命。其关注的焦点主要在于学术人员如何对科学研究工作负责、对科学研究的社会影响负责。高等学校科学研究的社会责任的本质,体现为求是的学术精神、求善的学术良知和求真的学术理性。无论是知识的传播还是知识的创新,这种高深的知识都是建立在理性的基础之上,把学术价值和创新作为衡量学术水平的标准,反对弄虚作假、粗制滥造。在考虑学术研究的社会责任时,学者应该记住自己的首要任务是探索真理。在进行有争议问题的研究时,应该谨慎,应该告诫政府和公众要防止滥用研究成果,同时高等学校应该为在其实验室诞生的研究成果所带来的任何不利影响负责。当高等学校的一些科学研究因急功近利而忽略道德约束时,政府有必要对高等学校进行适当的约束,以维护公众的利益。

2.学术自由与科学研究的社会责任之间的关系

在社会发展的现实面前,高等学校不能脱离社会,研究"纯"学术的东西。一方面,坚持学术自由,可以更好地履行社会责任。高等学校通过各种学术活动履行对社会的责任,这种活动与政治、经济活动不同,它必须与社会保持适度的距离,遵循学术的价值和学术自身的逻辑,自由地从事学术活动。这样,高等学校才能以一种清醒的力量,时时给社会注入清流。另一方面,学术自由需要社会责任的规范。学术自由是相对的,受一定的规范约束,这种规范是为着更好地履行学术的责任。如果让学术"自由"到泛滥的程度,也会带来学术上的灾难。履行社会职责,常常可以获得更高程度的学术自由,政府对学术研究的财政资助,既满足了高等学校教授们的研究自由,也极大地推动了学术和高等学校的发展。

当代高等学校在科学研究、传播真理方面的作用和探索未知世界的能力是无与伦比的、不可替代的。但是,随着高等学校对社会的依赖越来越多,高等学校为了获得外界的支持,也必须面对众多领域的实际需求,积极主动地为当前经济和社会发展的需要服务,满足广大人民群众对高等教育日益增长的需求。

第五章 美术学科教育的功能与价值

从某种意义上说,基础美术教育课程改革和发展的目的,就在于变革、扩展和更好地发挥美术学科教育功能,实现美术学科教育的价值。如何正确地认识美术学科教育的功能和价值,如何有效地发挥美术学科教育的功能与价值,是美术学科教育理论中的基本性问题。

第一节 美术学科教育的功能与价值概述

美术学科教育的功能,是指美术学科教育在与人及其周围环境相互影响中所发挥的功效与作用。它往往是指美术学科教育活动已经产生显性的和隐性的,或者将会产生的结果和影响,也就是美术学科教育活动所引起的诸多变化和产生的各种作用。美术学科教育功能含义广泛,美术学科教育活动带来的结果和影响,不仅包括在教育活动中美术对人各方面的影响,以及教育活动的过程与方法对人各方面的影响,而且还包括对其他事物的影响。影响既有直接的,又有间接的;有正面的,也可能有负面的。在语义学上,"功能"一词属于中性词,美术学科教育的功能既指对人和社会的发展有积极意义的结果及作用,同时也包含有碍人和社会健康发展的负面影响。

美术学科教育的价值,是对美术学科教育功能的评定,是指美术学科教育作为客体对人和社会所具有的积极意义的一种特殊社会规定。具体说是人、社会与美术学科教育因需要和满足需要构成的相互关系,是教育者对某些教育功能的肯定,有选择的凸显和强调。

为了更清晰地认识和理解美术学科教育的功能和美术学科教育的价值的含义,下面将简要分析美术学科教育的功能、美术学科教育的价值与相邻概念的联系与区别。

1.美术学科教育功能及其价值间的关系

价值与功能相比，价值偏向抽象的意义，功能更具操作性。价值是对功能的评定。因此，学科教育功能，是学科教育价值之本和学科教育价值之所在。学科教育价值是由其教育功能来支撑，依功能给予其价值定位。也就是首先要有对美术学科教育功能的认识，然后才可能有对某些功能的选择，给予价值的肯定，或称教育价值取向。而价值取向则影响甚至决定功能的发挥，使功能具有了弹性。

2.美术学科教育功能及其价值与美术学科教育的本质

美术学科教育的本质就在"传递美术文化"与"促进人的全面发展"的统一，"传递美术文化"自不待言，"促进人的全面发展"主要是指提高学生的美术文化素质，促进学生全面健康的发展，成为社会需要的合格成员。这些反映出美术学科教育固有的规定性，也就是其根本特征。"传递美术文化"与"促进人的全面发展"的统一，是美术学科教育区别于其他的学科教育的关键所在。其本质是通过功能认识的，是对功能的概括的抽象认识。

美术学科教育的价值源于美术学科教育本身的一些属性，这些属性必须能在一定的程度上满足人的物质和文化需要。美术学科教育的功能是美术学科教育所发挥出来的作用。所以美术学科教育的功能和价值都与美术学科教育的本质息息相关。两者都为美术学科教育的本质所决定，是美术教育本体属性能满足人的主体需要的表现形式，只不过美术学科教育的价值比功能抽象一些。美术学科教育的价值与美术学科教育的本质的差异是，美术学科教育的价值不仅取决于美术学科教育的本质，而且取决于社会和人的主体需要，以及美术学科教育能否满足社会与人的主体需要。对价值的社会规定不是一成不变的。现在，人们站在素质教育的高度看待美术教育，对它的需要更多的是基于社会政治经济文化的发展和个体的全面发展。

美术学科教育功能与美术学科教育的本质二者应该是统一的，二者的区别在于，本质是固有的根本性质，是稳定的；然功能则因价值取向而影响其发挥，或凸显或抑制某些功能。因此，美术学科教育功能虽然是由美术学科教育本质决定的，在不同的国家地区、不同的历史时期，美术学科教育因价值取向不同，所发挥出来的功能也不尽相同。

3.美术学科教育功能及其价值与美术学科教育的目的

美术学科教育的目的，是为解决中小学美术学科教育要干什么和在学生身上要引起哪些行为模式的积极变化，以及其达到什么样的质量规格，而提出和设定的目标。美术学科教育的功能具有客观性，美术教育目的则具有主观性，目的决定对功能的选择和价值的认定，并决定功能的发挥和价值的体现。而人对美术学科教育功能的认识及教育价值取向，又是影响美术学科教育目的确立的根本因素。美术学科教育的目的则制约与彰显美术学科教育的某些功能，凸显其教育价值取向。

美术学科教育的目的具有主观性，而美术学科教育的价值和功能都具有客观性。美术学科教育的目的的确立往往是基于人，着眼于育人本身，而美术学科教育的价值和美术学科教育的功能都是既指向育人，同时又超越了育人的领域与范围。例如，《全日制义务教育美术课程标准（实验稿）》对九年义务教育阶段美术课程的价值确认中，就有"引导学生参与文化的传承和交流"一条，文化的传承和交流就不仅仅是局限于育人的目的了。此外，美术学科教育的目的与实施它所达成的结果之间往往存在一定的矛盾和差距。就概念本身的内涵而言，美术学科教育功能的内涵、美术学科教育价值的内涵都比美术学科教育目的的内涵更为宽泛。

4.美术学科教育功能及其价值与美术学科在学校中地位的关系

过去，美术学科在学校中一度不受重视，地位低下。原因在于对美术学科教育功能及其价值认识不够。自美术学科摒除了"制图"课以后，囿于纯艺术的美术和局限于艺术创作，人们便将其视为闲情逸趣的陶冶情操的美育活动。而社会历来重视的则是对促进生产力发展有重要作用的人必须掌握的工具课——语、数、理、化、外语等。美术不列在工具课中。只是当今社会认识到商品竞争不仅在科技上，还在商品的造型与装潢上，引发了对美术教育的关注。而后，随着社会对人的创造力的重视和脑科学的发展，认识到美术学科有开发右脑功能，具有培养创造精神的优势功能，从而提高了对美术学科教育的重视程度。自社会强调科学精神与人文精神并重之后，认识到美术学科的人文性质和具有美育以及其他诸多教育功能之后，美术学科在学校中才得到应有的重视和给予其应有的地位。美术学科自学校设置其课程以来，可谓是随着对其教育功能之认识的深化，而不断调整对其重视程度和给予其以应有的地位。

5.美术学科教育功能及其价值与美术课程的关系美术教育功能及其价值取向与美术课程的关系，如同购置拖拉机，想让它在哪方面实现其实用价值，必然要配备相应的或拖斗或犁耙等配套设备一样。美术学科想凸显哪方面的教育功能的价值取向，必然在其课程内容上与之相应配套，以实现其教育目的。

第二节 美术学科教育功能理论的简介

人们对美术学科教育功能的认识，是随着美术教育的实践和发展而不断得以扩展的，是随着实践经验的积累和理论的自觉而逐步得到增强和深化的。它与教育发展的历史阶段、与美术学科教育发展的历史阶段是相适应的。作为现代普通学校的美术学科教育，与美术教育相比历史并不长。但美术学科教育从美术教育中产生，为了对美术学科教育功能有更为完整的认识，从更为宽泛的美术教育功能来讨论美术学科教育的功能是必要的。历史上，人们对美术及美术教育功能的认识（或说美术教育功能观）可谓形形色色、多种多样，但在教育发展、美术教育发展的每一历史时期内，对于美术教育功能的自身探讨有一定的代表性，并在某种程度上形成了占主导地位的理论主张与理论流派。每一时期的美术教育功能理论既是对这一时期美术教育实践的指导思想、经验的概括与总结，同时也反映了该时期人们对美术教育功能的认识程度。

（一）古代对美术教育功能的认识

从原始社会开始，人类最初的传授知识技艺的"教育"似乎是一种本能行为，随着对传授功能的认知的明确，才有了自觉的教育。而用图像传递信息的开始，便应是对美术的认识功能的认识与自觉运用。晋代陆机说："宣物莫大于言，存形莫大于画"，是古人对绘画的认识功能之认识的概括表述。明代宋濂在《画原》中写道："古之善绘者，或画《诗》，或图《孝经》，或貌《尔雅》，或像《论语》暨《春秋》，或著《易》象，皆附经而行，犹未失其初也。下逮汉、魏、晋、梁之间，《讲学》之有图，《问礼》之有图，《列女仁智》之有图，致使图史并传"，这些配有插图和说明图的典籍，都是当时社会尤其学生的必读之书，是为了教育中发挥美术的认识功能和助教化功能。

至于古代以美术的形式进行道德习俗的教育，是基于认识到美术的直观形象性对道德教化有很好的宣传和导向作用，所以它是理性的自觉行为。虽然原始社会的图腾便包含道德教化的目的，但人类早期是何时与如何认识到美术的教化功能的，我们不得而知。而奴隶社会的西周，已经于议事兼教育场所的"明堂"的墙壁上绘制壁画，发挥其教化功能达到思贤、戒恶之目的，是已经很明确很自觉的了。"孔子观乎明堂，睹四门墉有尧舜之容，桀纣之象，而各有善恶之状，兴废之诫焉。又有周公相成王，抱之负斧扆，南面以朝诸侯之图焉。孔子徘徊望之，谓从者曰：'此周之所以盛也'。……"《孔子家语·观周》这段记载，清晰的表述了孔子观画所领会的壁画之教化功能与目的。作为教育家的他对此有感而发的议论，明确表达了对运用美术进行教化的认识。所以，中国从古代极为重视美术及其教育的教育功能。因此，历代统治者皆于重要场所的"四门之墉，广图圣贤"（陈·姚最《续画品序》）。南齐谢赫说："图绘者莫不明劝戒，著升沉。"对美术的教化功能的认识有很多记载，如《左传·宣公三年》中记载："铸鼎象物，百物而为之备，使民知神奸。"汉代，曹植言："是知存乎鉴戒者，图画也"。此外，陆机认为："丹青之兴，比《雅》《颂》之述作，美大业之馨香。"这里，绘画的教化作用已被提高到与儒家经典比美的地步。诸如此类的道德教化思想成为主宰中国几千年的美术教育价值观与美术教育功能观。美术教育功能指向社会民众的伦理教化，而教化之目的则在于使广大民众恪守封建伦理道德，善化人格，以此维系封建社会秩序与统治。

在中国古代，人们还认识到了美术教育陶冶情操、涵养性情的功能。孔子提出"志于道，据于德，依于仁，游于艺"，这里所说的"游于艺"并非以"艺"来怡情，而是指以艺来培养德行，经艺术的陶冶升华情感形成情操，与"成于乐"互为诠释。山水画出现，南北朝时期的宗炳提出"畅神"说，他认为山水画"畅神而已，神之所畅，孰有先焉"'明确了绘画的怡情功能。与他同时期的王微也强调山水画"望秋云，神飞扬，临春风，思浩荡；虽有金石之乐，圭璋之琛，岂能仿佛之哉。"的怡情功能。但山水画与花鸟画在儒家"仁"学和中国古代"有情宇宙观"及"天人合一"思想影响下，其绘画哲学是"天人相与""由人复天"，视绘画为生命体，是艺术家的生命精神与人格的再现形式。因此重视气质表现，重写胸次，讲画品与人品之统一，讲格调，借物抒情，托物言志，重意境，和"气韵生动"为要义。这样绘画更富有陶冶情操、涵养性情之功能。因此，古代文人热衷于作画和赏画亦在于此。学习绘画，古人强调心领神会和感悟。心领神会指人的内在审美感应与体验。感悟则既要悟艺术表现技巧，又要悟绘画真谛，悟宇宙精神与人的精神的统一，一旦悟得，人的认识与精神便升华了。由此可以看出古人对美术及其教育之陶冶人格之功能已有很深的理解。

此外，颜之推还曾说过学艺"若能入其滋味，亦乐事也"，即认识到给人以"乐趣"之功能。明代袁宏道在《袁中郎集》提出艺术"各极其变，各穷其趣，所以可贵"，是将艺术的创新与"趣味"联系起来，并视为艺术与艺术教育的理想境界。清代王昱在《东庄论画》中说："学画所以养性情，且可涤烦襟，破孤闷，释躁心，迎静气。"这是对个人养生功能的认识。这些对"育趣""养生"等功能的认识，是超越封建的礼教化、君子修为之功能的认识，带有人文主义色彩。

西方对于美术教育功能的认识同中国大致相似。古希腊、古罗马的教育均是为培养奴隶社会的统治者与保卫者服务。古希腊的艺术教育以使少年感受美为最高的使命，追求使受教育者到达"身心俱美"的境界。亚里斯多德认为艺术教育能够陶冶人的情感，学习艺术"应该是为了发展优美的感情"。古希腊大哲学家柏拉图为建设"理想国"而百般强调教育、包括艺术教育的教化作用。在他的眼中，艺术教育是使大多数人服从贵族奴隶主统治的教育手段，是个体感性情感服从于理性统治的教育手段。柏拉图特别看重政治思想的健康和正确，极力反对一切对青少年有害无益的艺术。柏拉图和亚里斯多德对艺术教育的观点各有侧重，柏拉图看重艺术教育的政治教化作用，亚里斯多德主张艺术教育的情感教化作用，但都是一种教化作用。古罗马艺术以及艺术教育被运用于宗教的R的上。欧洲中世纪曾被宗教教育所统治，而宗教教育非常突出地强调教育的教化作用，美术教育也是如此。由于中世纪的宗教是与政权紧密结合的，所以宗教教育下的美术教育的功能同样指向政治伦理功能。

（二）近代对美术教育功能的认识

中国清朝末期，随着封建社会的日趋衰败和列强的入侵，敲响了封建传统教育的丧钟，以龚自珍、林则徐、魏源为代表的改革派提出教育要经世致用的主张，其后康有为于1898年呈奏请开办新式学堂折，1904年清廷颁布由张百熙、张之洞、荣庆拟定一系列各级学堂章程，即《奏定学堂章程》，自此，废了科举制，全国办起新式学制。此前，西画早已进入中国，并有教会学校相继诞生，其课程有图画、手工科；受其影响及考察西方学校使改革者认识到图画具有经世致用的辅助功效，故于新式中小学堂图画课教学中将"练习手眼，以养成见物留心、记其实象之性情"；"练习应用之技能，并令其心思习于精细、助其愉悦"；"教自在画，俾得练习意匠，兼讲用器画之大要，以备他日绘地图、机器图及讲求各项实业之初基，"作为教学要义的价值取向。

14-16世纪欧洲文艺复兴与宗教改革运动，17-18世纪的启蒙思潮，还有19世纪中叶以来人本主义哲学的诞生，促使了人类个体意识的觉醒，个人权利的确立，以及个性的自由发展，无疑也驱动了近代教育的变革。随着资本主义的萌芽与发展，近代教育的价值观、功能观发生了深刻的变化。通过对传统教育的反思，人们认识到传统教育重虚饰、轻实用的弊端，明确主张教育目的应切合实际需要，要从多方面为儿童的物质与精神生活做准备，重视发展儿童的心智，重视儿童的身体健康与成长。相应的美术教育的价值观和功能观也因此发生了不同寻常的变化。

近代学校教育中的美育倡导"新人文主义"，强调人生的调和与发展。学校教育中的美术教育提出了要满足工业发展对人的技术和审美等的要求。

教育学奠基人之一的捷克教育家夸美纽斯（1592-1670）在《大教学论中》提出美术教育有助于发展学生的想象力和创造力的观点。法国的哲学家、教育家卢梭（1712-1778）重视"感觉教育"和"形象教育"，他认为通过绘画教育能锻炼和发展学生的感觉器官，培养学生敏锐的感知能力和观察能力以及敏捷的手法，以帮助他们更好地认识和把握周围的世界。此外，他看美术教育对发展学生创造能力的作用。德国的哲学家、古典美学奠基人康德（1724—1804）于《论教育》中强调教育对人的个性形成的作用，认为只有通过教育才能使原来的自然的人，逐步完善为自由的有文化的人，而艺术及其教育在育人过程中通过对人的审美趣味的培养，发挥重要的作用。瑞士教育家裴斯泰洛齐（1746-1827）在他一系列的著作中都曾阐述过绘画能提高儿童对形状的感觉能力，注重儿童的艺术能力和工艺能力的结合，可以发展他们的技能、爱好和创造力。

英国的拉斯金认为艺术以及艺术教育是"社会的大拯救者"。德国的朗格从经济的角度寻找美术教育的功能和价值。他认为："高尚的艺术，最有益于经济，为任何实业所不及。"在他看来，在一切人类的活动中，唯有艺术才能用最少的材料创造最大的价值。德国的利希德沃克也很重视美术教育的经济价值，提倡"艺术享乐主义"。他指出："国家经济的活力，依托在国民的文化状态上，只有注意消费者的教育，才可希望有工业的独立和活力"，这里消费者的教育就是全民的美术教育。

可见，在近代人们对美术学科教育功能的认识较之古代社会更为宽泛。

（三）现代对美术教育功能的认识

现代社会，科技与文化迅猛发展，教育变革席卷全球。同时，人们对教育、各个学科教育的功能与价值的认识也在不断深化。并同19世纪下半叶以来逐步兴起的国家主义思潮、社会主义思潮、民族主义思潮等交织在一起，人们对教育功能价值的考虑由近代的个体发展重心转向现代的社会改造重心。20世纪苏联教育家马卡连柯社会主义的集体主义思想、美国教育家杜威民主主义的社会主义思想，中国国民政府的教育及其共产党领导的解放区教育，都体现了现代教育的社会改造功能。作为基础教育组成部分的美术学科，必然挖掘和发挥其教育的社会功能。

中国创办"现代学校"教育起步迟，其前20年走完了西方教育观念及对美术学科教育功能认识的历史过程，其后便与世界同步了。辛亥革命前后，梁启超、王国维、蔡元培是重视美育及美术教育的学者。梁启超认为人类活动的原动力是情感与趣味，"情感教育的最大利器，就是艺术"。王国维认为教育的宗旨在通过体育、心育达成完全之人，心育为智育、体育、美育三者，他说美育之所以重要在于有"审美之休养的价值"（"休养"指审美快感），有"调和人间"的"社会学的价值"，有提升情感的"心理学的价值"，有培养人之美德的"伦理的价值"。所以他提倡推广音乐、图画、木工和抟工等学科。蔡元培是热心倡导美育者，提出"以美育代宗教说"，并疾呼"文化运动不要忘了美育"以及"科学与美术，不可偏废"，是因他认为美育具有使人高尚、情感纯洁、增强美感、发展创造思维和治科学时可增添勇敢活泼精神等功能。鲁迅认为美术及其教育不仅在于"有利于世的实用"，还在于"发挥其美""以娱人情"，并将其功能归纳为"可以表见文化""可以辅翼道德""可以救援经济"等价值。在他们的影响下，民国初年即在各级学校开设图画课，并于1928-1929年的小学美术课程标准中，将增进"学习美术的兴趣""审美能力""使有美化环境、美化生活的智能""发展儿童关于美的发表力和创造"等作为价值取向。

在西方，20世纪初现代派艺术蓬勃发展之时，美国开展了进步教育运动，教育家杜威（1859-1952）主张以儿童为教学过程的中心，认为儿童自由创作的兴趣及过程，可以丰富儿童的经验。其后英国美术家里德和美国的罗恩菲德（1903-1960）都将美术视为发展儿童创造力和精神成长的教育工具。罗恩菲德发现儿童的美术自由创作是其情感宣泄的一种途径，可以治疗儿童心理疾病，使儿童在学习中健康成长。美术学科强调儿童的自我表现。美国的自然主义美学家和艺术教育家托马斯·芒罗认为"艺术属于社会控制的一个最有力的工具，在教育领域可以作为发展智力的工具，其普遍意义则是情绪和思想控制的工具"。在他们的影响下，曾一度将美术课视为调剂学校紧张学习生活的调剂课。

（四）当代对美术教育功能的认识

当代社会人们对教育的社会功能进行了更为广泛深入的研究，形成了关于教育社会研究的诸多流派。其中功能主义对于教育社会功能的分析颇具代表性。功能主义认为社会是由同质的部分组成的整体，社会结构的每一部分对于社会整体都发挥其特有的功能和作用。教育对社会的功能是多方面的，如：教育促进人的社会化，实施社会选择的功能，发挥协调社会关系的功能等等。多方面的功能相互依存、相互协调，综合统一发挥作用。

实际上，不仅仅是教育的社会功能承、延续和发展。在美术教学过程中，美术与教育同时作用于接受者，在其身上产生诸多的有益其发展的功效作用。除介绍工具、材料、名词、术语等属于纯知识性的传授和学习之外，学生一旦进入形象表现与欣赏，便融进了感知、感情、联想、想象、思维与审美等多方面因素，这些皆与人的发展密切相关。例如，作画和设计制作的过程，既是观察，又是对美的感知；既是技能与能力的锻炼，又是感情的表达与创造；既是对美术理解、领悟、审美趣味的提升，又是审美经验与丰富知识的过程。总之，传授"美术"与"育人"交织在一起，人的多方面得到了发展和培养。而且在进行美术传达与表现过程中，也必然与社会经济、社会政治、社会问题、社会环境甚至社会法规等发生联系，产生一定的社会效应。所以美术教育功能是多方面的，是综合的。

伴随着人类文明、科学技术和美术教育科学的发展，人们对美术教育功能认识的范围在不断地扩大。最初的认识仅限于传递美术知识、技能的实用性功能以及美术的教化功能。其后认识到了陶冶情操、涵养性情功能以及促进人的发展的功能。随着脑科学研究的深入，又发现了美术学科教育可以发掘人的右脑潜能，促进左右大脑协调互动发展。到目前为止，人们对美术学科教育功能的认识，仍然不能说已经很透彻或认识穷尽。

可见，美术教育功能理论研究是随着社会与教育的发展而不断深化的。后一时期的功能与价值理论对前一时期的功能与价值理论既有批判，亦有继承。对于美术教育功能的研究将随着社会的继续发展而更加深化。

第三节 传递与交流美术文化的功能

美术作为人类文化，应该继承和发展，美术文化继承离不开传递，发展离不开交流。美术学科教育就是通过美术教学这种传递和交流形式,使每个公民认识、理解美术,掌握一定的美术基础知识和技能,提高美术文化素质,并使一部分有美术才华的学生继承和发展美术事业,满足社会需要。这是美术学科教学的基本功能与价值所在。美术学科是由不同门类美术的技艺体系及其相关的知识体系构成的综合性学科。其大多数课业技艺性实践性很强,有的课业又有相当的理论深度,有别于其他学科的知识和技能领域。从传递美术文化角度看,其功能如下:

拓展学生的学识视野,丰富其知识领域虽然美术学科教育的内容是一些美术的基础知识与基本技能,但涉及面却十分广泛,主要包括美术形态学、技法知识、创作知识、美术史、美术社会学、美学与美术批评等领域知识。通过美术学科教育,使学生走进一个既熟悉又陌生的知识领域,从而丰富和健全了他们的文化知识结构。

1.丰富美术形态学方面的知识

美术教材向学生所介绍的绘画、雕塑、工艺美术、电脑美术、建筑艺术等美术不同门类的艺术特征,便属于美术形态学知识。通过学习与交流,学生可以对美术的构成及其诸门类能予以区别,了解各门类美术的创作方法和用途。美术学科对技法的教学,不仅作业的评价中,学生还可以习得美术批评的知识。

2.习得粗浅的美学知识

美学一词,由外国翻译而来,李泽厚认为如果用更准确的中文翻译,"美学"一词应该是"审美学"。"审美",就是从美的角度对客观对象的审视。研究审美问题,如什么是美、美感、形式美、美的创造、社会美、自然美、艺术美以及分析人对艺术认识的观点等,就是审美学,即美学。

在美术课上,学生往往提出一些根本性的美学问题,例如,"这画美吗?""为什么毕加索那样画?""杜桑的《泉》(小便池)算是艺术吗?""中国画中的梅、兰、竹、菊为什么具有人格的象征意义?""民间美术为什么是民俗文化造型载体?""为什么民间剪纸表现怀孕动物,要将肚子里的小动物也剪出来?""什么是'传神''以形写神''气韵生动"这儿的风景怎么美呀?"……诸如此类的问题,不仅是艺术创作问题,也是人们认识美、感知美以及审美态度等美学问题。在中小学美术教材中,尤其在高中美术教材中,都涉及到了这些问题。在美术学科教学中,虽然没有"美学"一词出现,但"审美"一词却并不陌生。学生对上述问题理解,虽然是粗浅的,却也增长"美学"或"审美学"的知识。

3.促使学生习得美术技能

形成美术能力技能,是人通过训练(或实践活动)而获得和巩固下来的动作方式,反映个体操作技术的熟练性。美术技能区别一般的动作技能,不仅在于它的动作性,而且在于它的心智性特点。例如,握笔画线是动作技能,但将线条变为美的树枝形态,既要有技能功力,也要有智慧。所以,美术技能是智慧技能。

美术学科教学很多课业是技能训练，如绘画的绘形、调色、着色，泥塑的捏、塑、刮、磨等技法的掌握，纸造型的折、剪、粘接等技术的熟练性与造型结合的规范性等等技能。这些技能，只有从美术学科教学中习得。

美术能力，是人为了适应和胜任美术学习或美术应用与创造等实践活动的要求，在完成实践活动的任务中表现出的实际本领。它既是个人调节自身行为的心理可能性，也是人以美术技能为基础使之变为现实可能性的品质。培养学生的美术能力，是美术学科教育所独具的功能。

美术学科教育，主要在于促使学生将所习得的技能运用于美术实践，如写生、创作、设计，用于美化环境和生活实际应用等。美术学科教学，大多是联系这些实际的。美术学科培养的这种能力，实际是创新精神与实践能力的统一。美术学科从技能类型分的能力如下：

4.培养平面造型及其应用的能力

美术学科教育从幼儿、小学开始，内容以平面造型教学居多。

5.培养学生的平面造型能力

是一种以平面造型为手段传达对世界的认识和个人情感的美术能力。尤其是绘画能力，具有广泛的应用性。例如，生物课画植物的生命循环过程，画兔子的解剖图等，地理课画地图、地形图，用画图的方式向他人介绍旅游观光的方位路线等等，都是绘画的实际应用，直观无误，是比语言表达更为有力的形象表达手段。运用图像传达和接受图像传达信息的能力，不是由生物课、地理课、语文课培养的，其责任在美术学科教学。只有美术学科教学才具有如此独特的功能。

6.培养立体造型能力

培养学生运用物质材料进行立体造型能力，是美术学科教学任务之一。例如泥塑、各种材料的雕刻、利用废弃物造型、陶艺、纸立体造型等，都是培养立体造型能力的课业。由于其动手的操作性，不仅可以促使学生发展立体的形象思维，而且可以促使学生心灵手巧。

7.培养设计与制作能力

设计与制作本是两个概念。设计是指根据实际需要将构成作品的要素通过策划、设想和安排，构成协调统一的整体，旨在给人以舒适美观，且与环境与人相协调的艺术效果。制作是按设计的规定与要求，生产出预期的东西。设计需要科学的智慧与创新精神；制作不仅是动手完成，还要符合工艺程序和技术规范。二者合力完成实用的美的实体。中小学的设计与制作课业有两类：一类是造物造型，一类是应用美术。它们虽然不是设计制造一个真的实用的产品，而是模拟设计制造一个替代性的东西，但其过程却可以促使学生对日常生活中一切人造物和人造环境的审美关注。可以使学生的设计意识、设计能力得到提高，也可以使学生动手的实践能力、审美能力受到锻炼，并形成技术意识。

8.提高学生应用美术的实践能力

作为普通公民最需要的便是美化自身、美化环境以及在生活中最有实际应用价值的美术能力。随着对此认识的提高，中小学美术课程内容愈来愈贴近学生、贴近学生生活实际，如服装搭配，色彩的配置，美化生活空间的布置与装饰，制作贺卡、玩具、各种标志和剪纸等。这些课业大大提高了学生对美术实际应用的认识，也使他们能够在生活中应用。实际上，通过美术学科教育，学生能够美化课程表，互赠自制手绘的贺卡，教室里的黑板报墙报，运动会上学生自己设计的班级标志，新年布置教室用的拉花剪纸，学生头上配戴的自制头饰，还有学生在自己家中的案头上，摆放着自己彩绘的戏曲脸谱、彩陶、自制的小手工艺品等，都是学生对美术的应用。学生还在其他学科学习中运用图像表达来完成作业，有的学生在日记本中自绘插图和尾花等，都表现出通过美术学习提高了应用美术的实践能力。我们还看到在不少学校的校园内定期刊出有针对性的校园漫画，在《儿童漫画》和地方报刊上有中小学生发表的美术作品，他们已经早早地运用漫画参与了社会生活。中国邮政系统已经出版了两套儿童设计的邮票等

一、使有美术才能的学生显露才华，培养美术后备人才

美术学科教育，既可以使全体学生的美术素质得以提高，又可使美术素质突出的学生得以才华显露，使其获得和强化发展美术的志趣，再通过课外小组活动的辅导，为美术的继承、延续与发展培养后备人才。这也是中小学美术学科教育作为素质教育，发展学生的素质特长不可忽视的方面，也是美术学科教育所独具的功能。

二、于教学活动中实现美术价值

美术是人类文化的造型载体。其价值在于从其传递的信息中，对人起到认识、教育和审美三大作用。通过美术教学，通过学生对美术的接受，可以使美术的真善美品质得以发挥，实现其自身的价值：

1.实现认识价值

美术教学可以使学生从美术作品的形态、造型、形象和内容等传递信息中，获得多方面的认识。例如从《秦陵兵马俑》中，可以使接受者认识秦代军阵、军服、兵器，获得"秦王扫六合，虎视何雄哉"的气魄和意志的感受，认识秦代雕塑成就的辉煌。张择端的《清明上河图》，不仅可以使观赏者认识其艺术形态和艺术成就，还可使观赏者从中认识宋代社会的风情，认识宋代各阶层的生活情景、水陆运输、商业贸易，认识宋代汴梁城的布局、桥梁、船只发展程度以及各种东西的造型、使用情况等。从美术作品中获得的认识，归纳起来有以下几种：

第一，各时期的社会情态，包括政治、经济、宗教、人们的生活等各方面。

第二，各时期社会精神风貌。

第二，各时期_术成就。

第四，各时期科技文化与工艺水平。

第五，各时期人们的精神世界。

2.实现对接受者的教育作用

美术教材所选皆是优秀作品。美术作品既然是人对世界认识、观念、情感的表达，传统美术还讲究艺品与人品的统一，所以美术的内容便具有教育人的作用。且不说"文以载道"的主题性内容，对接受者的教育作用，即便是表达艺术家人格气质与自然生命力的作品，也对人具有感染作用，而能通过情感作用潜移默化地净化人的心灵，使人趣味、品格高尚。

3.实现审美作用

美术作品的造型主要是传递美的信息，使接受者赏心悦目。传递某种情感、观念信息的美术作品，有的虽不美，但却能冲击人的情绪，启迪人的思想，促进人对事物的思考，拓展对美的认识和审美领域。

美术的上述三大作用，如果不是由于美术教学，学生是很难自觉接受的，正是由于美术教学的介绍，学生接受、理解了美术作品才使其发挥了功效，使美术自身价值得以实现。

第四节 促进学生全面发展的教育功能

促进学生全面健康的发展，即促进学生人格获得全面发展。这是教育的理想，也是理想的教育。美术学科教育对学生诸多方面的发展都是可以有所作为的。中国教育方针将其归纳为在德育、智育、体育、美育诸方面得到发展。

美术学科教育的德育功能德育，是对思想政治与品德教育的总称，是指教育者按照特定社会或阶级的要求，对受教育者施加一定的社会思想和道德影响，使之形成应有的思想政治观点和道德行为规范。德育是指导学生如何做人的教育，是学校首位的教育工作，素质教育的灵魂。《国务院关于基础教育改革与发展的决定》中规定"要使学生具有爱国主义、集体主义精神，热爱社会主义，继承和发扬中华民族的优秀传统和革命传统；具有社会主义民主法制意识，遵守国家法律和社会公德；逐步形成正确的世界观、人生观和价值观；具有社会责任感，努力为人民服务"。这便是我们学校德育的主要内容。

美术学科教育必须按照国家规定的德育目标实施教育，而且能够发挥学科形象性、情感性特点，使学生在学习美术过程中受到美的形象与内容的感染，动之以情，再巧妙地融进德育之理，便可以发挥如下功能：

1.潜移默化的思想政治教育、伦理道德教育功能美术作品具有借用美术形象，传达社会思想，对人起到教化作用。从原始社会至今，美术的道德教育功能一直为人们所重视。张彦远在《历代名画记》中称"夫画者：成教化，助人伦，穷神变，测幽微，与六籍同功"，这是对美术作品所起到的教化功能的概括表述。人们仍利用美术的形象性特点，传达社会思想，使其发挥教育功能。

注意美术学科教育既利用美术的这种功能，又根据德育的需要，有意识地选择有积极教育作用的美术作品进入课堂。例如天安门前的《人民英雄纪念碑浮雕》、蒋兆和的《流民图》、古元的《人桥》、董希文的《开国大典》等等，在欣赏课教学中自然而然地融进了中国近代史、革命传统、革命理想、革命英雄主义和爱国主义教育。

美术学科教育将作为祖国古代文化遗产的美术作品，如《秦始皇陵兵马俑》、《北京故宫》、《敦煌石窟》等介绍给学生，带学生对祖国山河进行写生，使学生由观察、感受到动情、抒情，再到产生爱的升华。当学生了解到中国传统美术作品以其独特的艺术形式和辉煌的成就光耀于世界艺坛，成为人类文化的瑰宝时，其民族自豪感和爱国主义情感便会油然而生。这是最生动具体的爱国主义教育。

艺术的美以真善为前提。优秀的美术作品在反映自然与社会生活的同时，还体现着作者对自然、对社会的评价和看法，传达着作者的思想和情感。尤其是旨在以教化为目的的作品，更会对所描绘的人和事进行鲜明褒贬的艺术处理，把阻碍社会发展的事物，社会上不正当的、对社会有害的事物，当作"丑"的对象加以鞭挞和嘲讽，使人们尖锐地感受和认识到其丑陋所在，对这些事物产生愤怒和厌恶，并从本质上加以否定。对有利于社会发展的事物和英雄人物则予以褒扬，以引起人们的敬仰、热爱与效仿。美术作品这种作用，对少年儿童来说尤为明显。校园走廊内挂着中国著名的政治家、科学家、文学家、艺术家的画像，就是要在学生中树立起对这些伟大人物的崇敬心情，并由崇敬产生效仿的行动。

美术作品欣赏的过程，是感知和理解、情感与认识相统一的过程。欣赏者通过美术作品在认识自然和社会的同时，还受到作者所表现的思想、情感和真善内容的感染与影响，并引起道德、情感的共鸣和对生活的感悟，从而产生自我教育的内化作用。这便是寓理于情、以情动人的教育作用。

2.美术创作教学的德育功能

从目前学生创作的题材内容来看，不仅涉及到环保、人口、水资源、战争与和平等诸多社会大问题，而且涉及到伦理道德方面的问题。这与教师的教学启发引导很有关系。教师在伦理道德等方面进行有意识的引导，有助于学生从小树立起关心社会的责任意识和应有的伦理道德观。

例如，北京和平里四小、北京市平谷中学的漫画小组，他们通过漫画创作褒扬好人好事、针砭时弊，批评社会和学生中的不良行为，不仅使创作者思想品质得到提高，也大大促进了学校的思想政治教育工作。学生观察、表现生活中的好人好事、先进思想与事物，这本身就是在一种高尚情感支配下的行动，这种高尚情感定会化为一种行为操守。所以，北京平谷中学韩梦熊老师深有体会地说："漫画活动好像人生的路标，指明学生做什么人，走什么路，对学生世界观的形成有很大的辅助作用。"

3.提高美的识辨力，辅翼德育，使学生积极向上

爱美是人的天性，美感是人的一种直觉性的本能，但对美的识辨力却是需要通过学习才能得以提高的。培养美的识辨力，包括对自然美、社会生活美、艺术美的判断能力，尤其后二者，包括了道德，不真不善不可能为美。人只有追求美，才能形成良好的道德品质。

美术学科教学中美的内容与美的形态，可以使人的情操受到陶冶，可以潜移默化地促进人的优良道德品质的形成。以中国花鸟画为例，中国花鸟画具有借物抒情、托物言志的特点，艺术家赋予松、竹、梅、兰、菊等花卉以高尚人格的寓意，使之具有很强的道德教育意义。美术学科教学通过各课业自身的内容，如绘画、工艺、雕塑、园林、建筑和生活中的人物体态、服装、发式等形式美感，教育、影响学生的情感和行为，使之热爱生活，积极向上。人的审美观与道德观有直接关系，美好的情感促使有好的行为，不能识别美丑，便无是非观念。培养美感，就是培养识别美丑，就是驱恶扬善、避邪就真。如果高雅的审美趣味不加以培养，粗俗的邪念便会滋长。

美术教育与德育的关系正如鲁迅所说："美术之目的，虽与道德不尽符，然其力足以渊邃人之性情，崇高人之好尚，亦可以辅道德以为治。"

一、美术学科的智育功能

智育，是向学生传授现有的系统文化科学知识，培养和发展智力的教育。智力，是保证人们有效地进行认识、理解客观事物和运用知识经验解决问题的能力。其包括感知力、观察力、想象力、思维力、记忆力等。美术学科教育是智育的重要组成部分，且能有效地促进学生的智力发展和学校的智育工作。

1.促进学生感知觉和观察力的发展

感觉是人对客观世界认识的起点和基础。其中视觉，是人的主要感觉器官，是人认识客观世界的主要渠道，与人的发展，尤其是心智的发展密切相关。知觉是人对感觉信息的组织与整合的认识。美术学习首先是视觉的接触，在学习中，学生需要大量接触和应用各种物质材料，尤其在泥塑、纸造型、废弃物造型中，学生通过捏、塑、压、磨、剪、刻等对材料的改变过程，强化了他们的运动觉和触觉。同时在学习接触色彩冷暖、对比、形式感等内容时，又能调动他们的联想。正如罗恩菲德所说："在我们的教育制度中，知觉的开拓和成长都被忽略了。如果没有艺术教育的话，儿童几乎不会注意到感觉的意义和特质。"

因为通过视觉认识事物的整体，所以称之为视知觉。美术学科教育离不开观察。观察是一种有目的有计划的视知觉活动。从观察内容的选择，对观察对象的分析、比较、判断等整个观察过程，都有思维的参与，而不是被动的视觉感受，所以鲁道夫·阿恩海姆称视知觉为"视觉思维"。但这种"视觉思维"不是思辨性的，而是直觉的。

儿童作画与艺术家作画，都强调直觉。艺术家的直觉的敏感性，便是视觉观察与审美感知的敏锐性，是训练的结果。例如，物象形体与色彩的微妙变化，作品中线条的败笔与风格等等，艺术家一眼便可感知到，常人则视而不见。美术的观察能力，是指通过观察把握物象形体、色彩、结构、质材等外部特征的能力以及全面认识事物的能力。美术教学活动，从基本功训练到艺术创作，从把握客观对象到把握自己正在进行的作品，都需要观察，时时都在培养着观察方法。美术失去了观察，犹如人失去了心脏的跳动。因此，美术学科教学着重训练的主要方面是观察能力。因为它是美术的基本能力和主要能力。至于对艺术作品表现风格、画品境界的感受，更是要通过艺术教育，才能培养出来。

2.促进形象记忆力

记忆对人的发展十分重要，它是反映人的机能的一个基本方面。人有了记忆，才能积累经验和扩大经验。"没有记忆，一切心理的发展，一切智慧活动，都是不可能的"。

据心理学家测试，人对图形的记忆优于概念记忆。语文教师在教汉语拼音时，往往用形象图来加强学生的记忆，这就是利用了通常所说的形象记忆。形象记忆，是指对感知、观察过的事物的形象能够识记，并在相当长的时间内其形象信息在头脑中得以储存，并能提取加以运用的能力。

一般人之所以不能默写作画，重要的原因是其没有经过作画的强化形象记忆过程，拿起笔来头脑中不能形成清晰的表象，下笔时头脑的形象几乎无影无踪。但是，一旦画过之后，由于记忆深刻，一般是可以重复默写画出的。研究者曾对20名孩子做过这样的试验：拿一幅花卉让10个孩子观看五分钟，然后默画；让另外10个孩子对照临摹，然后默画。前者默画出来的只有两人，而且在观看时曾经用手指默绘或心绘过；后者全部能默画出来。他们虽然都经过视觉感知和记忆的，但画过与否，记忆程度是不同的。这就说明手绘过程比观看过程更有利于记忆。我们都有写生过的形象深刻地储存在记忆中的体会，即便过去很多年后，一旦看到那幅写生画，便会引起对写生对象及写生过程的记忆。

3.促进学生思维能力的发展

思维是将感知的事物的本质规律予以概括的反映，显示了人的智慧。美术写生，是一个不断观察和概括写生对象的过程。美术创作，也是一个不停顿的思维过程。以《设计北京日坛中学的标志》的课业为例，首先要想象和构思，考虑怎

/ 133 /

样以简括明确又新颖的形式将日坛中学予以表现出来。这可能出现数个方案。探索和追求多样性的思维，能锻炼和培养学生的发散思维。在多个不同方案中加以选择，并吸收其他方案中的优点，修改完善，这又锻炼了学生的聚合思维。在考虑怎样将日坛中学这个抽象的概念变为图形时，就需要想象，进而考虑字的变形、图像的组合、构图的均衡等等。这些都是以头脑中所呈现的心象为依据，不断地进行变幻组合各种图像，从而有利于培养学生的形象思维。

  课堂上，向学生展示大量的标志及其不同的设计方法，展示各种流派及其形式风格的作品，能促进学生打破头脑中已有的美术常规思维模式，激发他们的创作思维。尤其当他们发现全班可以有那么多不同的设计和表现手法，更能进一步激发了他们的发散思维和创造思维。设计制作的全过程，不仅能使学生想象丰富，而且能使学生增多思维的经历和体验，锻炼他们的思维系统，从而促进思维力和创造力的提高和发展。

  4.开发右脑智力潜能，促进左右脑均衡发展

  人脑是完整的有机的系统组织，分左右对称的两个半球。左、右脑具有不同的思维模式。左脑善于分析、抽象、计算和求同，主抽象逻辑思维、集中思维、分析思维，支配着人的语言、阅读、计算、排列、分类和时间观念，具有连续性、有序性、分析性等功能。右脑善于感受、想象、虚构和求异，主形象思维、直觉思维、发散思维，支配着人的视知觉、形象记忆、认知空间、进行想象模仿、感受音乐与节奏、表达态度与情感等，具有不连续性、弥漫性、整体性功能。大脑两个半球，既各司其职又协同合作。

  在作画或进行工艺设计时，既依赖于视觉、形象思维对形象信息的加工、改造和想象，也依赖于左脑进行分析、排列和逻辑思维。左脑的抽象思维，必然有形象思维作为基础进行协调、促进。大脑的这种"交互专门化功能"，说明脑的两个半球缺一不可。大脑两个半球均受到良好的训练，才可以由于信息不断地交替和信息积累的增加，而促进大脑的发达。人的大脑组织及其感知、记忆、思维、联想四大功能，愈是受到合理的锻炼，接受外界的信息量愈多，发展得愈快愈健全，脑细胞之间的联系就愈多愈复杂，人就会愈聪明。如果只重视某一半球的训练，显然，不利于人的智力健康协调全面地发展。

  传统教育课程，片面侧重左脑训练。培养出来的学生往往"高分低能"，不能适应现代化的需要。美术学科教学，以形象的可视性、动手操作性、非语言的物质造型性和造型表达的情感性，对人的右脑智力的开发与创造性的训练培养具有独特功能，是对传统片面侧重左脑的教育的补正。美术学科教学对右脑的开发，可以促进人脑左右两半球的思维关系的平衡。这既是生理机能发育的需要，也是智力互相诱发、利用、协调和影响的需要。科学的抽象思维，需要以形象思维为基础，更需要以想象为源泉。这种关系产生的学习迁移能力，已经证明可以提高

其他学科的教学效果和有利于从事科学研究等事业。

英国人彼德·罗赛尔在其《大脑的功能与潜力》一书中介绍，20世纪80年代，在西方"有些学校试行增加有关艺术课程的比例，并取得了可喜的成果。在美国康涅狄格州的布赖恩市的米德小学中，孩子们用一半时间上各种艺术课程，另一半时间上常规课程。结果，他们在数学、科学和许多其他科目的成绩都有提高。实际上，差不多每门课的全校成绩都超过了平均水平。欧美的其他学校也效仿这一做法，并取得同样的结果。为发展右半球的功能所花费的额外时间也有助于左半球的发展。这是因为两个半球不是单独地活动，而是互相支持和互相补充的。"

中央教科所和北京市西城区护国寺小学，在1993年至1997年间进行了有关的对照实验。实验班和对照班分别是1993年入学的一年级两个班。其他的条件和处理基本上一样，唯有1993年至1994年度，实验班比对照班每周多安排三节美术课、两节美术活动课程，1994年至1996年度，实验班比对照班只多安排两节美术活动课程。增加的美术课，由美术教师自己编写教材、选择教法进行实验。实验结果表明说明：美术教学从多个方面促进了学生智能的开发。

二、美术学科的体育功能

体育，是学校使受教育者增进健康，增强体质，促进身心发展的教育实践活动。美术学科的操作性、娱乐性、情感性、审美性等特点，使其教育活动具有一定的体育功能。其表现如下：

1. 促进学生手、眼、脑协调发展

有研究表明儿童画画具有超社会的生物性机能。例如1岁幼儿握笔挥动是因为对此动作感到快乐，幼儿再大一点时的涂鸦，仍是对其能握笔画出点线而感兴趣，所以儿童画画与自身生理机能发展有关。儿童的"自然节奏、强制量、笔法、感受性、情感的多样性等等，都成了他绘画活动的部分。"绘画使儿童的感知系统、情感系统、动作系统，在一种愉悦的游戏中得到协调发展，有助于自身各种机能的发展和完善。儿童绘画，对眼力的发展，对手小肌肉群的协调功能的发展，对眼脑手协调并用的发展，对左右脑功能的开发、协调发展，具有重要作用。

实践证明：初中学生仍存在手、腕、肘、臂的动作协调性和发展问题。美术学科的各种操作活动，可以使学生的细微动作的协调性得到锻炼。

2. 调剂学校紧张的学习生活，有益于学生的身心健康

身心健康地发展，是体育的主要目的，学校学习生活过于紧张不利于学生的身心健康发展。学生在进行美术活动和学习美术过程中情感专注投入，活动和作品本身怡情悦神，而且美术创作无固定标准，具有较大的自由性，无形中让学生得到了放松、调剂了紧张情绪，因而有利于学生的身心健康，并可增强其他学科

学习的活力。所以，在20世纪三四十年代，各国都强调重视美术学科教育在学校中娱乐身心的调剂作用。今天，对美术学科教育功能认识增多的情况下，这种调剂功能仍是十分重要的。

3.具有配合体育活动的功能

学校的体育活动，如体育运动会、团体操造型、形体动作等的设计，运动服、队旗、队徽标志等，都需要师生从美术角度动脑筋考虑设计。美术可以起到渲染体育活动气氛，使人进入体育活动状态和加强体育竞争心态的作用。

4.促进人的健身活动

美术学科教育的美育功能，促进对人体美、运动美的鉴赏与创造，并成为许多青少年参加体育活动的动力。他们不仅是为了健康，更是为了拥有一个强健的体魄和优美的形体。随着人们对审美的敏感和对美的追求，参加健身运动行列的人数会愈来愈多。美育有促进体育的作用，已被各国教育家所公认。苏联教育家苏霍姆林斯基说："美一是道德纯洁、精神丰富和体魄健全的强大源泉。"

美术学科教育的美育功能美术学科教育在学校美育中占有重要地位，是学校进行美育的主要手段和途径。美术学科教育，通过美术创作表达客观世界美好事物的认识和情感，通过对美术作品鉴赏等审美活动，进行审美形态和美感教育。其美育功能具体体现如下：

1.促进美的感知力提高

人对美的感知力，是人的进步和人类文明的象征。感知，是对感觉与知觉的统称。动物也有感觉和知觉。但动物不可能有像人那样对美的感知力。如动物见到一个界碑，它会看出界碑的色彩、形状，会感觉石材的坚硬，不可能像人那样知觉界碑所包容的含义和造型的情感性因素，更不可能由此引起感情的冲动。美的感知，是以美的感觉为基础的特殊的认识把握事物的方式。而美的感觉是接触美的事物所引发的一种动情反映，属于表层的直觉反映。美的感知，包含对事物真善美的情感、艺术趣味、艺术品格等的认识、理解、判断与评价，是人的鉴赏力的基础。人对美的感知，需要经过培养才能形成，需要经过训练才能获得敏感性。

美术学科教学中，学生和美的实物、美的作品接触，通过观看、触摸、操作、比较等审美体验，感觉逐渐变得灵敏，不仅对色彩的冷暖、色彩的微妙变化感觉敏锐，对形体、图式与人的心理同构的体验增多，而且对色彩的象征含义、情感联系，对造型的情感表达，对符号造型的象征意义的理解程度也有增强，对美的感知力随之提高。现实生活中，无论是观赏自然、或艺术作品，都能获得美感，在此基础上，再通过美术学科学习中的分析、比较、操作和揣摩，由对美的感性知觉上升为理性认识，从而更敏锐地感知生活与艺术中的美。画家对景物美的发现，对作品线条美、色彩美、黑白灰组织美的掌握高于常人，服装设计师对时装面料、剪裁、造型的美的敏感性都高于常人，是由他们丰富的审美经验形成的。美术学科教学，就是要通过丰富学生的审美经验，提高其对美的感知力，并使这种对美的感知力迁移于生活、工作和其他学习中。

2.促进人的情感的提升

情感是人类特有的社会性情绪体验，是人对客观对象认识的一种态度。情感性是艺术最重要的特性之一，艺术作品凝聚着人的情感，艺术创作离不开人的情感趋动和表达。以中国花鸟画为例，中国花鸟画重在传达对生命力的感受，表达美与善的观念。清代李鱓题《秋柳雄鸡图》写到："凉叶飘萧处士林，霜华不畏早寒侵；画鸡欲画鸡儿叫，唤起人间为善心。"他主张画隐居不仕的高人，画耐寒之秋菊，画雄鸡啼鸣，即在于唤起人们对美与善的认识。花鸟画家常常缘物寄情，托物言志，这就是情感的表达。方薰说："云霞荡胸襟，花竹怡性情，物本无心，何与人事，其所以相感者，必大有妙理。画家一丘一壑一草一花，使望者息心，览者动色，乃为极构。"绘画之所以使人"息心""动色"，就其形式而论是在于艺术语言与人的心理同构。例如，水平线使人感到平静舒展，垂直线使人感到挺拔刚直，红色的热情，蓝色的清冷。线条与色彩都具有情感的基调，其与具体形象的结合所传达出的情感，便更具有感染力，可以引起人的情感共鸣，使人从美的形象中获得美的心灵的感悟，受到美与善的情感陶冶。

此外，题材内容本身也融入了作者的情感和态度。比方，人物画在表现人物时渗透着作者对人物、事物的褒贬、评价，在写像时注重在人物神识风采的表现。因此，我们在观赏詹建俊的《狼牙山五壮士》、董希文《开国大典》、潘鹤《艰苦岁月》等作品时，会受到艺术形象的冲击，心灵深处受到感染和震撼而唤起崇敬感，萌发出革命英雄主义和爱国主义情感。

好的美术作品是真善美的统一。美的形象具备纯洁、高尚、和谐完美的品质，是人本质力量的体现，最能打动人的情感。朱光潜在《谈美感教育》中说美育就是情感教育。他认为世界事物有真、善、美三种不同的价值，人类心理有知、情、意三种不同的活动。真，关乎知；善，关乎意；美，关乎情。感情教育的目的，就是将善的、美的情感尽量发挥，把恶的、丑的情感逐渐淘汰。审美情感是超功利主义的，是没有个人欲念的情感体验，是一种平静心境中回忆起的感情与反思，是情与理的融合，可以使人获得精神愉悦、满足，同时又激励人们热爱生命、热爱生活和为之奋斗的追求，从而使人的情感升华为情操。如形成爱国主义、革命英雄主义、集体主义、责任心、美好的道德与求知欲、奋斗精神等。这就是在美术作品真善美的陶冶中，使人提升感情，久之形成高尚情操。

3.丰富学生的审美经验

审美经验，是人的审美实践经历与体验，即人在审美活动中获得的印象、感受与认识的总和。审美经验在于主体的实践性。可是，学生由于校园和家庭之中，且受繁重学习任务之累，限制了他们的审美实践与艺术活动天地。美术课却可以为他们开辟接触大量艺术作品和亲身体验艺术创作的乐趣。

美术学科教育，使学生以个人或者集体合作的方式参与各种美术活动，尝试不同的工具、材料与制作过程，进行美术欣赏和评述，由此丰富审美经验。例如，学生捏制泥人、翻铸石膏、创作版画、蜡染绘制、绘制各种标志、制作陶艺、彩绘陶罐，运用各种工具材料绘画，以及在这些创作过程中对材料、对技术、对形式和谐美的处理和对体验过的艺术的认识，都给学生留下了深刻的印象，点点滴滴充实着学生的审美体验。美术创作与审美过程是一个由感性升华、顿悟为理解的过程。丰富的审美经验，是形成健全的审美心理结构的基础，也是培养和提高美的感知力、美的表现力、美的鉴赏力、美的创造力的基础。

丰富的审美经验，有助于审美感知力和审美品位的提高。而且，审美经验具有贯通性、相互生成性功能，审美经验的丰富还能加深对其他艺术、对自然美、对社会美的理解。

4.形成崇尚文明、尊重多元文化的态度，提高学生对美术的理解与艺术鉴赏力

鉴赏是在以美的感知力为基础的鉴别、欣赏与美术批评活动。美术学科教学课堂鉴赏，具体表现为师生对美术作品的描述、阐释、分析、评价和欣赏等的美术活动。鉴赏力是完成这些活动的能力的总称，是对审美对象的形式意味与内容的充分认识与体验、直觉和发现、联想与想象、情感与理解、判断与批评等能力的综合。艺术鉴赏能力是人的审美心理结构——感知、想象、情感与理解——健全与完善的体现。美术学科通过技能学习、随堂欣赏和美术鉴赏教学，培养学生对于文化艺术的态度，加深学生对美术的理解，可以有效地提高学生的艺术鉴赏力。

欣赏是个体对美术作品接受的态度。其中，包括对美术作品的美的感知和情感的共鸣、联想与想象的思维过程，是人对艺术作品领悟的再创造的精神活动。但仅有欣赏是不够的，因为欣赏虽然具有一定的选择性，但缺乏主动鉴别与艺术批评。在美术课堂教学欣赏活动中，学生在自身水平的基础上建构对美术作品的理解。学生的理解与所要求的标准会存在差距，教师需要搭建桥梁，帮助学生达到更高更深的理解水平。为此，教师可给学生提供有关画家与作品背景资料，进行作品内容形式分析、诠释、评价，或是让学生进行讨论，予以评价。这实际上是在进行鉴赏活动。

美术学科教学另一个很重要的方面，是通过创作（包括写生）实践和对学生创作的作品进行品评活动，以使学生对艺术美有实实在在的体验与理解。教师对学生自己创作的作品，予以比较的分析、评价等美术批评活动，对学生鉴赏力的提高无疑具有很大作用。

学生通过美术教学活动，不断建构对各类美术样式风格的理解，可以提高对美术作品的构图、笔法、色彩、形象处理和形式美的理解，提高对美术作品内容与形式辩证统一关系的理解，提高对美丑的识辨力，提高艺术品位的感受力和美术批评能力。

5.促进学生的艺术表现力

艺术表现力，是在美的感知基础上运用艺术手段表达对世界的认识与发现、思想与情感的能力，以完成艺术作品、创作出具体可感知的艺术形象和形式显现。这种能力需要在美术实践活动中锻炼和培养。艺术表现力与人的审美能力不可分割，它不是单纯的技术、技能技巧的熟练性，也包含有形式美的把握能力、内容与形式高度统一的能力、不断发展创造新形式的能力的综合。这些能力的形成又离不开审美，是美术学科"美"与"术"统一之特点的体现。美术学科教学具有综合性特点，美术的大多数课业不仅能对上述能力得以进行训练，而且是对各种表现技法、构思构图、笔墨线条、色彩的艺术处理的技能训练，既是技艺的又是审美的，又都属于审美内容的教育，既是旨在强化提高对艺术的理解、体验与表现力的培养。对艺术形式美的理解与鉴赏力的提高，又必然促进艺术表现力的提高。

6.促进学生人格的完善、自身的完美

教育的最终目的，是提高人的诸方面素质，使人格得以完善，实现人的自身完美。这需要学校、家庭、社会教育共同努力，需要学校诸学科教育共同完成。

美育的独到之处就是它的形象性、情感性。美术学科教育正是通过充满感情的艺术形象，从感性上打动学生，感之以美，动之以情，晓之以理，陶冶学生情操，使学生心灵美好，行为高尚，身心得到协调健康发展。

美术学科教育通过审美活动情感投入的体验和美术创作的非功利目的性，丰富和提升人的情感，提高人的思想境界。如果人的情感世界低下或崩溃，会出现危及社会的不良行为。达尔文曾指出：缺少美育，会使人失去审美情感和高尚的审美趣味。"失去这种趣味和能力就意味着失去幸福，而且还能进一步损害理智，甚至可能会因为本性中情感成分退化而危及道德心。"这正是美术学科教育可以弥补的。蔡元培在以《美术与科学的关系》为题的讲话中，也说缺乏美术教育，会抑制人的情感的发展，使人导致迂腐、僵化和缺乏创造性，更缺乏感情的活动。"防这种流弊，就要求知识以外兼养感情，就是治科学以外，兼治美术。有了美术的兴趣，不但觉得人生很有意义，很有价值；就是治科学的时候，也一定添了勇敢活泼的精神。"这是由于艺术使之获得丰富的感情因素，也使人得到感性与理性的平衡，使生活和工作充满乐趣和活力。

美术学科教育通过对社会真善美与伪恶丑的识辨与表现，可以净化人的情感和心灵，培养高尚情操，提高人的精神境界。学生通过美术创作，既可以体会到成功的愉悦，又可以使意志品质受到锻炼与培养。综上所述可以看出，构建人的健全的审美心理结构的美术学科教育，是可以真正起到促进学生向人格完美的境界发展。

第五节　培养学生的创新精神和创造力

21世纪是知识经济的时代，这个时代的竞争，是人才的竞争，是人的创造能力的竞争。因此，现代教育改革，不仅着眼于学生智能的开发，而且尤其重视创新精神与创造能力的培养。创新，即打破旧有模式的首创。创新精神，是敢于打破常规和突破传统思维开拓新的思路，创造新思想、新样式、新品种的心理品质。艺术的创新精神，是以丰富的想象力与智慧为基础的。创造力，是能够产生某种新颖、独特、有社会或个人价值的产品的智力品质，是创新精神升华显示的人格能量。创造需要有创新精神，并能将新的想法通过实施变为现实。中外许多专家认为目前学校课程中，多数是记忆性的接受文化遗产的课程，而培养学生把储存的信息及经验等加以组合，并发出新的创意的大脑活动并予以实现其创造能力的课程，最属美术课。我们认为美术课是具有创造性教育的课，因其具有如下功能。

（一）促进学生树立创新精神

美术贵在创新，创造是美术的生命。将想象变为艺术现实是创造；将心象经过绘画和制作得以呈现是创造；将客观现实对象转换为艺术形象的写生，并使其形式获得完美，也是创造。无论是中小学生还是艺术家的艺术表现，都是其对生活能动的反映。中国画主张"外师造化，中得心源"，这心源之得各人是不相同的。美术创作不同于数学，没有固定统一的标准。因此，学生的艺术创造的产物都具有独立存在的价值。学生在美术创作中，可以体会到自己劳动的价值，自我存在的价值，感受到创造性劳动的愉悦，尤其当其独特的构思与新颖形式的作品得到承认的时候，更增强创造的自信心与创作的欲望。

（二）培养想象力

创造离不开想象力，无想象力便无创新。因为想象力具有形象性与新颖性两个特点。所以想象力便是创造力所必须的基础，有创新精神而缺乏想象力，创新是不可能实现的，无想象力便无创造力。我们培养学生的想象力，就是为其创造力奠定创造新形象的基础。

美术学科教学处处启发学生的想象力，绘画构思离不开想象，工艺设计离不开想象，欣赏作品也伴随着联想与想象，教师就是在启发学生的想象力中使其完成作业的构思与设计的。美术创作过程中，想象力能带动形象思维和发散思维的活跃，产生新思想、新创意的直觉与灵感。这是非常可贵的创造品质。

（三）培养创造力

创造能力是一种综合能力，是想象力、形象思维能力、动手能力等多种能力的综合体现。学生完成美术作业，不仅需要想象力，需要创新精神，还要将想象变为现实。例如绘画创作，是将构思新颖的想象绘制成完美的画作，工艺美术创作，是将新颖设计制作完成制品，都是要将所思所想付诸于实践，绘制或制作成为具有个人价值的作品。学生完成的美术作业便是其创造的成果，其过程是对学生创造力的培养。没有将想象、设计的东西变为现实存在，是谈不上创造的。当学生的想法通过绘制或制作变成了现实作品，便是其创造的成功。这不仅锻炼了学生的创造力，更增强了他们创造的自信。创造是技能与智慧的结晶。美术学科通过学生眼、手、脑协调合作的训练，加之使学生不断完成具有新款创意的作品，就为中小学生创造力的发展做了最理想的铺垫。

美国吉尔福特和洛厄福特，经过追踪研究认为，美术创造活动培养出的能力有八种：敏感性、流畅性、灵活性、独创性、再决定与再构成的能力、分析及抽象能力、综合与接合能力、组织之一。这些能力，不仅美术创作所必须，而且凡是从事创造的其他行业也必须。这就是说经过美术创造活动培养出的能力，可以迁移到其他行业中去。

第六节　促进人格优秀特质的个性发展

"人格"是个体区别于他人的诸多特质的总合，也称"个性"。人的这种区别，构成了社会群体的丰富多样性。人的特质，如情感、趣味、性格、态度、道德、人生观、价值观等的差别是巨大的。人的个性，存在美好与丑恶、善良与凶狠、勤奋与懒惰、坚强与软弱、勇敢与怯懦等等相对立的性格品质，存在着人生观、价值观不同的发展趋势。只有通过教育，才能抑制恶劣特质，树立起正确的道德观、人生观、价值观以及良好的性格，使人的优秀特质得到健康发展，并形成优秀的个性。

美术学科教学可以拓展学生的兴趣，培养高雅的审美情趣。儿童没有接触过的事物，是不会对其发生主观偏爱与兴趣的，更不会自动产生高雅的审美情趣。学生只有通过美术的学习和体验，才能知道对美术是否感兴趣，如果缺乏美术学科教育，即便对美术有兴趣的儿童也会由于没有机会实践，体验不到美术创作的乐趣，而渐渐兴趣范畴狭窄，或丧失对美术的兴趣。这就不仅限制了儿童的个性发展，也会由于兴趣的偏狭导致认识的片面。通过美术学科教学，可以使少年儿童了解美术和具有多种美术门类实践体验的经历，不仅扩大了学生的感知范围和兴趣范围，也使对美术有极大兴趣的学生因此产生一生从事美术的志趣，发展其美术素质特长。人的审美情趣有高雅低俗之分。通过美术学科教育，可以培养学生高雅的审美情趣，而且还可以影响学生的性格、气质与行为。

美术创作强调艺术个性，即用个人的手法表现个人的发现、对事物独到的理解以及新颖的创意。美术创作，一般是个体独立进行的，可以按自己的意图尽情地发挥创造性，作品是其思想感情的真诚表露，所以艺术个性是美术创作主体意志自由表达的一种体现。但是，艺术个性区别于个人主义无度膨胀的自由发展的反社会性，它追求的是以社会为基础的真善美的和谐统一，具有促进社会真善美发展的意义。正是因为有艺术家的个性创作，才能不断打破旧有的艺术概念界线，冲破种种藩篱而使艺术得以进步和发展。美术学科教学通过尊重和鼓励个性创造，促进学生形成独立的人格个性和追求个人理想的价值观。学生有了对艺术个性促进艺术进步与发展的理解以及对艺术个性的追求，中能尊重他人的艺术个性和审美个性，形成能对多元化与多样性包容的宽阔胸襟，才有利于社会的丰富性与多样性。

美术学科工艺设计的教学，例如物品造型设计，不仅要考虑美观，更要考虑使用者的安全、方便、舒适。这就要求设计者通过体验考虑他人的感受，在关心、体贴他人的基础上追求更新更美的艺术创造。建筑设计、园林设计，不仅要考虑应用、实用、价格与科技含量，还要考虑与自然的和谐和保护自然美。这是体现了理解、尊重、体贴他人和关心社会、关心环境的高尚人格的艺术创造，是优秀人格特质的教育培养。

艺术家在长期的对艺术完美追求实践中，形成了一种奋进精神与顽强意志。中国圆圆家对某一题材的表现，都是经过无数次的笔墨锤炼，所以李可染的一枚闲章以"废画三千"自勉。齐白石在85岁时，写有"铁栅三间屋，笔如农器忙，砚田牛未歇，落日照东厢"诗句，表现作者一生的勤奋，并刻有"痴思长绳系日""白石夜灯""日课"等印章，表达了渴求能有更多练画时间的愿望以及坚持每日挑灯作画的精神与意志。艺术家对自己的艺术作品珍爱如生命，例如吴冠中去海南岛写生，在从广州归京的火车上，唯恐油色未干的作品受损而将其放在座椅上悉心照顾，而他自己却一直从广州站到北京，两腿累得肿胀也在所不惜。塞尚、莫奈等许多艺术家，是手持画笔辞世在写生画架前。这种热爱事业和为事业献身的人生观、价值观，不仅可以感染学生，而且也可以促其形成这种优秀的人格特质的个性。

第六章 美术学科教育目标

"目的",就是人类对其所从事的活动,事先便在观念中设定了的想要达到的结果,并以此作为指导活动的准则。"教育"作为人类有意识、有目的、有计划地培养人的社会实践活动,更是事先将其作为活动对象,对其活动提出和设定目标予以把握。

现在,教育学将指导各级各类学校教育的总目标以"教育目的"称之,将其下限层次的教育目的以"目标"称之。据此,过去我们习惯称谓的学科教育目的、单元教学目的、课业教学目的等,现应称之为学科教育目标、单元教学目标、课业教学目标等。"目的"与"目标"没有实质的区别,都可以作为寻求、瞄准的对象或所要达到的境地、标准来解释。本章为了与其后论述的"教学目标"有层次上的区别,依然用"美术学科教学目的"称之。

美术学科教育目的,是为解决中小学美术学科教育要干什么和通过美术课程要在学生身上引起哪些行为模式的有意义的变化,以及其达到什么样的质量规格,而提出和设定的目标。它既是美术学科教育的总体要求,也是研究美术学科教育的宗旨。一般是落实为具体的美术课程培养目标。因此,美术课程目标亦即美术学科教育目的。它是美术学科教育的起点与归宿,对美术学科教学任务的确定、教学内容的选择、教学的实施、教学活动的组织与教学评价等,均起指导作用。

第一节 价值取向与培养目的

马克思说:"'价值'这个普遍的概念是从人们对待满足他们需要的外界物的关系中产生的。"这就如同一部拖拉机,既可用于耕田,也可用于运输,功能是客观存在,因有人需要它而有了价值。但需要者有的主要是为了耕田,有的主要是为了运输,目的不同即价值取向不同。或者说价值取向不同是出于不同目的。"目的"就是为了满足需要。社会对美术学科教育的需要—用它来干什么,就是美术学科的教育目的。让美术学科在哪些方面发挥其教育功能，就是价值取向，亦称美术学科教育价值。

美术学科的教育目的是传递美术文化和育人，将其具体化就是美术课程所要达到的目标——培养人才的规格。国家制定的《全日制义务教育美术课程标准》对其课程总目标是："学生以个人或集体合作的方式参与各种美术活动，尝试各种工具、材料和制作过程，学习美术欣赏和评述方法，丰富视觉、触觉和审美经验，体验美术活动乐趣，获得对美术学习的持久兴趣；了解基本美术语言的表达方式和方法，表达自己的情感和思想，美化环境与生活。在学习过程中，激发创造精神，发展美术的实践能力，形成基本的美术素养，陶冶高尚的情操，完善人格。"

美术学科的价值取向是强调从哪些方面去发挥其教育功能，来实现其教育目的。国家《全日制义务教育美术课程标准》确定的美术学科教育价值是：

1. 陶冶学生的情操，提高审美能力；
2. 引导学生参与文化的传承和交流；
3. 发展学生的感知能力和形象思维能力；
4. 形成学生的创新精神和技术意识；
5. 促进学生的个性形成和全面发展。

从其二者表述的内容来看是一致的。目的是美术学科教育的归宿，价值是从目的与意义角度对美术学科教育的导向。有了什么样的教育目的，才能有相应的教育价值取向；有了什么样的教育价值取向，才能更明确教育目的和清晰地表述教育目的。二者是互为因果的辩证统一的关系。依此构建符合目的的课程内容，这如同用拖拉机搞运输要配备拖斗，搞耕田配备犁耙，如此才能满足需要，实现目的。

教育由于存在着教育的掌握者——代表社会主体的人们，按着自身的需要有目的的对教育能动地改造，从社会的利益和需要出发，对其功能认定选择和取舍中体现出教育者的不同价值追求。这种价值的取向与追求——价值观，不仅关系到美术学科教育的定位，而且也规范着美术学科的教育目的。

第二节　美术学科不同价值取向的教育目的

百年来，美术学科教育由于教育观念的变化与不同，即价值取向的不同，曾出现过不同教育目的的美术学科教育。

一、技术、技能教育论

认为美术是技能很强的学科，教美术便是教技法，训练学生掌握技能。因此，将其定位于技能课，进行的是技术教育或技艺教育。人类最初的美术教育，是从美术实用技能教育开始的。职业美术教育，更是以技能教育为主导思想。普通学校开设美术课程的初期，中西方一般都将美术课视为实用技能课，将教学重点放在绘画与工艺制作技能的培养上，并以此发挥育人作用。

这种价值观，早在17世纪被誉为"现代教育之父"的捷克教育家夸美纽斯（1592-1670）于《大教学论》的"艺术教学法"章中，就强调艺术学习"必须从实践去学习"，从"雕刻去学雕刻，从画图去学画图"。"练习应从基本做起"，先从怎样调颜料、握笔、画线条教起，然后再教画粗糙的轮廓，最后教画人像。最初应当指定模仿的形状，而且要表现得精确，务使"模仿过后都能在他的艺术上面达到完好的境地"。"头一次的模仿应当力求正确，不要稍有背离模型的地方。""凡是学习任何艺术的人，都应精心去正确地模仿他们的范本，使自己精通那门艺术的基础。""这种练习必须继续到艺术品的产生变成第二天性为止""因为产生一个艺术家的是实践，不是别的。"夸美纽斯反复强调的"实践"和"从基本做起""精确地模仿"，是为了精通那门艺术，是将技能练习到成为第二天性，成为艺术家。虽然他也提出这种艺术学习是为了"完成健全精神与健全身体"，但实际上这种技术教育很难使理想的教育目的得以实现，原因在于它缺少想象、理解与创造等教育，不能建立健全的审美心理结构。

其中，技能教育的理论基础是：知识与技能是能力和智力发展的基础。美术学科的实践性必须经过训练方可使学生形成熟练的动作方式，掌握美术技能以适应未来工作和求职的选择性。中国1904年颁布的《癸卯学制》规定高小"图画要义在使观察实物形体及临本，由教员指授画之，练成可应用之技能，并令其心思习于精细，助其愉悦"。该学制还规定中学"习图画者，当就实物模型图谱，教自在画"。

中国在1949年以后的很长一段时间学习苏联，受凯洛夫《教育学》提出的"以系统的科学知识武装学生的头脑"的影响而强调"双基"。美术学科的"双基"，便是契斯卡夫教学体系的写实技能，由写实素描进入铅笔淡彩，再过渡到条件色的写实水彩画。这种抽取西方写实绘画表层的技术层面的教育，有其不涉及西方文化内涵的片面性和脱离中国传统艺术的弊端。

改革开放后的一段时间，中国不少教师仍按自己习惯了的专业强项——西法写生或中国画技法等一进行技术教学。实践证明，中小学美术课堂教学很少的课时，学生是形成不了西画技能的，即便进行中国画教学，也由于现代的学生平时少用毛笔而不容易掌握中国画技能，更何况片面的技术教学，尤其片面于某一画种的技术教学，会使学生形成某种绘画思维定势而不能理解和容纳多元化的美术，不利于学生创造精神和多方面艺术实践能力的培养。

虽然技能教育论对美术学科教育的认识比较偏狭，但也必须认识到美术学科的实践性、技能性的特点，认识到兼顾智力培养的技能训练对学生全面发展的积极作用。所以，技能教育仍不失为美术教育的重要价值之一。

二、实用主义的教育目的

由于在人类社会生活的方方面面都需要美术，所以将美术视为实用性艺术，而将美术学科定位于工具课、实用课，进行实用美术的教育。从其目的来看，实用主义主要可分为如下几种：

1. 就业的实用主义

认为掌握美术技能，有助于人的就业，可以找到一份适合的工作。这种教育与技能教育分不开，只不过它重在职业技术。早在18世纪空想社会主义者欧文（1771-1858）和英国教育家洛克（1632-1704）及其后的瑞士教育家裴斯泰洛齐（1746-1827），都认为学生学习图画、手工艺有利于就业。在他们自己创办的孤儿院或学校里，将图画、手工工艺课定位于就业技能课，进行与就业相关的美术技能教育。

随着时代发展对美术学科教育认识的不断深化，这类就业教育衍化为其后的职业美术学校的教育目的。

2. 发展经济的实用主义

认为发展经济，从事科学技术和工业实业工作需要绘图、制图能力。而这种能力是需要美术能力和美术修养相辅助的，所以将美术学科定位于工具课，进行应用工具的美术教育。

其源头应是1798年，法国数学家、教育家蒙日（1746-1818）提出将工业制图的几何画法纳入中学教学，以培养工业设计人才和能够识图的劳动者。然而，真正从"造型美"的角度，将美术课作为应用工具的美术教育，当是以1856年的英国伦敦万国博览会为契机，由于博览会展出的机器工业生产的产品造型难看，失去了手工艺的艺术品位，而遭到人们的非难，由此引起各国工艺改良运动，并开始于学校中既注意培养设计者的审美品格，也注意到培养劳动者的审美趣味。1870年美国马萨诸塞州通过工业图案法案，要求学校向15岁以上的学生教授装饰图画。此后，世界许多国家的中小学美术课开始增设图案教学。中国1904年颁布的《癸卯学制》规定中学生学习用器画的几何画法，其宗旨就是为了"以备他日绘画地图、机器图及讲求各项实业之初基"。

从以上不难看出，这些美术课是以发展经济为目的的美术学科教育。

3. 生活应用的实用主义

认为生活中处处需要美术，美术课就应教学生自身感兴趣的与其生活十分贴近的又能应用的美术，将美术课定位于应用课，进行生活应用美术的教育。这是随着现代人对生活美化要求的提高和适应学校生活中出墙报、黑板报、美化和节日布置教室、互赠贺卡、出海报、运动会设计班徽标志等活动需要，以及自身着装美容的需要，而逐渐形成的一种美术学科教育的价值取向。由于学生对其内容确感兴趣，有人就将美术课定位于生活应用课，进行与日常生活、学校生活、社会生活联系紧密且学了就能应用的美术教育。

4.服务于政治的实用主义

"要使文艺很好地成为革命机器的一个组成部分，作为团结人民、教育人民、打击敌人、消灭敌人的有力武器，帮助人民同心同德地和敌人作斗争。"为指导思想，片面地执行了"教育为无产阶级政治服务"的方针，将美术课定位于政治斗争工具课，进行的是为政治斗争服务的实用主义教育。

三、审美教育论的教育目的

审美教育论认为：艺术是人类主要的审美对象，是审美文化的典型，具有显著的情感效果和审美价值，具有多种社会功能和多种教育功能。其中核心的也是最根本的功能则是对人进行美育，即按照审美理想进行美感教育，以健全人的审美心理结构，陶冶情操，使人具有完美个性和达到人与社会、人与自然的和谐统一、共同发展为根本目的的教育理论。

美术作为艺术的重要组成部分，也就当然地将美术课定位于美育课，即美感教育课或情感教育课，进行旨在树立正确审美理想和提高审美能力的教育。

审美理想和审美能力的教育，就是将艺术教育作为对人的塑造—人生理想构架的教育的手段和终极目的。对此，美学家滕守尧认为："审美教育，并不是专指某种艺术技巧的教育，而归根结底是培养人的一种有机的和整体的反应方式的教育。我们知道，在审美活动中，主体之所以感到审美愉快，是因为他把握到了一种具有节奏性、平衡性和有机统一性的完整形式，这种形式积淀了人的情感和理想，具有特定的社会内容，所以会同时作用于人的感知、想象、情感、理解等诸种心理能力，使它们处于一种极其自由和和谐状态。在这种自由的氛围中，各种能力就像是做了一场富有意义的演习。它们既能共存，又能相互配合；每一种能力都得到了最大限度的发挥，但又兼顾到整体，以不损害整体的有机统一为限。""这样一种整体反应方式的训练正是造就一个完美的人格的基础训练。这种教育思想，早在公元前数百年前，东西方的大哲人、教育家柏拉图、孔子、荀子等均曾有过论述。孔子的"兴于诗，立于礼，成于乐"教育思想，是其典型的代表。审美教育论随着美学理论的发展而不断明确，在西方18世纪鲍姆嘉通、康德之后，德国诗人、思想家席勒在《美育书简》中提出，美育就是为了培养完美的人性，并从历史的高度提出了培养全面发展完美人性的理论，从哲学的高度对美育加以深刻阐述，成为最早的真正的审美教育理论。席勒将人分为"感性的人"和"理性的人"，认为"要使感性的人成为理性的人，除了首先使他成为审美的人，没有其他的途径"。"教养的最重要的任务之一就是使人在其纯粹自然状态的生活中也受形式的支配，使他在美的王国所及的领域中成为审美的人。因为道德的人只能从审美的人发展而来，不能由自然状态中产生。""教养使一切事物服从于美的规律。"M德国哲学家、教育家、心理学家赫尔巴特（1776-1841）也将美学理论作为教育的根本原则，认为教育的目的在于培养具有"完美德性"的人，使审美教育论在欧洲各国的艺术教育运动中得到发展。中国近代教育家蔡元培于1912年任民国政府第一任教育总长期间，颁布的教育宗旨中明确提出"注意道德教育，以实利教育、军国民教育辅之，更以美感教育完成其道德"。蔡元培还说"美育者，应用美学之理论于教育，以陶养感情为目的者也。""美育者，与智育相辅而行，以图德育之完成者也"。并提出"以美育代替宗教"的主张。·英国教育家怀海特（1861—1947）于20世纪中期，在其多部著作中反复强调艺术教育培养学生美感体验的重要性，强调审美教育和艺术教育的文化社会意义，将审美趣味和艺术修养的提高看作是社会生活、民族文化发展必不可少的基础。

基于此，将美术学科教育定位于审美教育课，着重于进行美感教育、情感教育、情操教育日渐流行。中国于1980年始，有人提出将审美教育作为美术学科教育的主线，而将美术课的技能教学仅放在让学生予以体验或作为美感体验的位置。

（四）创造教育论的教育目的

强调在艺术教育过程中发挥主体的创造性和将艺术教育作为培养人的创造意识、开发创造人才资源的教育手段的艺术教育理论。创造教育论是适应社会发展对人才的需要而产生的一种艺术教育思想。

其理论基础是：现代社会竞争最需要的是具有创造性和开拓型的人才。人才资源是现代社会最宝贵的资源和财富。主动的创造精神和创造能力是人才的最有价值的才能。现代教育的一切手段，都应为培养有高度创造性的人才服务。在学校所设的学科中，美术学科最能发挥培养人的创造性的功能。艺术表现是由主体、客体和艺术形式三个方面构成的，现代艺术理论突出艺术创造中主体的主导地位。艺术思维与创造思维的密切联系，使艺术成为人类精神和文化领域中典型的具有创造性的活动。

早在文艺复兴以前，神学统治束缚了人们的思想，艺术的表现基于自然模仿学说没有注意艺术创造中人的主导地位。自文艺复兴达·芬奇的科学艺术论始，于康德的天才论为艺术创造性理论铺下了最初的基石。19世纪中叶，在当时的教育运动中出现反对机械主义和技术主义支配一切的思想，提出通过艺术教育恢复人是创造主体的积极主张，可谓是创造教育论的萌芽。

19世纪末，随着科学技术的迅速发展，整个社会愈发重视培养人的创造性。以1869年英国心理学家高尔顿出版的《遗传的天才》一书为起点，心理学界对人的创造力的研究日益加强，到20世纪初便有几十部专著出版。

20世纪初，随着现代派艺术的兴盛，德累斯顿纳提出应以具有创造力的艺术作为教育的原理。与此同时，格式塔心理学家韦特海姆和邓克先后发表了几部论创造的著作。从此，"创造教育"的思想首先在德国缪斯运动的一部分理论中有所体现，并在包豪森美术学院的"艺术与技术的新统一"的口号影响下，创造教育逐渐受到重视，形成"创造教育论"。

美国在此时也加大了对创造力的研究。1926年美国心理学家华莱士出版了《思想的艺术》，提出创造思维分为准备期、孕育期、灵感期、验证期"四阶段论"，但他没有进行有关的实验室研究。20世纪30年代，帕特里克对华莱士的阶段论进行了数年的有关实验室实验研究。尤其是1937年的实验研究分为两组，一组为50名画家，一组为50名非画家，两组在年龄、性别比例和智力测验得分均等，令人注意的是94%的画家都说他们在日常工作中经常产生灵感。美术教育培养人的创造性，开始引起人们较为广泛的注意。其影响所及，20世纪30年代中国中小学美术课程目标也曾写进"以培养其发表和创造的能力"。

"二战后"，发达国家相继重视培养人的创造性，尤其自1950年吉尔福特在美国心理学年会上发表了著名的《创造性》讲演之后，以美国为中心发展了创造教育论。1957年美国召开了"创造性艺术教育会议"，更推动了创造教育的理论和实践的蓬勃发展，并形成了"为创造而教"的思潮。

1984年，隶属于联合国教科文组织的国际美术教育学会召开题为"社会文化变革的挑战与创造性教育"的国际会议，参加会议的近两千名学者曾以"发展中国家对创造教育的选择"为议题予以集中讨论。此后，"创造教育论"引起世界各国的普遍重视。中国也是在此次会议之后，由郑洞天撰文对其进行介绍，引起美术学科对创造力培养的进一步重视，有的地区甚至将美术学科定位于创造教育课，以培养学生的创造性为主要目的，并走向以是否启发学生创造性作为评价教学的主要标准的极端。

（五）经验主义——儿童中心论

经验主义源自美国进步主义教育运动的领导者、哲学家、教育家、美学家约翰·杜威（1859-1952）。其在20世纪30年代影响极大。他认为儿童有四个本能：1.语言和社会的本能与活动；2.制作和建造的本能与活动；3.研究和探索的本能与活动；4.艺术的本能与活动。学校的教育应按照这四项本能来设计。他主张"教育即生长""教育即生活""教育即改造"，在教育中"儿童变成了太阳，而教育的一切措施则围绕着他们转动，儿童是中心，教育的措施便围绕着他们而组织起来"。构成"良好目的的标准"是："1.所确定的目的必须是现有情境的产物，必须与学习者个人的特殊经验发生联系；2.所确定的目的必须具有弹性，既能指导活动的开展，又能根据实际情况为活动所更改；3.所确定的目的必须鼓励自由活动的开展，而不能限制活动的自由展开；4以儿童的兴趣作为学科教育的出发点，让儿童从做中学，反对教师和成人的指导干扰，以让儿童获得实践，经验和培养儿童适应社会生活能力为目的。

（六）以学科为基础的全面综合教育论

20世纪的八九十年代，在美国数个州流行着"以学科为基础的美术教育（DBAE）"。在DBAE理论看来，构成美术学科最基础的四个领域为：美术创作、美术评论、美术史和美学。以学科为基础的美术教育是一种全面综合的美术教学和学习方法，主要适用从幼儿园到高中的美术学科教育。这"四个领域中的每一个领域都为观赏、理解和评价美术作品提供了不同的角度，同时使人们得以用不同的角度或眼光去观察、理解和评价这个产生艺术题材的世界。"该理论的构思就是使学生能接触、体验上述四个学科领域的知识并掌握其知识内容，"都是为了使学生接触、理解并创作被称之为艺术作品的复杂客体。"20世纪90年代初，艾斯纳访问中国时曾说："大多数艺术大纲都相当重视培养学生视觉形象的制作能力。虽然这很重要，但形象的制作是不可能代替对这些形象的理解。""多数学生将来是不会成为专职艺术家的，然而所有的学生都不仅能够学会欣赏艺术，而且还能学会欣赏他们周围生活中的一切视觉形式。这些视觉经验的培养是极为重要的。"

从上述解释来看，是将美术学科定位于美术文化课，是严谨的以课程为中心的"全面综合的美术教学和学习方法"，进行旨在加强学生对美术的体验与理解的美术教育。

据德比斯介绍，20世纪60年代的布鲁纳的课程理论十分盛行，布氏提倡课程应强调理解力、解决问题的能力，强调对学科主体基本结构的了解。其理论被俄亥俄州立大学的巴肯教授引入美术教育领域。1965年，巴肯提出采用布鲁纳的模式，从画家、美术批评家、美术史论家所提供的特殊知识来学习美术，对美术创作和理解美术是重要而有益的。在此基础上，1966年史密斯提出以儿童和学科为中心的美术教育概念，倡导以美术创作、美术评论、美术史和美学进行全面化、综合化的美术教学。由此，许多研究者对DBAE教学予以探讨，都强调对美术的学习与人本主义、发展儿童全部潜能是相辅相成的关系。1968-1970年，美国美术教育协会会长艾斯纳组织实施"凯特英计划"，即在凯特英小学的美术教学涉及到美术的基本领域（创作、评论和历史）。这对DBAE教学的推行起到推波助澜的作用。80年代初期，加州成立盖蒂艺术教育中心，即现在的盖蒂艺术教育研究院，该中心的成立旨在推动这项新的综合教育思想与方法。盖蒂艺术教育中心相继出版了研究论文与专著，并于1983年首次实施培训教师的计划。1984年，盖蒂艺术教育中心发表了《超越创造：美术在美国学校中的地位》的报告，强调了兴起于60年代的以学科为基础的美术教育（DBAE）这一概念。多年以来，盖蒂中心

（现盖蒂艺术教育研究院）依托盖蒂信托基金会的财力，不断向全美国各州和世界各国推广这一教学概念。至20世纪末，美国已有数个州在实施DBAE美术教育，并影响到美国艺术教育标准的制定。

该理论于1994年在北京国际美术教育研讨会上，由盖蒂中心派出的与会代表介绍到中国。1998年，在首都师范大学召开的北京国际美术教育研讨会上，美国代表团又分发了德比斯写的《美术教育及寓教育于美术：以学科为基础的美术教育指南》一书。该书在理论与实施方法上，都更趋向健全。会后，中国也有部分学校对其进行实验。

综上来看，如此不同价值取向的教育目的，归结起来，不外是个人本位论和社会本位论的两种价值观和目的性。

个人本位论，强调从个体自身发展角度来考虑教育目的，认为教育应当把促进个人的个性发展作为目的。所以，技术技能教育论、经验主义——儿童中心论强调个人体验与经历，促进学生本能的发展；审美教育论，强调健全个人审美心理结构，以学科为基础的全面综合教育论，强调理解美术以发展个体等，都是以个体自身发展需要为依据的个人本位主义教育论在美术学科教育上的反映。

社会本位论认为社会价值高于个人价值，个人的存在与发展应该从属于社会的需要，因而强调从社会需要出发来规定教育目的。教育应当把培养符合一定社会准则的人和满足保证社会稳定、延续发展需要来规定教育目标。所以，实用主义强调发展经济需要的目的；或强调为政治服务的目的；或以美化学校、日常生活之应用为目的；或强调美术文化传承，掌握技术成为画家之目的等，都是从社会需要这一客观实际方面为依据而提出的教育目的。

上述双方都有其合理的一面，又都有着顾此失彼不能有机统一之弊端。

第三节　规定美术学科教育目的的依据

确定美术学科教育目的（或称目标），首先要明确美术学科的特点和它的功能。据此，再从观念上解决两个问题：（1）社会对美术学科教育有哪些需要；（2）个人对美术学科教育有哪些需要。这二点是美术学科教育价值取向的依据，也是确定美术学科教育目的主要依据。

一、社会对美术学科教育的需要

马克思称社会"是人们交互作用的产物"。人们进行生产和生活，便必然发生一定的联系和关系，这就是社会生产关系。"生产关系总和起来就构成为所谓社会关系"，"并且是构成为一个处于一定历史发展阶段上的社会，具有独特特征的社会"。无论何种特征的社会，都是一定的经济基础和与之相适应的上层建筑的有机的统一。因此，教育作为上层建筑，必然与经济基础相适应并受其制约，社会总是要根据自己的发展水平对劳动者的培养提出要求，以满足社会发展的需要。当代社会对美术学科教育的需要，可以概括如下：

1. 发展文化的需要，培养继承和发展美术文化的后备人才

社会的进步与发展，是以其文化程度为标志的。文化是人类历史实践过程中所创造的物质财富与精神财富的总和，是人类智慧的完美结晶，是精神与物质的统一。一个完整的社会，是科技与文艺双翼齐飞全面发展的社会。美术是人类文化和文艺的重要组成部分，又是社会文化发展和文明的表征。1999年，北京长安街、王府井的改造，使人们步入那里的街道和商店便产生进入现代化文明社会的强烈感觉，就是明证。当代社会，这种以建筑业为主导的各方面的美术设计现代化运动，使得社会生活的衣、食、住、行、用等各个领域凡是人们视觉所触及到的人造物，都是经过美术家设计的，都是科学与艺术结合的产物。因此，社会不仅需要科学技术工作者发展科技，也需要画家、雕塑家，需要城市规划，建筑设计、环境艺术设计、园林设计等设计师，需要服装设计、家具设计、日用品设计、陶艺设计、商业美术设计、工业设计、染织设计、邮票设计、钱币设计、各方面视觉传达设计等等工艺设计师，需要书法篆刻家、影视艺术家、舞台美术家、动画设计家……以丰富社会精神的视觉文化。以上美术门类是我们社会生活中极为广大的领域，需要大量的专门人才。这些专门人才，需要从小就受到美术学科教育的培养、开启智慧，并为有这方面素质特长和爱好的儿童，从小奠定发展的基础，成为发展美术文化的后备人才。

2. 发展经济的需要，培养美术消费者

上述说的是社会发展需要培养美术生产后备军，这里所说的则是经济发展需要培养美术消费者。上述的诸多领域都与商品有关，生产的是精神与物质结合的产品，有的虽说呈现为精神产品，但从本质上说都是商品，需要出售给消费者和经受消费者的评价。

广大消费者为了适应美术设计的现代化社会和尽情享用精神消费，本身就要求加强美术教育，以提高自身的审美素质和进一步使生活艺术化。随着生活水平的提高，人们不单单满足于住房一般的内外装修美化和到美术馆去欣赏原作美术品，而且要求环境和家庭通过陈设美术品创造出文化艺术氛围。从而促使相应的美术商品得以发展，绘画、雕塑原作也进入各部门单位和家庭房间，美术作品作为文化的典型代表之一而被个人高价收藏。

美术消费多是视觉美的消费。人们不断追求获得新的视觉美的享受，促进商品的造型与装潢不断更新和经济的发展。

在人类社会生活中，就是看文艺演出、体育表演，也包着美术消费。旅游消费，很大成分上是美术消费，游颐和园，逛天坛，到敦煌石窟，去法国卢浮宫，

看埃及金字塔等，都可谓是美术消费。

提高人们的审美能力，就是提高美术消费层次，也就是为美术培养观众和买方市场。这是社会需要经济发展赋予美术学科教育的使命。

消费者是社会人的群体。生产与消费是互相促进的关系，美术教育促进人的审美素质的提高；具有高素质审美人群的社会，需要处处美化，对其美化得好坏又需要人们予以评价，这样又促进美术设计的发展和美术文化的发展，以及美术教育的发展。这种良性循环的关系，对社会经济发展的作用是不能低估的。

3.社会快速完美发展的需要培养具有科学与艺术双翼的人

工业化初期，科学与艺术曾经分离。教育培养出的科学、艺术人才各执一端，片面发展，搞科技的人缺乏美的意识，使工业发展为社会带来诸多的弊端。例如，丑陋的产品，环境污染，人成为机器的奴隶、精神偏枯乃至变异等等。为消除科技与艺术分离的弊端，需要加强审美教育，使科学与艺术重新携起手来。后工业社会，则要使社会协调完美地发展，不仅需要科学与艺术的结合，更需要插有科学与艺术双翼的人才。且不说由于电脑技术的发展，使许多学科包括数学在内均需要美术学科的支持，以便其设计更具创意；且不说现代社会需要人具有图像传达和接受图像传达的能力，更主要的在于艺术是真善美的有机统一，是人的知情意的有机统一，艺术美的情感性教育，可以使人的感情丰富起来。人对美的追求，可以使偏枯乃至异化了的人性得以复归，从而获得丰富的人性，关爱人，关爱社会，关爱与人共同生活在地球上的一切生命。作为艺术重要学科的美术，其教育从有利于科技发展角度看，还可以使人脑两半球协调发展，丰富想象力，推动智能发展，增强提高创新意识和创造力。人有了美的追求和思维的活力，思想也不至于走向歧途。社会由具有科学与艺术双翼的人把握，不仅能使社会腾飞，而且能够向着和谐完美的方向发展。

（二）个人对美术学科教育的需要

教育的原始目的是为了人的生存和发展。今日的教育仍是为了人的生存和发展，只不过今日是为了满足人的安全的生存、健康的生存，自主的生存，为了适应社会瞬息万变的发展和激烈的竞争中立于不败之地的生存，是为了高质量的生存。发展是在生存基础上的更高层次的需要与追求，是为了满足物质和精神（包括情感）两方面的需要，实现自我尊严和自我价值。因此，今日的教育既要满足人的生存需要的知识和技能，更要满足人为了提高身心、素质的需要和发展个人禀赋特长的需要。那么个人对美术学科教育的具体需要是什么呢？

1.提供生存需要的美术知识、技能和艺术修养

大多数学生并不想成为美术家，但却需要对客观视觉世界的美的感知力和反应能力，需要对美术文化的理解力、高雅的审美情趣和社会相应的审美能力，需

要具有一定的美术视觉传达能力和接受美术的视觉传达能力。如前所述，这些能力关系到现代人的社会生存及其生存的质量，也是为高质量地生存于美化了的社会和自身赏心悦目的需要。

2.获得个人发展需要的现代的人格特质

从美术的学习中使左右脑协同发展，获得不苟同他人的自我表达个性，自主、自信的主体精神，积极进取的独创精神，美感直觉、灵感、变通性和活力，建立美的观念，提高情感，建立健全审美心理结构，培养多元文化的价值观和包容性，从选择中学会选择、学会学习、学会关心等人格特质。

3.奠定一生可持续发展所需要的基础

现代社会科学技术和文化发展飞速，任何一级学校的教育都不是教育的终结，都只能为学生奠定今后一生可持续发展的基础。中小学美术学科的基础知识、基本技能虽然是人可持续发展的必备基础，但更主要的是美术学科以其培养人的创新精神与创造力的优势功能，为学生奠定了永不满足已有常规模式的探索精神，使学生形成了对问题的敏感性、洞察性、再定义性、处理问题的流畅性、灵活性、独创性等创造力的心智特征，培养了学生对多元化的包容精神与汲取能力，使其具备了艺术思维的特点、方法以及对美的追求等。这则是学生可持续发展的重要基础，并可使学生形成可持续发展的意识、信心和勇气。

4.满足美术特长学生个人发展，实现自我理想、自我价值的需要

学校中总是有一批美术素质特长的学生，学习美术是他们的兴趣所在，其理想是做美术家、工艺设计师等。他们追求在美术方面的个人发展，希望学校美术学科教育能满足他们这种实现自我理想与自我价值的要求。

（三）社会需要与个人发展需要的统一

我们之所以说社会本位主义和个人本位主义二者皆有合理性的一面，是因为社会总是对教育有其总的要求，尤其有国家意志的需要；个人上学，也总有个人生存和发展的需要。马克思认为人的本质并不是单人所固有的抽象物，在其现实性上它是一切社会关系的总和，即人的社会性。社会对教育的需要，根本在于培养社会需要的高素质的人才，个人发展的目的也在于适应社会的需要。所以，人与社会是一种统一的关系。

教育作为传递人类文化和造就人才的社会现象，不可能脱离社会的需要而独立存在，必然根据一定社会要求，在一定的社会物质生产所规定的可能性的前提下进行社会实践。其传递的文化，是人类最好最有用的文化，是为了让人掌握去促进社会的进一步发展。教育造就人才促进个人发展，也是由客观社会生活和物质生产条件决定的，个人只能在特定社会提供的可能性范围内得到发展，而且个人发展的目的也是为适应社会的需要，离开社会需要，便谈不上个人发展的价值。

社会又是由多样的个性的人组成的，没有多样个性的人，不可能有社会的丰富性，所以社会不可能无视人的个性的自主发展。社会的进步在于作为生产力中最活跃最富有创造力的人，在于人的推动，在于人的素质，所以社会希望个人发展，社会需要与个人发展是统一的。教育应该将二者需要都予以满足，使其得到真正有机的统一。

（四）正确处理全体学生与美术特长生对美术学科教育需要的矛盾

社会需要的美术消费群体和插有科学与艺术双翼的人，都是落在对学生的期望与培养上，学生的生存与发展的需要是统一的，又都可归结为需要美术学科教育提高他们的美术文化素质，并通过美术素质教育培养适合当代社会发展需要的人格特质，促进身心全面健康发展。

社会需要美术文化发展的后备人才，这是社会对少数美术特长生的期望。美术特长生也欲发展成为美术专门人才。这二者对美术学科教育的要求也是一致的。

美术学科教育满足提高全体公民的美术文化素质和培养少数学生成为美术专门人才的两种需要，实质上是满足全体学生和少数美术特长生的两种不同层次不同规格的需要。这样，美术学科教育便存在着一个不可回避的必须处理好的矛盾，即如何满足二者需要的问题。

作为学校的教学科目只强调面对全体学生的教育，而冷落了那部分少数美术禀赋特长生的需要，就是忽略了对社会需要的艺术后备人才的培养。如果我们的美术学科教育将全体学生的美术文化素质普遍提高了一个层次，而没有培养出能在世界立足的精英人才，不能称之为真正的素质教育，也是教育的失败。

如果冷落了大多数学生的需要，或脱离大多数学生的水平，将面向全体学生的课堂教学变为培养特长生的教育，那更是教育方向上的极大失误。

既让全体学生美术文化素质得到提高，促进其全面发展，又要满足美术特长学生发展的需要，才能说是真正实施了素质教育。为此，学校的美术教育应设有面向全体学生的必修的美术课程，也应设有供学生发展特长而选择学习的选学课程，且以不同的教学目标予以分别对待来处理这个矛盾。

统一的美术必修课程，是以全体学生为接受对象的学科教育。个别特长生首先应受到统一的课程教育，然后才能谈到在此基础上于课外活动课程学习中得到发展。美术学科的必修课程是美术学科教育的主要任务和学校教育的重心所在。而且由于课外活动课程的多样性、机动性和国家对其没有统一的目标要求。所以探讨学科教育的一般规律与教育目标，总是着眼于面向全体学生必修课进行的。

（五）国家的教育目标是规定学科教育目标的准绳

在1999年6月13日中共中央国务院在颁布的《深化教育改革128美术学科教育学全面推进素质教育的决定》中指出，中国的教育是"以提高国民素质为根本宗旨，以培养学生的创新精神和实践能力为重点，努力造就'有理想、有道德、有文化、有纪律'的，德育、智育、体育、美育等全面发展的社会主义事业建设者和接班人。"这是在新时期新形势下，党中央、国务院对中国教育的性质、目的和方针的高度概括，也是国家、社会对个人发展提出的新的规格要求，体现了社会需要与个人发展需要的统一性，体现了素质教育对人的全面发展的培养目标，是对教育综合性价值取向和突出重点价值取向的统一。中国各级各类学校，其中包括美术学科教育，必须以此为指导准绳来规定教育目标，否则便背离中国教育的总目标。

第四节 体现素质教育，以人发展为本的教育目标

美术学科欲满足个人发展和社会对未来人才的需要，就应突出本学科独具的教育功能和优势教育功能，并综合其他功能作为价值取向，构架体现以人全面发展为本的美术学科教育目标。美术学科教育学提高人的美术文化素质，是时代对未来人才的需要。美术作为人类宝贵的文化，也应该传递给下一代。提高学生的美术文化素质，既要进行物质形态的美术教育，也要进行观念形态的美术教育。让学生理解美术丰富的人文内涵，是美术学科教育独具的教育价值，应作为其教育目标。

美术文化有其特定的知识体系和技能体系。美术基础知识和基本技能是传递美术文化的基础，没有"双基"的教学不可能使学生对美术文化有真正的理解，更不能使学生运用美术进行表达。造型能力是美术的最基础的能力，是最重要的能力之一，掌握基本的美术技能和学习美术的基础知识，可以为学生理解美术、发展能力、继续学习和持续发展奠定基础。这是任何学科教育所不可替代，应作为美术学科教育目标之一。

美术是主体对客观世界认识反映而创造的审美对象，是给人观看的造型艺术，美术又是以造型语言传达信息表达观念的工具，是美化生活的工具，所以人人离不开理解美术和运用美术美化自身、家庭、社会，离不开运用图像传达信息和接受图像信息。这种美术能力即美术实践能力的培养，也是美术学科教育独具的功能，也应作为其教育目标。

客观世界为人类提供了眼睛可以观看的丰富多彩的形态现象，人们对其能否敏锐的感受并从中发现美和体味内在精神，在于人的美感知觉的发展和审美能力。培养人发现美的眼睛和对形式美感的敏锐性，是美术学科教育独具的功能。而对视觉世界作出审美判断与评价的反应，则需要构建学生的审美心理结构和提高审美能力，同时也使其情感提升和形成高尚的情操。这正是辅翼德育的功能，也应列为美术学科的教育目标。

创新精神与创造力，是美术最需要的能力。美术创作历来强调不苟同他人，打破常规性的创新最为可贵。齐白石说："学我者生，似我者死"，是对美术强调创新精神的恰当概括。所谓"学我者生"，是指学习齐白石"变法"的创新精神，艺术才有生命力，才有其生存的空间。虽然艺术家的创新精神和创造力，是在全面深刻理解传统美术之后突破传统的独辟蹊径，是以技术功力和审美能力为基础的创新与创造的实现，是在美术实践中体现出来的能力；然而我们学生的创新精神却是其纯真率直的表现，即便拙劣也因不雷同他人而有独立存在的价值。如果说其他学科也有启发学生创新的教育，那么美术学科各课业均可让学生发挥创新精神，都是学生施展创造力的天地。这不能不说是美术学科的优势功能，且中国教育的重点正在于培养学生的创新精神与实践能力。因此，美术学科的这一优势功能应作为重要的价值取向而成为教育目标。

美术学科的教学是为了使学生插上艺术的翅膀，成为具有从艺术学习中获得诸多未来人所必备的全面发展的优秀人格特质。因此，应将其列为美术学科教育目标。

另外，应特别强调指出的是：美术学科不是升学考试科目，又是情意性很强的学科，对其学习需要学生以兴趣作为内在的驱动力，并保持其创造个性的发展。如果学生学习无兴趣，那将是美术教育的失败。所以，美术学科教育要以激发学生的学习兴趣作为一项重要的教学任务和情感目标，以保证美术进行愉快教育和成功教育。

综上所述，以人的发展为本的美术学科教育目标概括如下：

1.培养美术兴趣，提高美术文化素质
2.学习美术基础知识与基本技能
3.促进美感发展，培养审美能力
4.培养创新意识，发展创造能力
5.促进图像表达与生活美化的实践
6.促进优秀人格特质的形成和个性发展，为学生可持续性发展奠定基础

上述的几项目标，有的存在概念宽泛和不确定性之弊，容易产生歧义。例如"提高美术文化素质""学习美术基础知识与基本技能""培养审美能力"。因此有必要先对"美术文化素质"稍加诠释：中小学美术学科从事的是人生的美术教育，是为国民生存和提高生活质量所需的美术文化素质；不同于专业美术学校培养的是美术从业人员所需的专业美术文化素质。那么，公民必备的美术文化素质是什么呢？其表现为三个方面：

1.能美化自身和美化环境；
2.能理解和享受人类创造的美术文化；
3.能以美术为工具进行基本的交流与表达。

至于"基础知识与基本技能""审美能力",围绕这三个方面132美术学科教育进行,其义和内容也就可以随之明确而具体了。以上目标的出发点和归宿,是提高国民的生存和生活质量的美术文化素质,是为促进优秀人格特质的形成和发展,为学生可持续发展奠定基础。

任何单项价值取向的教育目标,都不符合现代教育观念,也不能充分体现美术学科的教育价值,更不能代表美术学科的教育特点。所以,美术学科目标突出上述的价值取向,充分发挥其独具的和优势的教育功能,综合其他功能的价值取向才是真正实施美术学科的素质教育,才能满足社会与个体对美术学科教育的需要,实现人的全面健康发展的目的。

第七章　美术教学工作与教学设计

第一节　制定教学进度计划

教学进度计划，是对全学年或一学期教学工作进行的通盘安排，以便于明确全学年或全学期的教学任务，教学内容的进度时间，教学用的教具、学具、设备的准备计划。教学进度计划，一般是在上学期末或本学年始制定。

制定教学计划的依据：

第一，课程标准规定的任务要求和课本教学内容的编排是制定教学计划的依据。因此，教学计划是在钻研课程标准和课本教材基础上制定的。

第二，依据学校的教学条件、校历和季节。教学条件是实施教学的保证。有些课本教材内容，由于学校不具备上课条件，制定教学计划时要考虑调整。制定进度计划要考虑校历中的活动、节假日，依此安排课程。如命题画创作课可安排于春游、运动会或节日之后。有些课业如风景写生要考虑到季节气候因素。

第三，依据学生心智特点、接受能力及纪律情况等

第二节　模块教学设计

模块教学设计是指对高中美术学科下位的门类科目教学内容所制定的实施方案。

模块教学设计要明确以下问题：

第一，根据"课程标准"明确模块的教学目标与教学内容。

第二，根据教科书明确课序编排所体现的知识结构关系，明确各单元的教学内容和课时分配。

第三，确定各单元的教学目标。

第四，明确模块教学的主要方法与策略。

第三节　单元教学设计

单元教学设计是指对教科书中的能自成体系的几课教学内容所制定的实施方案。单元教学内容在高中美术鉴赏教科书中体现得明显；在九年义务教育教科书中有部分内容是按单元编排的，如色彩练习、中国画等。

单元教学设计要明确以下几点：

第一，明确单元教学内容的构成，并对其予以课序、课时划分。

第二，明确单元教学目标及课序、课时的教学目标。

第三，明确教学方法与策略。

第四节　课题教学准备程序和课题教学设计方案

课题教学准备工作与课题设计是密不可分的。课题教学设计，是对教科书中的课题教学的内容、目标、结构程序、方式方法和结果等进行计划与决策。在上课前落实为文字的"设计方案"，即"教案"，也就是通常所说的课时计划。

课题教学设计，是在钻研课题教材、熟悉教材、明确教学目标等的基础上进行的。课题教学设计是教学准备工作的一个重要环节。除了课题教学设计之外，教学准备工作还有具体务实的行动，如准备范画、范作、教具、学具、熟练示范等。从这一点来看，教学设计对教学准备工作又具有指导意义。

美术教学的实施，应理解为多方面美术教学工作的实行。美术课堂教学的实施，特指以上方式将课题教学设计付诸实施上课，即是课堂教学实施的代名词，是教学工作的中心环节，是使学生由原有水平达成教学目标的关键所在。它支配着教师的备课，备课是为了上好课。教师的教学能力与教学水平，主要体现于上课这一教学实施的中心环节。

一、美术学科上课的组织形式

美术学科课的组织形式，是指依据教学内容或教学程序的需要，对学生予以安排不同场地、不同人数组合与不同方式进行教学活动、亦称教学的组织形式。依据教学内容的需要，美术教学的组织形式有：

（一）室内授课

室内授课，包括在班级教室、美术教室、电化教室等授课方式。中国画、纸造型、剪纸、绘画创作、工艺设计等课业，教师一般安排于班级教室授课。是利用班级教室空间、设备，学生在自己原座位进行教学的组织形式。美术教室充裕的学校，教师对上述内容则愿安排在美术教室授课。

泥塑、版画、静物、人物写生等容易造成教室污染或需要特殊空间的课，则应安排在美术教室授课。在美术教室上课，依据教学内容的需要对学生座位应予以多样化的组织安排。

写生课教师应事先安排好座椅，应考虑到学生都能看到写生对象和便于教师巡视辅导。上课前组织学生按次序坐定，教育学生不可抢位置。第一排不可向前移动，以免影响后边学生观察写生对象。

（二）室外授课

风景写生课，或特殊内容需要室外进行的课业，如堆沙、集体合作大型立体造型、集体创作长卷画等，需要在室外授课。

（三）参观活动

参观活动，过去将其列为教学方法，称参观法。参观活动，依据教学内容和参观目的可分为：

第一，美术欣赏的参观。包括去美术馆、博物馆、美术名胜（古典园林、著名建筑、石窟）等现场教学。这是开拓艺术视野，感受历史美术成就，增长鲜活的美术文化知识，提高审美水平的欣赏教学活动。

第二，感受自然美与人文景观的参观。包括到自然景区、名胜古迹等现场参观，是领略自然美，人文与自然结合的美，丰富美感知识的教学。

第三，了解设计造型、美术与生活的关系的参观。如到商店，参观商品包装、装潢、各种艺术设计，是启发学生艺术设计构思，理解美术与生活的密切关系的教学。

第四，了解艺术创造的参观。如参观工艺工厂，陶瓷厂，访问美术家和观看其艺术演示等，是加深学生对艺术创作的了解和认识的教学。

第五，认识生活的参观。如参观街景，到动物园、海洋生物馆观看动物等，是为了认识生活，用以默写或创作的教学。

依据教学程序，上述教学过程需要在人数上发生变化的教学组织形式，有集体授课、分组讨论、分组写生授课、分组创作等。例如，风景写生课，一般是集中讲授，然后分组选择指定景点角度写生和进行分组辅导授课。在教室内授课的课业，一般是采取集中授课，再或分组讨论、或集中讨论等不同组织形式进行教学。有时还进行分组合作创作和分组创作游戏竞赛等组织形式教学。

二、上课的基本程序及其要求

美术教师应在课堂教学中紧紧地把握住每一个教学环节，充分地调动学生学习的积极性使教学活动环环相扣，顺利有效进行。如何把握课堂的几个教学环节和组织好教学，现以综合课为例叙述如下：

（一）上课预备铃响后的组织教学

上课预备铃声响过，教师就应站在教室门口等待上课。这对教师本人来说是一种心理准备，是"进入角色"的序曲。既可稳定教师的情绪，又可稳定学生情绪，促使学生尽快做好工具准备和心理准备。

如果教师带的教具很多，可先放在教室里，然后站立于教室门口等候上课。此时，也可提醒某某学生将工具放在课桌指定的位置上。这是对学生的要求、检查，使学生感到教师要求的严肃性和一贯性。这既是习惯的培养，又有利于课堂教学秩序的稳定。如果是在美术教室上课，教师要在门口迎接学生，组织学生有序地进入教室，坐在指定的位置上。

（二）讲授前的组织教学

上课铃声响后，教师要以热情的目光扫视学生，使学生们尽快稳定下来。互致敬礼后，一定要待学生坐定并安静之后，教师再开始讲课。切不可在学生尚未坐定，桌椅噪声未停之时便开始讲课。虽然这个过程是短暂的，但是，却是组织教学中稳定学生心理的必要环节。

（三）导入课题

授课开始的导言，由此引出课题，进入新授主题内容的讲授，简称导课。对导课，教师应精心设计，以便使教学一开始就能激发学生学习兴趣和吸引学生的注意力。

（四）讲授新课

这是课堂教学的中心环节，一堂课中所要传授的知识、技法等主题内容主要集中这个环节进行。其间可设计各种小的教学环节、组织学生各种活动和运用多种教学手段与方法，使教学一步步推向课堂教学的高潮。

讲授时要教态从容、情绪饱满、音量适中。教师的讲课情绪是组织教学的最好手段。教师的饱满情绪会带动学生注意听课的热情。教师讲课时，眼神应扫视环顾全体学生，言语应规范、明白、流畅、生动，声调要自然、富有抑扬顿挫的节奏感。声调也是组织教学、集中学生注意力的手段。

讲授期间的展示挂图、范画和随堂欣赏，以及此间师生互动，学生的讨论与实践活动等，这些教学手段的运用要与讲授内容紧密配合，要有序，使之自然、流畅、和谐。

讲授技法时，要以熟练的演示予以配合。教师边讲边画（边作），步骤要清晰，讲解要透彻。演示时要将学生的注意力引入有意注意的观察。讲授与演示要把握教学的重点与难点，这是教学的关键和主攻方向。对重点、难点要予以语言和行动上的提示，以便加深印象。教师要边演示边启发学生的观察、思考。讲授与演示或组织学生讨论的教学，应在预计的时间内完成。

三、美术课的教学类型及其教学模式

（一）学习领域与教学类型和教学模式

以往中小学美术课业内容分为绘画、工艺和欣赏三大类，其下位又细分，例如绘画又分为速写、素描、铅笔淡彩、水彩、中国画、版画等。这是从美术本位角度以使其知识、技能的体系化。现在《全日制义务教育美术课程标准》从中小学美术学科特点和促进学生素质发展角度，按着学生学习活动性质，将课业内容分为"造型·表现""设计·应用""欣赏·评述""综合·探索"四个学习领域，这是教学内容向中小学美术学科教育特点方向的进步。尽管如此，仍有必要强调指出，由于中小学美术学习对象的特点，学科教育价值取向的综合性，以及教育目标与美术专业学校教育目标的差异性使然，对其教学内容不能用专业的分类去对应，也不能用造型表现、设计应用的严格概念去区分。因为中小学生学龄愈低，他们的绘画与工艺的装饰画、图案等手法是一样的，所以"造型表现""设计应用"只能是对学习领域的大体的分类概念。

从教学实施角度看，教师更重视这四类领域中的各课业怎么教，希望提供可借鉴的较好的教学模式。教学模式是在一定的教育观念和学习理论指导下，建立起来的相对稳定的教学结构和教学活动程序。所谓"模式"，即教学的标准形式，是可供效仿的教学活动程序。教学模式的建立，是根据学生认识规律取得具体教学的实践经验，从中抽取主要的联系关系，将其结构为抽象化的逻辑程序，便于同类课业有可操作性的示范作用。也就是说，经过实践总结出教学过程的结构程序，并得到公认的肯定评价，才能成为值得被人效仿的模式。

教学过程与教学模式既有区别又有联系，教学过程主要是指教学发展的程序。教学模式中有过程，教学过程中有模式。一种教学模式，总有相对应的教学过程，反之亦然，变换教学过程即导致教学模式的变换，二者具有对应性、同步性。

从教学活动展开的程序角度看，教学模式的程序就是教学过程的基本阶段或教学环节。我们在教学过程一章中所谈的教学过程的基本阶段，着眼于从时间结构上的发展程序。而教学模式是从教学具体的空间结构、多因素关系和时间发展程度等同时考虑。从这一点上说，二者也是既同一又有差异。

教学模式与教学方法也是既有差异又同一的，教学模式着重于对教学方式方法做抽象的概括，而教学方法是具体实在的方式和方法。一种教学模式，必然包含着多种教学方法，而教学方法也可以成为教学模式。

上述四个领域的课业类别很多，其教学方法与教学过程大多各不相同，一一列其教学模式篇幅过于冗长，只能先将其按教学性质任务和教学方法过程划分为教学类型，再按课的教学类型概括其教学模式。例如，新授绘画课与新授设计课，二者皆以传授相关知识与技法为主，可归为技法类型的教学，其下位的中国画传统技法学习与绘制京剧脸谱虽属两个领域的内容，但教学方法皆属临摹类型。如此划分教学类型便于概括归纳教学模式。

（二）美术各教学类型课的教学模式

1.欣赏类型课及其教学模式

欣赏课分为认知与评鉴两种类型。

（1）认知欣赏课及其教学模式

认知欣赏课指以介绍艺术类别和经典作品欣赏为主要教学内容的课业教学。其旨在引导学生认识美术门类，理解艺术的多元化与艺术风格的多样性，理解美术原理、形式美的规律和对经典作品的了解与领悟的审美教学活动，亦可称审美欣赏。这类课的教学，教师应围绕教学主题以直观形象介绍的讲述，引导学生感受、联想、审美体验，并引发问题组织讨论，以加深对美术及其作品的认知与理解，领悟艺术美和艺术趣味。

（2）评鉴欣赏课及其教学模式

评鉴欣赏课主要指对现代和当代的美术现象，人们不易理解的美术作品，以美术批评的探讨、评鉴为主进行的美术教学活动。学生审美能力的提高，不仅在于美术技能训练中获得的形式美的体验，对美术作品的理解，还在于对当代美术作品有其独自的理解和审美判断。

2.技能类型课及其教学模式

美术课除了欣赏课、综合探索课外，造型表现、设计应用皆属技能课，按习惯亦称技法课。因为这些课虽然包括随谈欣赏等综合内容，但毕竟是以相关知识、技法程序和学生练习完成作品为主，其教学性质与任务有大体的共同性。但各课之间又在学习任务的性质上有些差异，例如，临摹课主要在于继承前人技法；创作课则是应用所学技法的个人表现。因此，技能课又分为新授临摹课、新授知识技法课、技能训练课.美术创作课等四种教学类型课。

（1）新授临摹课及其教学模式

凡是新授的通过临摹、复制等学习有关知识与技法，学习其严格的操作程序与程式的艺术语言，不需要学生创意地完成作业的教学，都为新授临摹课。这类内容的教学，一般是以直观形象感知，介绍用途、背景、沿革，介绍其艺术语汇的美，演示操作程序，引导学生对所学内容认识与理解，并通过临摹、复制的练习，加深对所学程式化的艺术语汇与技术美的体验。

(2) 新授知识技法课及其教学模式

除临摹、复制之外的一切新授的绘画、雕塑和艺术设计的教学内容，皆为新授知识技法课。这些内容的教学，都需要介绍艺术类别特点、用途等知识与技法内容，需要进行操作练习，在教学方法与教学程序上大体一致。知识技法课与临摹教学是有区别的，前者对学生作业的要求是按所学技法创造性地完成作业。其教学过程一般是以直观形象感知和随堂欣赏的引导，介绍艺术类别特点、用途，演示方法步骤，启发构思创意以便使学生创造性地完成作业。

(3) 技能训练课及其教学模式

凡是经过新授之后，用整节课进行的以技能训练为主的教学，皆属技能训练课。这类教学，一般是学生在教师指导下，以独立练习为主。美术学科的技能训练不是简单的使行为自动化的操作程序的重复练习，而是包含着个体对事物的感受、取舍、概括和抽象，包括个体的表现意识，以及按对比、均衡.节奏、多样统一等艺术美的规律对练习作品进行处理。因此，美术练习是艺术智慧的训练，是艺术表现的训练。在美国，将美术技法训练课统称为创作。国外美术家的习作与创作无严格的区分，只有素材与创作的区别。

(4) 美术创作课及其教学模式

凡是要求学生运用所学知识、技法，能动地反映自己对生活的感受、认识、理解、想象，表达自己的情感、思想、审美理想的美术创作实践的教学活动，皆是美术创作课。美术创作课是按艺术创作规律进行的教学，是学生主体充分发挥能动作用的教学。搞好美术创作，对学生来说，主要是善于捕捉在教学特定情境中经教师启发引导头脑中迸发出的形象表象（或称心象），而这个心象往往具有不可重复性；对教师来说，关键在于善于激发学生的创作灵感和创作热情，启发想象，按学生艺术个性指导使之作品完美。

3.综合探索类型课及其教学模式

综合探索课是引导学生运用知识的综合性，对美术与其他学科及各种事物相关的问题，进行考察、调研和讨论，得出自己的看法与结论，提出解决问题的方案；或通过运用美术的实践加以解决，以使学生能提高自主探究、综合运用知识解决问题的意识与能力为主要任务的课。

(三) 不断探索新的美术教学模式

美术教学模式，虽然具有相对的稳定性，对初任教师具有仿效借鉴的价值，但模式会在一定程度上桎梏教学探索。美术教师应不断努力，探索与追求创建新的教学模式。

"模式"可以是课的类型的教学模式，也可以是某一课业的教学模式，甚至可以是上课某一环节的模式。只要经过自觉认真的实践探索，便可以形成被人们确认的模式。如何探索和构建教学模式呢？可以从以下几方面做起：

1.努力学习教育理论和艺术理论，奠定理论基础

在教学实践中，任何一位教师的教学活动，都是在一定的模式框架中展开的。但是，指导教学活动的教育观念及其理论基础如果是陈旧落后的，其教学模式不可能是先进的。如果美术教师持有应试教育观念，自身就会轻视美术学科，对美术学科采取敷衍态度而简化教学的结构程序。因此，努力.学习教育理论，是为探索好的教学模式奠定理论基础。但对美术学科来说，仅此尚且不够，因为美术学科教育还受美术观念的制约。如果在美术观念上囿于传统艺术和立足于艺术传统，也就不会强调学生作业的创新性，也不会接受学生艺术表现的创新性，更不会启发创造性和尊重个性的艺术表现。21世纪的教育科学与艺术仍将飞速发展，美术教师不得不抓紧学习使理念走在时代前头，这样探索出的教学模式才具有"模式"的作用。

2.勇于科学实验和善于总结经验

美术教师都有得天独厚的教学科研的实验基地，应好好利用自己所拥有的每天进行教学的"实验田"。在理论指导下，大胆进行科学的教学实验，用于创新，善于总结，提炼出符合教学规律的最佳的教法与教学的结构程序。

3.反复实验，构建新的教学模式

从经验中总结提炼出的教学结构与程序，即是一种教学模式的雏形。要想成为可推广的具有示范意义的模式，还需要反复实验，经实验证实其效果，效果确实好，才可形成具有稳定性的教学结构程序的教学模式。

4.不断打破旧模式，创建新的教学模式

对教学的认识是无止境的，借鉴他人教学模式或自己创建的教学模式，在运用中一定不可固步自封，仍需不断地有新的探索。美术教师在教学模式的研究和课业教材微观教法方面的研究不断取得经验，即可成为教学模式或是微观方面的模式，如导课模式、讨论法模式、演示法模式、结课模式、评价模式等等。

四、组织课堂教学的艺术

美术教师要想获得良好的课堂教学效果，就要对课堂教学的结构予以合理地组织与精心设计，使其充分发挥各教学环节的作用。

（一）导入课题的艺术

导课如同电视剧的片头，以其精彩性先声夺人。一开始便将学生吸引住，诱发和激起求知的欲望，为整堂课的教学打下良好的基础。所以，教师上课要精心设计导入课题这一环节。设计导课要注意针对性、简明性、富有启发性、新颖性和趣味性。

针对性：即要针对教学内容，以引出课题，不可游离教学内容。例如，青岛市张倩老师上"有表情特征的脸"，先以自己做面部表情，让学生说出是什么表情，便是直对课题的引入，将学生吸引到教学内容之中。

简明性：即不要以冗长引子占时过多，以免延误授课时间。贵州市张薇老师上"蓝印花布"课，以自己着装蓝印花布衣裙为引子导入课题，简明而富有直观性。

富有启发性：即可以引发学生的积极思维。例如北京市杨嘉栋老师，以手中拿的小火柴盒与窗外的居民楼做比较，问学生二者之间有什么共同点。以启发学生思考，导入长方体物体形状结构特点的教学内容。

新颖性：没有使用过的导课法，都可以说是有新颖性，即不是老一套的导课，使学生对导课有新鲜感。河南新乡市第10中学申华老师上"穿出我们的风采"服装搭配设计课，上课伊始老师向同学们说："今天老师给同学们请来几位明星，看看他们是谁？"6名学生伴随音乐穿着搭配和谐的服装，很有风采地走进教室，以此导入课题。

趣味性：富有情趣的导课，以其情趣性增强对学生的吸引力。例如上标志课，老师先讲了一个去欧洲旅游团所发生的故事：一位先生途中有便意要去公厕，不知哪有，便向人打听，由于语言不通就做手式表达，但手势也不能使被问者明白他要干什么，这位先生突然拿出笔在纸上画出公厕的标志加上问号，被问者一下明白其意，便告诉去向，解决了大问题。以此，导入"标志设计"课题。这新颖有趣的导课，，一下吸引住了学生。而且故事内含了标志的重要性及其一目了然的特点，从而展开了教学的内容。

导入课题的具体方法，一般有如下几种：

1.复习导课：即以复习旧知识，引出新授课题。

2.设疑导课：即由提出引发学生思考的问题导入课题。例如问：你们知道什么叫版画吗？以此问答法引入课题。

3.物象导课：即以生活中的物品直观导课。例如，以提包、花巾等实物，导入装饰图案课。

4.录相导课：以播放事先录制的现实世界录像导课。例如，播放"海底世界"导入绘画海底世界的创作。

5.范作导课：教师将事先做好的范作干课前放在讲台上，或课前将一些范画张贴在教室内。以此范作、范画为话题，导入课题。

6.欣赏导课：以展示名画名作或录像进行欣赏，导入课题。

7.故事导课：即以有趣的故事，导入课题。

8.创境导课：以创设情境，导入课题。例如北京市陈宏艳老师上《剪窗花过新年》一课，先将美术教室布置得如过春节一般，贴上对联，布置有民间窗格

"道具"等，创建一个过年的环境氛围。学生一进教室，便如进入了过新年的情境之中。由此，导入课题。又如有的教师先让学生听有关的音乐等，用音乐使学生进入情境，导入课题。

9.演示导课：即以教师的直接作画或制作的方法，导入课题。例如上漫画课，有的教师未开讲，先在黑板上快速画出了马三立、侯宝林、陈佩斯等大家熟知人物的漫画像，即刻引起学生的极大兴趣，由此导入课题。又如《剪团花》，上课伊始，教师就说："老师给你们剪个东西看。"几剪子剪出个团花，引发学生啧啧称赞和极大兴趣，由此导入课题。

以上仅是美术教学常用的导课方法。只要教师肯于动脑，新的导课方法还会不断出现。

（二）制造美术教学高潮的艺术

教学高潮，就是教学过程中形成的师生最佳配合的亢奋状态。教师在讲授和演示过程中，会不断有大小高潮的起伏。教学的高潮，能激发起学生浓厚的学习兴趣和给学生留下深刻的印象。所以，教师要利用导课牢牢抓住学生的预期心理，以其为契机将教学步步推向高潮，以使学生学习情绪高涨，精神兴奋，从而提高学习效果。青岛市张倩老师便是在自己做了表情之后，又让学生分析表情的五官特点引起小的高潮。在让学生到前边做出各种恐惧表情后，接下来出现了教学的大高潮，学生对表情的体验与认识得到升华。学生作业是感知、理解和激情投入的结果，所以学生作业效果普遍良好。

第五节　美术选课和课堂教学外延的美术教育工作

在学校，凡是对学生有美术影响的工作，皆属美术教育工作。例如，校园美化，板报宣传栏美化等。但我们这里所说的，主要是由美术教师从事的课堂教学外延的美术教育工作。

一、大力办好小美展

办小美展属于课堂教学外延的重要内容，是进行美育的重要手段，是教学的积极反馈，也是学校文化生活的组成部分。小美展往往反映一个学校精神面貌，能够起到推动学校文明建设的重要作用。

1.小美展的类型

（1）优秀课堂作业展览

优秀课堂作业展览，可以起到示范作用，提高学生学习的积极性，推动教学顺利的进展。由于每个学生都在课堂上实际进行过同样的作业，因此优秀课堂作业展览，与他们关系最为密切，是学生最为关注的展览。课堂优秀作业是从所有学生作业中评选的，参展的面要广，要特别照顾非美术小组成员的作业参展，使之起到积极的反馈作用。

（2）美术作品综合展览

这是面向全校师生征集美术作品（包括绘画、雕塑、工艺、模型……）组办的综合性美展。作为一个学校，应该每年举办一届综合性美展，如同体育运动会、音乐比赛一般，成为每年例行的美术年展。对美展的优秀美术作品应予以评奖鼓励，以推动学校的文化生活，这也是教育工作者不可忽视的教育形式。美术教师有义务负责组织举办此项美展。

（3）美术小组成员习作展览

美术小组活动时所画的素描、速写、色彩写生、风景写生等习作，以及书法、国画等小组成员作品，要经常地以专题展出，这对学校其他学生具有很大影响，尤其对低年级学生的心理影响是不可估量的。这些作品是他们同龄人的习作，又有着一定的审美价值，看这样的小画展对学生的欣赏水平的提高有更直接的影响。对美术小组成员来说习作展具有小结性质的观摩，使每个成员对其作品冷静地考虑优缺点，是一个再认识和提高的过程。

（4）美术名作复制品展览

美术名作复制品展览，是美术作品欣赏课的外延。尤其配合欣赏课前后展出，学生们更感兴趣，可以使学生在课下有较长时间仔细欣赏自己所喜爱的名家作品。由于美术名作是印刷复制品，学生与之有相隔的心理，对于名作格外苛求，但这也正是提高他们鉴赏能力所需要的。

（5）专题美展

如：油画展、版画展、水彩画展、素描速写展、雕塑展、图案设计展、剪纸展、建筑模型展、小制作展或专题作业展……这些展品可以是师生自己的作品，也可用印刷复制品。这些小型专题美展作品不在多少，它却起到开拓师生艺术视野，提高鉴赏水平的作用。

2.美术展览时机的选择

美术展览时机的选择对其所起的作用十分重要，如，当学生盼望作业发下来，看看教师对自己作业的评价时，将优秀课堂作业及时展出，反馈效果会比较好。

美术小组外出写生归来，正是同学们想观摩作品的时机，及时展出即可满足一般学生想看作品的欲望，又可使美术小组成员享受到自己的作品与广大师生见面的那种精神快慰。

配合校庆、学校艺术节或国庆搞综合美术年展，既增加节目的隆重气氛，又可起到爱校，爱国主义的教育作用。

欣赏课后展出名画作品，学生们就有意进入仔细欣赏与分析的境地。

学校复习考试时期搞些画展,既可使学生受到美的熏陶,又可起到调剂紧张空气,松弛一下紧张疲劳的神经之作用。

总之,美术教师要善于选择有利时机,有预见性地安排时间,组办好小美展。

3.办好小美展工作中应注意的问题

学校的任何活动都应对学生有着教育作用,举办美展也不例外,因此要注意到以下几个方面:

(1) 作品的选择

面向全校性的优秀作品展,应注意各班级面的选择,各班作品数量不要差距过大,更不要轻易丢掉某一个班。学生将其入选作品的多少,往往视为班集体的荣誉,这种心理状态是不可低估的。

各班的优秀作品展,选画不必过严,可以照顾学生的进步幅度与完成作业的态度,起到鼓励的作用。

美术小组的作品展,选择要严格,使其起到示范作用。对超常学生的作品可以严选多展。

(2) 作品的装裱

装裱作品能起到美化提神的作用。中小学的财力有限,不可能过于讲究,但展出之前,美术教师可以指导学生对画要进行适当的剪裁、衬托和装框。注意衬纸的选择,以及作品放在镜框内的位置,要给人以美感。对教师的作品,学校应予以适当的镶框或装裱。

(3) 展品的布置

展品的布置要考虑到展出地点和展览设备。如在走廊挂镜框的展出,要注意镜框高低大小的安排。如在橱窗内展出要注意整个橱窗的衬纸,作品的位置布局。在阅览室或者展厅内展出要注意布置得与室内谐调。

(4) 撰写前言

面向全校性的小美展,要撰写前言。前言的作用是不可忽视的,它具有指导性,起到思想教育和审美教育的作用。

(5) 海报宣传

海报宣传是一种形式,具有振奋激越人心的作用,海报制作得很美本身就是一种审美教育。海报可以教师动手设计,也可让学生设计制作,或是师生共同参与。

4.学生优秀作品的收藏

美术课不同于其他学科,学生优秀的美术作品学校要予以收藏,或存放美术教师处,或存放于图书馆,这些作品是下一届学生的范画。有的超常学生的美术作品水平可能多年内不见得有人超过,因此实有保存的必要。

对收藏的作品,美术教师要发给盖校章的"收藏证书",使学生有荣誉感。美术教师制作收藏证书是很简单的事,但却会使学生永生铭记此事。

优秀的美术作品,可以长期展挂于学校图书馆、会议室、校长室、美术教研室或美术教室等处。学校出了人才,是学校的荣誉,对下届学生起着重大心理影响。可是目前中国许多学校认识不到这点,也未能利用这点。例如有的学校出了名画家,可是学校并未挂起他的画,更没有保存他学生时期的作品,这非常令人遗憾。而中国著名的油画家、美术教育家卫天霖教授在日本留学期间的作品,时隔数十年后的今日,仍然在日本母校悬挂保存。

(二) 举办美术讲座

为了丰富学生的文化生活,提高学生艺术修养和文化素质,改变单调的知识结构,在中学可以积极开展"美术讲座"活动。有的学校团队活动邀请美术教师担任美术顾问,定期举办美术讲座,使团队活动搞得富有生气。美术讲座的内容是多方面的,如"美术作品欣赏""画展论坛""现代美术思潮""绘画技法介绍""生活中的美术""时代服装""工业与美术""民间美术与非物质文化遗产的保护"等等,准备讲座的备课过程,也是教师专业理论提高的过程。当然还可以采取外请同行、专家、从事美术工作的家长共同举办专题美术讲座,充分利用社区的美术教育资源开展美术教育活动。

第八章 高等教育发展实践与创新

第一节 科学构建育人体系

全国职业教育工作会议在总结回顾中国职业教育发展成绩的同时,充分肯定了建立以就业为导向的现代职业教育体系的重要性和重要贡献。在全国上下认真学习贯彻全国职业教育工作会议之际,如何按照习近平总书记在批示中提出的,坚持正确的人才观,自觉践行社会主义核心价值观,把立德树人、育人为本的工作抓到实处,就必须突出职业教育特色,坚持高教性和职教性的统一,着力在贯彻以就业为导向的育人体系上下功夫。

一、充分就业对于现代高等职业教育建设和发展的重要性

众所周知,高等职业教育作为高等教育的一个类型和现代职业教育的较高层次,其基本特点是以产教融合为切入点,坚持开放开门办学、坚持校企合作、坚持工作结合、坚持知行统一、坚持面向实践、坚持强调应用、坚持就业导向。而以就业导向构建育人体系,重视和加强就业工作具有极端重要性。

第一,从整体而言,就业是社会是否和谐的稳定器。中国本来就是一个人口大国,资源虽丰富多样,但人均水平并不高,因此,就业本身就具有很大的压力,在经济转型和结构调整时期,就业的矛盾更为突出。这几年,中国高等教育大众化积极推进,但由于受教育结构、人才结构、专业结构等因素影响,大学生多和大学生就业难并存的矛盾明显存在。在这种情况下,解决好就业问题,特别是大学生的就业问题就显得更加重要。在很大程度上,就业成为社会能否实现平安稳定及和谐运行的重要因素,也正是这种情况的存在,有人说,"就业有时比通货膨胀更可怕",只有解决好了就业问题,特别是大学生的就业,社会才会稳定,才有可能实现和谐。

第二，从学校而言，就业是反映教育质量的试金石。随着高等教育大众化的深入，高等教育毛入学率不能提高，部分地区已接近普及化水平，正因为这样，大规模的高校扩张发展阶段已经基本结束，并将进入以提升内涵、提高质量为主要内容的新发展时期。在这个时期，提高质量将成为高等职业教育今后发展的重点和方向，而提高质量本身是一项系统工程，办学模式的优化、人才培养模式的创新、专业建设和课程建设水平的提高，特别是师资队伍数量的增加和质量的提高，都是十分重要的。在提高质量的工程中，有一个衡量质量的标志性东西，这就是就业，包括就业率、就业质量、用人单位满意率、学生岗位发展状况等，也就是说，只有当我们的毕业生在就业市场上深受用人单位的欢迎，具有较高的就业率，体现出较高的质量，才说明我们的培养质量是比较好的，人才培养质量通过就业接受社会检验。

第三，从个体而言，就业是个人和家庭的命根子。人生发展有不同阶段，不同阶段也有不同目标，在非成年人时期，主要是学习并打好人生发展基础，进入成人阶段后，就应该创造机会积极选择适当的岗位进行工作。就业对于国家而言，是一份贡献，对社会来说是一份责任，对个人来说，是生存和发展之道。先就业后择业再创业，说的也是这个意思。如果一个人大学毕业了，还没有足够的就业思想准备和就业意识及就业能力，那么，往往难以在社会上立住脚跟。对于大部分来自农村和困难家庭的学生而言，毕业后能够顺利就业，寄托着一生的希望，全家的期盼，或者形象地说，就业就是这个家庭和这位学生的命根子。是命根子，作为学校就必须着力解决、着力培育、着力投入，真正把就业工作做好，不断做得更好。

二、从就业需要和学生发展出发，研究构建育人工作体系

前面分析了就业工作对于高等职业教育建设和发展的重要性，这是我们提高对就业工作认识的前提，认识提高后，我们就必须把认识转化为行动，而转化行动的关键就在于如何构建一个以就业为导向的育人体系。笔者以为，应该包括以下几个方面：

（一）必须把握高职教育的规律

高职教育具有高教性和职教性双重特点，作为高等教育的一个类型，其显著特点就在于必须面向实践和应用，正因为这样，开放性、行业性（区域性）、实践性就成为重要特征，也就是说，办高等职业教育者，必须坚持开放办学、面向行业企业、面向市场需求，因市场需求而变，因企业需求而变，这是基本要求。同时，必须积极吸取行业企业的资源为人才培养服务、为提高质量服务、为打开就业通道服务，这就是有关部门再三强调的产教融合、校企工作、工学结合，或者

说，这就是我们必须把握的职业教育的带有规律性的东西。

（二）必须坚持以学生为本的原则

以生为本作为一种办学理念，在认知上并不难，难的是如何真正落到实处，要在学校人、财、物投入，教学资源、教学设施、教学环境营造，教师时间和精力投入，领导兴奋点和注意力投入等方面都体现"一切为了学生、为了学生一切、为了一切学生"的要求，真正体现出"关爱学生进步、关注学生困难、关心学生就业"的工作要求，在事实上还是比较难的。必须统一思想认识，把其落到实处，真正体现学校的学生情怀、爱生情结，从而推动学校各项活动的开展。

（三）必须围绕学生就业能力抓教学

传统的高等教育是一种知识学科型体系，自然有其科学性，作为专科层次的高等职业教育，我们必须把握其作为高中后教育的基本规律和基本要求，必须重视一定的学理性和学术性，但必须防止办成本科压缩型和压缩饼干型教学模式。特别需要指出的是，如何构建起以能力为导向，以项目化教学、案例教学、情境教学，以提高分析问题解决问题能力为主要方向的教学教育模式，以培养学生积累工作经验、具有工作经历、具有工作能力为主要目的的教学做相结合的教学模式，是我们必须深入研究的。我们必须深化改革、深入创新、努力提高。

（四）必须着力构造一支教练型师资队伍

高等教育是一门大学问，因此，传统的教师队伍建设都是按照学问家的要求来建设的，满腹经纶，是高等学校中认为好教师的基本标志。我们认为，这虽然是重要的，但高等职业教育的教师尤其是专业课程教师，必须坚持"教师手中要有油，教师手中要有证，教师出手也能做"的要求来建设和打造，对此，我们曾经研究过"双师"素质，研究过"双师"结构，提出过"三能"教师，都是切实可行的，也有一定效果，我们应该顺着这一思路，着力打造教练型教师队伍，教师有理论、会说，有方法、会教，有技能、会做，这样，才能切实提高学生的动手能力和岗位适应能力。

（五）要着力营造职业化育人环境

高等职业教育的重要任务是要通过三年的学习，实现由普通中学生向和谐职业人的转换，因此，三年学习的过程，既是学生长知识、培动力的成才成长过程，更是一个职业化的过程，因此，学校的培养和教育要把职业化放在十分重要的位置。要加强职业生涯规划指导与设计，要营造职业化学习训练环境，要把具有崇高的职业理想、良好的道德、训练有素的职业规范、娴熟的职业技能放在重要位置，要让学生懂得职业精神，懂得职业礼仪，了解职业文化，以很快适应职场生活，实现毕业与上岗零过渡。

(六) 要坚持全程育人不放松

三年的学习生活，既是一个学习知识的过程，也是一个训练技能的过程，更是学生成才成长的过程。要响应党中央和国务院的要求，按照培养中国特色社会主义合格建设者和可靠接班人的要求，就必须突出抓育人体系建设，着力抓学生成才成长。如高职学生的学习时间大约为3年，将近1000天时间，浙江金融职业学院就创造性地将其总结提炼为"千日成长工程"，把"全程育人、全员育人、全面育人乃至全体育人、全心育人、全景育人"纳入其中，对学生从入学到毕业大约1000天进行整体规划，合理安排，悉心指导，把学生在校三年规划为：一年级学院院学子，突出学业规划，强调懂做人；二年级系部学友，突出职业方向，强调精专业；三年级做行业学徒，注重实践，强调会做事。切实推动了全员育人工作的开展，为金融行业培养了一大批"行业操守好，岗位适应快，动手能力强"的高品质学子，切实推动了就业工作。

诚然，广已流传并实践已久的订单式人才培养模式确实有重大成效，应该按照正确有效的方法继续加以推广和发展。

三、以职业生涯规划、励志教育，推动毕业生在岗位上持续成长发展

如果在校三年的学习是学生走向职场的重要基础，也是学生顺利走向职场的必要条件，也是学校贯彻以就业为导向的重要途径，那我们说，这样做，等于做好了一件好事，而如何引导学生后续发展，真正把励志教育引向深入则更为重要，是在做一辈子好事。为此，应做到：

(一) 开好一门课，让学生学会人生规划

三年在校时间，我们为学生学习发展精心设计了一、二、三课堂，开设了几十门课程，这都是必要的，也是必须的。按照高等职业教育的特点和学生学习认识成长规律，在教务和学生管理部门的组织下，教师精心施教，学校充分保证条件，班主任辅导学生悉心呵护，还通过订单培养等各种条件创造就业机会，促进高就业率，实现高质量就业等，学校引导学生走上轨道，纳入职业化正轨，为学生发展奠定基础，创造条件，这是最重要的，必须抓好。但从长远发展看，学校必须开好一门重要课程，这就是"职业生涯发展规划"，培养学生以积极心态对待人生，包容心态对待社会，宽容心态对待单位，感恩心态对待每一个相关的人，学会抓住机遇、服务他人、成就自己、回馈社会、贡献国家，立好志、励大志。

(二) 坚持一个导向：抓好"135791"，积极推进人生发展

在校期间，我们要加强对学生的励志教育，引导学生千日成长、天天成长、志存高远、脚踏实地，其实更为形象和直观的方法则可能更为有效，中国人常称

三十而立，而按照规律，高职毕业生的标准毕业年龄为21周岁，因此，尝试用"135791"发展路线作为毕业生励志教育模板，既直观，又形象，还见效。

一年熟练岗位。要求毕业生在一年内能熟悉并胜任最基础、相对应的岗位或工种，能够熟练做好工作。

三年成为骨干。要求毕业生经过三年左右的努力在本岗位成为业务和技能都比较熟悉、能够独当一面并能取得显著业绩的骨干。

五年成为尖子。经过大约五年的时间，毕业生能挑起相关岗位的重任，成为本业务领域的尖子，成为领导所赏识的下属和同事们欢迎的同行。如能有出类拔萃的表现，则更加应予以鼓励。

七年顺利优岗。在五年努力取得显著成绩的基础上，再加上两年左右的努力工作，毕业生能够顺利地进入新的更加重要的岗位或去其他岗位锻炼，以更加全面地熟悉工作，为发展做准备、打基础。

九年初成事业。经过九年左右的时间，在基础岗位熟练，并在跨岗位锻炼的基础上，顺利进入主管或基层岗位负责人的行列，如主办会计、二级支行负责人等，此时恰好三十岁，符合中国人三十而立的习惯。

一生平安幸福，九年的初步成功，为未来发展打下了坚实基础，只要戒骄戒躁、不断努力、继续学习，不断适应新形势，开拓新境界，就一定能沿着一生平安幸福的方向发展。

（三）办好一个组织：做大做强校友会，助推校友群体崛起

如果说，学生会是广大学生自我管理的自治组织，在贯彻以生为本理念，促进学生成才成长方面发挥了重大作用，我们应该对其重视和加强的话，那么，我们也要应该关注毕业生即校友在岗位上的发展。也就是说，我们必须建立并不断加强校友会工作，让校友会在增进校友交流、助推母校发展方面积极发挥作用，使校友会成为广大校友共同的家，通过校友之间的学习交流，助推校友个体发展和群体崛起，在这一方面，古今中外，成功的学校都是这样，我们应予以借鉴。浙江金融职业学院作为首批国家示范性高等职业院校之一，也有成功经验，可以交流推广。总之，从育人体系建设和跟踪学友发展角度，重视和加强校友会工作，值得我们不断研究和加强。

构建以育人为导向的育人体系，是一项系统工程，党委统一领导、党政齐抓共管、部门统筹协调、系部扎实实践、师生共同努力，久久为功，方有实效。

教务处、学生处、计划财务处、招生就业处、科研师资处等处室负责人和各系党总支书记为成员的领导小组，强化对"千日成长"工程的有力领导和多方支持。同时出台《关于进一步推进全员育人、全过程育人、全方位育人的若干意见》、修订班主任责任制实施意见、推出"青蓝工程"和辅导员素质提升计划，进一步明确学校的一切工作必须以育人为中心，进一步明确了班主任在班级工作中的职责以及对辅导员的工作素质要求，凝聚各方育人合力。教学部门从专业建设、课程改革着手，进一步提高课堂教学质量，从而增强学生的学习参与意识和参与程度，让学生真正成为学习的主体，积极营造多样化、开放式的学习环境，充分发挥学生的主体性、积极性与参与性，培养探究问题的能力和实事求是的科学态度，提高创新意识和实践能力；学生工作部门等梳理整合课外育人活动载体，使各项活动横向相通相互促进，纵向相连形成系统，既全面覆盖又有效衔接、相互促进；各系（二级学院）因势利导挖掘特色，科学设计载体，创新工作举措，进一步推进教育教学工作深度融合，引导学生主动参与第二课堂锻炼、第三课堂实践，进一步提升学生的职业精神和职

第二节　深化专业内涵建设

随着高等教育大众化的不断深入和发展，中国高等教育将迎来由大众化向普及化的转变。基于这样的背景，作为高等教育重要类型和有机组成部分的高等职业教育，也必将实现从规模扩张向内涵发展的方向转变。内涵建设、提高质量将是今后一个时期高等职业教育的工作重点乃至重中之重。至于怎样推进高等职业教育的内涵建设，21世纪以来教育部、财政部和各地教育、财政部门已经采取了许多切实有效的措施，各校也在想方设法着力工作。笔者以为，抓住专业建设这个牛鼻子，尤其是建设一批有特色、有规模、有水平的优势专业，应该是今后一个阶段高职教育的重要抓手和重要工作。

一、把内涵建设的基点放在专业层面是正确而科学的选择

推动高职教育由规模扩张向内涵建设的转变，人们可以有不同视角和基点，概括起来主要有以下路径。

一是学校论，即建设一批重点学校或高水平学校。中国在高等教育发展过程中都是借着重点大学、"211工程""985工程"等路径来推进高水平大学建设尤其是要向世界一流大学推进。通过建设，推进形成一批高水平学科、高水平团队进而助力高水平学校建设，成绩也是明显的。但高职院校情况不同，一是普遍办学历史不长，还没有足够的条件和内涵表明一个或一批学校完全处于领先水平，学校的领先水平还难以彰显和考量。二是高职教育统筹发展的任务在省一级，各省经济社会特征、所需应用型技能型人才状况不同，很难进行统一度量。三是高等职业院校数众多，迄今有1300余所，用有限的资金面向学校进行重点投入，必然存在投入力度不够或撒胡椒面现象，形成重点投入不重点，投入支持受益面过窄，不利于调动积极性的状况。正因为这样，选择以学校为单位进行重点建设并不是

最佳和最科学的选择，尤其是在内涵建设深入推进阶段。

二是课程论，即建设一大批重点或优质课程。这样做，对于引导学校和教师眼睛向下、注重基层，无疑是有积极作用的。但如果把它作为主抓手或基本抓手，一方面会造成许多不必要的重复建设和浪费现象，因为同一门课程必然会形成一大批同类资助和重点建设对象，另一方面，一门课程看似相对独立，课程间实则有机联系。一门好的课程放到一个专业系统中去研究和把握也并非从内容到体系都尽合理。还有一点也是很重要的一点，一个全国性教育行政部门把关注点直接放在课程，未免也过于微观，也不利于调动学校的积极性，况且课程毕竟不是学生报考的航向和选择的依据。正因为这样，我们认为，课程建设的重点是要选择一批优质课程包括精品资源共享课程建设是必要的，但不是主抓手和根本抓手。

三是专业论，即建设一批有特色、有水平、有品质的专业。我们以为，这是相对比较适中和科学的选择。一方面，专业是区分普通高等教育与高等职业教育的重要标志，普通教育讲课程、高等教育讲学科、职业教育讲专业，以专业为基点在高等职业教育具有代表性；另一方面，专业在高职教育作为中位概念，专业结构彰显出学校的办学定位和特色，专业总体水平反映出学校大致水平，高水平专业体现出学校的重点和特色；再一方面，专业的建设和发展，能带动人才培养模式、校企合作机制、课程体系、实习实训体系、专业师资教学团队和社会服务能力建设，形成一揽子成效，也赋予了学校选择和争取的自主权，是恰当的和有意义的，可以把它作为主抓手和基本点。

二、科学总结21世纪以来中国高职教育专业建设的成效

从总体而言，无论是选择学校还是选择专业作为中国高职教育重点建设的抓手，其最终还是专业。21世纪以来，我们就循着专业建设，采取了一系列积极的措施。

（一）新世纪教改试点专业

在中国高等职业教育大发展之初，为规范和创新高等职业教育教学工作，教育部发布了《关于加强高职高专人才培养工作的意见》。文件明确提出专业设置是社会需求与高职高专实际工作紧密结合的纽带，也明确了专业建设和教育管理规范的指导原则和规范，同时，在全国高等职业院校中全面实施了新世纪教改试点专业，旨在推动教学创新，防止把高等职业教育办成本科压缩型，应该说，新世纪教改试点专业受益学校虽不普遍，但从规范专业建设，创新专业人才培养模式上起到了一定的促进作用。

（二）重点建设专业

为推动迅猛发展的中国高等职业教育办出内涵、办出水平，各教育行政主管

部门积极争取财政部门的支持和配合，实施和启动了重点专业建设工程，通过"学校申报、专家评审、财政资助、工程推动"的方法，在全国和各省支持和形成了一批办学较有特色也有一定规模和水平的重点专业，其中包括国家级和省级等层次。这些重点建设项目，迄今仍成为中国高等职业教育发展的重要基础，成效是十分显著的。

（三）国家示范重点建设专业

为进一步深化高等职业教育改革发展与创新，教育部、财政部于2006年联合启动并实施了国家示范性高等职业院校建设计划，明确提出要加强重点专业建设，选择500个左右办学理念先进、产学结合紧密、特色鲜明、就业率高的专业进行重点建设，以期在专业带动、实训基地、课程体系、专业群等方面起到成效，在专业建设中起到示范和引领作用。到目前为止，全国100所443个重点建设专业方案和成果仍公开挂在网上，应该说，对引领高等职业教育改革创新进行有着较大的示范效应。

（四）特色专业建设

特色专业建设是各地各校在推进高等职业教育内涵建设过程中进行的一些新探索，其功能在于：一是彰显高职教育的类型特色；二是支持一批各校有影响力和水平并有特点的专业，真正能做到"人无我有、人有我优、人优我特、人特我强"，采用"特色"进行重点性专业建设，真正做到收放自如，便于各学校进行选择和探索，也鼓励了各学校进行创新。

（五）提升专业服务产业发展能力

2011年，教育部、财政部为贯彻《国家中长期教育改革和发展规划纲要（2010—2020年）》，下发了《关于支持高等职业学校提升专业服务产业发展能力的通知》，明确指出围绕现代农业、制造业发展重要方向、战略性新兴产业、生产和生活性服务业等重点领域和地方经济社会发展需要，在全国独立设置的公办高等职业学校中，支持一批紧贴产业发展.需求、校企深度融合、社会认可度高、就业好的专业进行重点建设，推动高职院校创新体制机制，加快人才培养模式改革，整体提升专业发展水平和服务能力，为国家现代产业体系建设输送大批高端技能型专门人才。这一计划以提升专业服务产业发展为由，其实质是重点建设，强调要把专业重点选择在产业支持型、人才紧缺型、特色引领型和国际合作型上，其结果是好中选优，因而具有重点专业的色彩，对推动专业建设起到了十分积极的作用。

以上是对21世纪以来十余年间中国教育、财政部门在专业支持模式和名称上的一些分析，从中我们发现，其本质是重点，其不足点是与布局和专业规模关联较少或很少，支持内涵是好事，但好事还当办实。

三、以优势专业建设为抓手推进高职教育内涵再发展

怎样把内涵建设、提高质量的举措抓到实处,从中起到看似微观实则中观乃至宏观的作用,看似学校实则省域乃至全国的问题。我们认为,我们需要抓住专业建设这个根本,以推动建设一批优势专业来促进高等职业教育内涵建设的深入,为实现高职教育可持续发展奠定基础。

(一) 正确定位优势专业的建设目标

优势专业一般应具有以下特征:第一,它是高等职业教育发展过程中需要或急需或发展有潜力的专业,可以在较长时间内有较好的人才需求;第二,它在一个学校发展中已有一定的规模和办学水平,包括师资队伍、办学条件、社会声誉和社会影响,也就是说已经有一定的专业建设水平;第三,与参与学校的总体办学定位相协调,或者说发展方向相一致,如浙江旅游职业学院的酒店管理专业、导游专业,浙江商业职业学院的市场营销专业或连锁经营专业,浙江金融职业学院的金融专业和会计专业等等。这实际上是说,优势专业一般是大而优、优而强、强而重的。

(二) 采用协商式竞争性申报的建设办法

教育行政部门制订一个优势专业建设规划,适当明确优势专业的建设标准、支持资助办法和遴选方式,采用学校申报、专家评审及其主管部门与学校协商的方式进行,也就是它必须实现以下几个结合:第一,主管部门的支持与学校的重点发展战略相结合,实现区域专业布局发展与学校专业结构的协调;第二,优势专业在各个不同学校之间要有一个适当分工,一个专业的布局不能过多过滥,即使是现在非常热门的专业,像会计、市场营销、计算机信息管理等;第三,一个学校进入重点或优势专业的数量不能太多,也不可太少,综合性院校应有8~10个,专业性院校应在5~8个,这样区域内学院间可以形成一个既有一定竞争又有一定协作的关系;第四,教育部门会同财政部门采用"基数+学生规模"相结合的资助办法,推动学校把优势专业做强做大。

(三) 优势专业建设是个一揽子工程

以专业建设为重点,推进办学内涵建设是一项系统工程,它至少应包括:第一,构建以专业为基点的开放办学即校企合作体制机制,形成合作发展、合作办学、合作育人、合作就业的机制;第二,探索研究各个不同类型、不同生源、不同层次的专业人才培养方案,形成有特色的人才培养方案和模式,体现出先进性、可持续性;第三,专业建设本身应包括课程建设、师资队伍建设、校内外实习实训基地建设、人才培养方式改革、合作教育体制机制建设、教学条件建设等,其

中师资队伍建设尤其是专业带头人和"双师"结构教学团队建设十分重要;第四,以优势专业为龙头,带动专业群建设,这是发挥优势专业在校内带动作用、示范作用、引领作用的重要路径;第五,以一个学校的优势专业带动兄弟院校3~5所,联合3~5个核心企业合作建设,就能形成优势专业在校校和校企方面的联合发展机制,形成人才培养的杠杆效应。

(四)优势专业应带有进一步探索创新的任务

中国的高等职业教育已经有二十余年的发展历史,经历了没有明确目标的摸索阶段,有了一定目标的探索阶段,推进大众化的规模发展阶段和专科层次的内涵建设阶段,目前正在按照内涵发展、提高质量的要求,加强以专业、课程和师资队伍建设为重点的内涵建设,以不断提高教育教学质量,提高高等职业教育的社会影响力和社会声誉。从今后发展趋势看,发展本科层次的高等职业教育,构建中国特色、世界水平的现代职业教育体系的任务摆在我们的前面,发展本科层次的高等职业教育可以由多种途径,应用型本科转型是其一,现有专科层次的高职院校升本是其二。其他也有多种发展途径,而依靠现有高职院校升本,得从专业先行。其中,优势重点专业当是十分重要的路径。

可以预想,如果在全国范围内形成1000~2000个优势专业建设点,那样,高职教育必然形成一个百花绽放、千花盛开的良好局面,高等职业可持续发展的道路一定越走越宽阔。

第三节 有效推动教学创新

自20世纪80年代以来,高等职业教育作为中国推进高等教育大众化的重要方面得到了前所未有的发展。在构建现代职业教育体系的背景下,如何遵循以人为本的理念,正确把握高职教育规律,构建完备的现代职业教育课程体系,是我们需要认真解决的问题,也是高职教育教学创新的重中之重。

一、高等职业教育人才培养目标的再审视

(一)构建现代职业教育体系对高等职业教育课程体系建设提出了新要求

教育的社会关系规律要求教育必然要与社会发展相适应,人才培养结构必须主动与现代经济、社会的人才需求结构相适应。当前,中国正处在推动产业转型升级的关键时期,"刘易斯拐点"的到来使中国人口红利逐渐消失,区域经济发展需要大量技术型、技能型人才。解决高等教育的规模、结构、质量、效益不够协调的问题,改善中国高校"同质化"现象,构建现代职业教育体系是中国职业教

育发展面临的重要课题。

  2014年2月26日，国务院常务会议提出，要打通从中职、专科、本科到研究生的上升通道，引导一批普通本科高校向应用技术型高校转型。随后在6月份发布的《国务院关于加快发展现代职业教育的决定》和《现代职业教育体系建设规划（2014—2020年）》中为高职院校转型提供了政策依据和实施路线图。随着现代职业教育体系建设路径和发展目标的不断清晰，重新思考高等职业教育在整个职业教育体系中的地位，科学定位其人才培养目标，是实现不同层次职业教育协调健康发展的基础。现代职业教育体系现代高等职业教育创新发展研究建设要求不同层次职业教育人才培养目标既要以就业为导向，又必须相互衔接，因此，促进人才的可持续发展对高职院校课程体系建设提出了新的要求。

（二）职业教育的复杂性对高等职业教育人才培养目标提出了更高的要求

  整体而言，社会对"职业教育"在人才培养目标方面的价值期待包括两个方面，即培养合格的从业者和合格的公民。在现实中，与区域经济社会发展的紧密联系、不同专业的特殊性以及生源的多样性等因素，决定了职业教育的复杂性。

  当前，对高等职业教育人才培养目标不管是技术型人才还是技能型人才的定位，都充斥着"工具主义"的价值倾向而缺少对职业教育人本价值的关怀。鉴于职业教育的复杂性特征，不管是专科、本科层次高等职业教育，还是中等职业教育，培养合格劳动者是职业教育的特殊性所决定的，而培养合格公民则是教育本质使然。因此，从功能与价值看，职业教育既要满足和促进经济社会发展，同时还要兼顾学生综合素质的提升；在满足学生一次就业能力的同时，又要满足学生再就业能力的提升。

  由此，满足学生可持续发展的需求，对职业教育本体价值的关注，内在地要求为学生搭建起满足其终身发展的人文素质教育体系，但对经济社会发展的价值期待又客观地要求职业教育为区域经济发展提供多种规格，不同层次的技术、技能型人才。职业教育人才培养目标的这种"双重性"，一方面要求建立起中等职业教育、专科及本科高等职业教育的有效衔接体系，同时也对中高职衔接提出了更高的要求：建立中高职既能内部有效衔接又各自相对独立，能为区域经济社会发展提供"留得下、用得着"的各级各类人才的职业教育体系。

二、高等职业教育课程体系建设的基本原则

  为推进高等职业教育内涵建设，提高高等职业教育质量，体现高等职业教育的特色和水平，在课程体系建设中要遵循以下基本原则。

（一）基础课程体现高等教育属性

基础课程是指体现高等教育基本知识、理论、文化水准的课程，它是接受高等教育的学生必须达到的要求，如政治、法律、文学、数学、计算机、外语，以及一些重要的基础课程如经济学、管理学、会计学等。无论是作为职业教育的一个"层次"还是作为高等教育的一种"类型"，作为高中后教育，应该在高中起点的基础上，结合人的发展、专业的学习开设相应的课程，以满足相关的培养要求，使学生达到相应的学识水平，掌握相应的文化和专业基础理论。

（二）专业课程面向产业和职业岗位

高等职业教育在基础课程满足高等性要求的同时，必须充分体现职业性要求，把对接产业、接轨行业、服务企业、面向岗位作为基本依据。第一，面向社会办学，坚持开放办学、开门办学，自觉研究和适应社会需求，提高社会适应能力。第二，面向行业办专业，根据行业和产业发展的要求，开设、调整、更新、优化专业设置，调整人才的专业方向，彰显专业的高职特点、区域特征和学校特色。第三，面向岗位设课程，课程的设置尤其是主干核心课程的设置，要基于本行业和产业发展中岗位的需要，以岗位群、岗位工作流程、岗位工艺等作为要求，使课程学习体现教学做统一、知行统一、学用一致。

（三）技能课程直接对接实际需求

高等职业教育有其很强的职业性要求，强调学生具有面向一线岗位、从事一线业务的实际动手能力，因此，从业资格证书和技能操作证书是其极为重要的要求。我们通常所说的"双证书"就是指学生除了传统的毕业证书以外，还必须有一定的从业资格证书或技能证书，如会计专业的上岗资格证书、金融专业的外汇从业资格证书等。这就要求高等职业教育在统筹研究教学内容和教学项目设计时，必须把握行业企业和职业岗位所需要的基本职业资格证书和技能操作证书，并安排相应的教学、训练和考核内容，尤其是要引进行业企业和人力部门的考核，使学生不仅会做，而且要有管用的上岗证书，应当说，这也是一个具有生命力的特色性的要求。

三、完善高等职业教育课程体系建设的配套措施

（一）构建完备的教材体系

高等职业教育的课程应该有基础性、专业性、操作性三种模式，相应地，教材建设也应该有三种不同的体系。一是基础性课程体系。这一体系相对成熟和相对定型，也相对稳定，应该采用比较有质量和水平的统编和规划教材，并保持相对固定，必要时也可以用其进行教考分离和水平统测。二是专业性课程体系。这

一体系可鼓励由学校或行业教育指导委员会会同有关部门联合编写,或者由较高水平的学校牵头编写,由行业教育指导委员会推荐使用。三是操作性课程体系。这一体系直接对接证书考核部门,采用教、练、考、证相统一的方式直接解决,应具有应对性。

(二) 实施灵活的课堂教学方法

课程要有效,关键在课堂。高等职业教育的课程应该有基础性、专业性、操作性三种形式,依据三类课程的不同性质,研究运用不同的教学方法十分必要。一是对基础性课程而言,要提倡由严谨、系统的知识传授的方法来加以落实,注重科学性、准确性。二是对专业性课程而言,既强调理论与实践紧密联系,课堂与社会紧密对接,又强调学做结合,理论教学与案例教学、情境教学协同,以提高教育教学的荷效性和针对性。三是对技能操作性课程而言,则采用教、学、练相统一,课内方法与课外自练相结合。

(三) 建设专兼结合的教学团队

实现和提高高等职业教育的效率和水平有赖于教师的素养、水平和责任。从总体而言,需要建设一支专兼结合、双师组合、机制融合的教学团队。具体到不同的课程,可以用不同的方式。基础性课程要求教师和团队以教学研究型为主,强调知识的系统性,强调理论严谨、基础科研。专业性课程要求教师必须做到专兼结合、以专为主,实现理论与实践统一,专业和需求对接。对操作性课程要求教师可以专兼结合、以兼为主,以资格证书和从业证书的训练和达标水平作为考核要求,教师则以有效指导实际效果为参照评价标准。

(四) 构建教与学的协同机制

学生是提高高等职业教育质量的主体,其他一切都是客体和条件,只有学生形成行为自觉,推动学习自觉、实践自觉和发展自觉,我们的改革探索才有意义。因此,学校在学生管理体系和政策建设上负有重要责任,只有真正构建起教与学的协同机制,形成教与学的一体化,才真正具有实效。浙江金融职业学院近年来正在探索以"学生千日成长工程"为抓手的立体化育人体系建设,立足于"全程育人、全员育人、全面育人、全心育人、全体育人、全景育人",努力把"教"与"育"结合、"教"与"学"结合,探索出一条提高专业课程学习成效和人才培养质量的成功之路。

参考文献

[1] 杨晓阳著.新媒体背景下高校思想政治教育创新研究［M］.延吉：延边大学出版社.2017.

[2] 闫淼著.做应用型人才创新创业教育的领航者［M］.长春：吉林大学出版社.2017.

[3] 王楠著.大学生思想政治教育创新研究［M］.延吉：延边大学出版社.2017.

[4] 陈艳编著.专业美术院校艺术设计人才培养模式创新研究［M］.北京：北京理工大学出版社.2017.

[5] 张俊豪.中国少数民族教育探索［M］.北京：民族出版社.2017.

[6] 程宜康，吴倩著.技术·教育·课程高等技术（职业）教育研究［M］.北京：清华大学出版社.2017.

[7] 李雪梅.创新·创客与人才培养［M］.西安：西安电子科技大学出版社.2017.

[8] 赵英军主编.人才培养与教学改革浙江工商大学教学改革论文集（2015）［M］.杭州：浙江工商大学出版社.2017.

[9] 戴丽红.立德树人全面实施素质教育大学生素质教育研究与实践［M］.西安：西安电子科技大学出版社.2017.

[10] 张仁贤总主编；赵奎娥主编.做首席教师问题推进式课堂教学［M］.北京：世界知识出版社.2017

[11] 金英杰.劳动法实践教学教育研究［M］.武汉：华中科技大学出版社.2018.

[12] 兰春寿著.英语文学阅读思维型教学模式研究［M］.北京：外语教学与研究出版社.2018.

[13] 刘印房著.地方本科高校校企协同创新机制构建研究［M］.北京：科学

技术文献出版社.2018.

［14］刘锦著.现代体育教学体系的建设与发展研究［M］.北京：中国书籍出版社.2018.

［15］陈劲，高建主编；李纪珍，王毅副主编.创新与创业管理第17辑跨学科视角的创新创业研究［M］.北京：清华大学出版社.2018.

［16］郭宏，尹安春.老年护理学案例版［M］.北京：科学出版社.2018.

［17］李春卉，蓝宇涛.护理学导论案例版［M］.北京：科学出版社.2018.

［18］项勇，黄佳祯，王唯杰著.大学生创新创业素质培养机制研究［M］.北京：中国经济出版社.2018.

［19］韩福荣.现代质量管理学第4版［M］.北京：机械工业出版社.2018.

［20］赵文龙，陆斌杰著.中国科学院教材建设专家委员会规划教材全国高等医药院校规划教材卫生信息管理学案例版［M］.北京：科学出版社.2018.